广告学特色专业系列教材

总主编 吴予敏 李新立

广告策划

主　　编　马春辉

副 主 编　李新立　　陈振旺

主编助理　江亦双　　周定收

编写人员　马春辉　　李新立　　陈振旺

　　　　　马四毛　　欧阳逸　　江亦双

　　　　　周定收　　龚国志

中南大学出版社
www.csupress.com.cn

·长沙·

图书在版编目（CIP）数据

广告策划／马春辉主编. --长沙：中南大学出版社，2009.6

广告学特色专业系列教材

ISBN 978 - 7 - 81105 - 857 - 4

Ⅰ. 广…　Ⅱ. 马…　Ⅲ. 广告学－高等学校－自学考试－教材

Ⅳ. F713.80

中国版本图书馆 CIP 数据核字（2009）第 076393 号

广告策划
GUANGGAO CEHUA

主编　马春辉

□**责任编辑**	彭亚非		
□**责任印制**	易红卫		
□**出版发行**	中南大学出版社		
	社址：长沙市麓山南路	邮编：410083	
	发行科电话：0731 - 88876770	传真：0731 - 88710482	
□**印　　装**	长沙市宏发印刷有限公司		

□**开　　本**	730×960　1/16	□**印张** 16.5	□**字数** 295 千字
□**版　　次**	2017 年 12 月第 2 版	□2017 年 12 月第 1 次印刷	
□**书　　号**	ISBN 978 - 7 - 81105 - 857 - 4		
□**定　　价**	45.00 元		

总　序

吴予敏

　　中国高等院校的广告学专业迄今走过了 20 多年的历程。这个专业适逢其时，与方兴未艾的中国广告业共同成长。现在就全国广告学本科和专科的分布来看，已经蔚为大观。即便是广告业界需要大量广告人才，即便是广告学专业不断催生，即便是广告学教科书、参考书新作迭出，还是不时可以听到这样的怀疑：到底是不是需要在大学里面办广告学专业？广告人才能不能通过教科书和课堂培养出来？

　　2006 年，日本电通公司（世界上排名第一的单体广告公司）高层代表访问深圳大学的时候，告诉我说，日本大学里面是没有广告学专业的，而电通从来都是将自己看作一所广告大学。他们建起了广告博物馆，编写了广告学教材来培训自己的员工。2008 年，我访问电通公司东京总部，看到他们的员工在过道上彼此会按照同班同学的关系来打招呼。当电通的总务局长片桐正之先生将他们新近编译的中文版《广告心理学》教材送给我的时候，我对于这个企业有了一种"同道"的感觉。

　　教材，在中国大学的体系里具有无可争辩的神圣性。因为，教材具有知识的传统谱系，有问题的标准答案，有权威的操作规程。专业建设的主要工程就是建设教材体系。而我讲授广告学多年，深知在广告学领域中，教材必得与时俱进替代更换。这个产业领域进展太快，经验和案例的积累十分丰富，而广告学的各个知识领域几乎每隔几年就有一个大幅度的变化。

　　今天我们看到的，中国广告和国际广告趋势一样，经历了几个深刻的冲击。第一个冲击是传媒科技的进步改变了今天的传媒环境、人们的沟通和传播行为，人们接触信息的渠道工具变了，信息内容和形式变了。特别是当移动终端、互联网和通信卫星结合的时候，大众传媒广告时代的真正挑战来临了。第二个冲击是今天的消费者有了很大的改变，其年龄层、社会心理、文化品味、娱乐兴趣渗透在有意识或无意识的消费行为当中。消费者洞察成为广告研究的核心命题，成为广告创意首先要面对的挑战。第三个冲击来自今天的广告组织和广告运动。那种单纯的广告公司，或者号称 4A 的、号称全面代理的广告公司都变得面目模糊起来。广告和公关、广告和媒体、广告和营销，甚至广告和娱乐、广告和环保、广告和体育彼此渗透，互为改造，广告开始成为战略性和策略性传播的代名词。因此，很多广告创意和广告策略变得不像广告，又有一些不是广告的东西变得很像广告了。在这方面，引出了新的经验、新的案例和新的问题，有些是法规和管理的难题。比如近年来广告行业当中风头最劲的分众传媒所引发的关于"公共空间与公共权益"的争议就是这样。

深圳大学的广告学专业，是国内高校中开办得比较早的本科专业。在课程建设和培养模式上做过不少探索，取得了一些经验。早期大量的广告学教学材料，除了吸收唐忠朴先生主持编译的部分资料以外，大多就近取自港台出版物。后来有一些教师陆续出版过《现代广告营销》《广告学》《广告创意学》《广告案例》《广告效果测定》等教材。最近这几年，广告专业的教学改革有了更加深入的推进。专业方向分为策略和设计两个主要分支，必修课程形成通识教育和专业教育协调搭配、分层递进的结构，实践教学平台大力投入，形成了课程实践、社会实践、专业实践、创新实践、毕业设计等五位一体的实践教学体系，教学方式开始打通市场、传媒、创意表现三个维度，准许学生大幅度跨系跨专业选修，在学生中积极鼓励创建各类工作室，与日本电通等跨国广告公司开展比较深入的交流与合作，与深圳市工商局合作，开创国内大城市数字化全方位广告监测中心，如是等等。这几年，广告专业的师资队伍也发生了很大的变化，一批学有所长的新人成为广告专业的教学骨干力量。他们一边进入广告业界前沿，吸收新的经验，一边将新的知识、新的视角带入广告教学和研究之中。在此基础上，深圳大学传播学院广告系制定了"广告学特色专业系列教材"编写计划。在中南大学出版社的大力支持下，这套教材得以完成出版。我们期望，新的教材能够整合新的教学经验和新的知识发展，对于当今广告专业人才培养起到推动作用，同时，也作为我们自己发展和成长的一串足迹，接受我们的学生和读者的检验。

目 录

第一章　广告策划概述

本章内容要点

　　所谓广告策划，就是根据广告主的营销计划和广告目标，在市场调查的基础上，制定出一个与市场情况、产品状态、消费者群体相适应的经济有效的广告计划方案，并实施之，检验之，从而为广告主的整体经营提供良好服务的活动。广告策划，实际上就是对广告活动过程进行的总体策划，或者叫战略决策，包括广告目标的制定、战略战术研究、经济预算等，并诉诸文字。广告策划是广告运作的主体部分，是在企业整体营销计划指导下做出的。

主要术语

　　广告策划　广告计划　广告目标　广告运动　广告调查
　　广告环境　产品研究　头脑激荡法　媒体选择

第一节 策划的历史渊源

策划，很多人误认为是中国从西方引进的名词，其实，策划一词应是中国本土文化的一个重要方面。古人云："凡事预则立，不预则废。"预，实际上就是事先做好充分准备，并进行必要的策划。《周易》是儒家重要经典之一，通过八卦形式(象征天、地、雷、风、水、火、山、泽八种自然现象)，推测自然和社会的变化。由于这本书的外在形式是一部算卦书，给其蒙上了一层神秘的色彩，但其内容十分丰富，蕴含着大量的有价值的策划思想。《孙子兵法》，是中国古代最早的军事名著。《孙子·计篇》指出："夫未战而庙算胜者，得算多也；未战而庙算不胜者，得算少也。多算胜，少算不胜，而况于无算乎！"意谓战前要有充分准备，策划周密，取胜的机会就大；而策划不周或根本不做策划，就不可能获胜。《史记·高祖本纪》更明确总结了策划的作用："运筹策帷帐之中，决胜于千里之外。"可见高明的统帅能预见事物的发展，以智胜人。古代兵书《三十六计》最早见于《南齐书·王敬则传》，真正积累成册，约在明、清之际。该书集兵家谋略之精华，是古往今来各种竞争获胜奇术的汇编，被称为中国谋略学、策划学的渊源之一。特洛伊木马可谓古希腊军事史上的经典之作。在希腊人与特洛伊人的战争中，特洛伊城久攻不克。最后，希腊人就精心策划了"木马计"，战胜了特洛伊人，攻陷了这座城池。

现代意义上的策划是什么呢？日本策划家和田创认为：策划是通过实践活动获取更佳效果的智慧，它是一种智慧创造行为。策划就是有效地组织各种策略方法来实现战略的一种系统工程，是指人们为了达成某种特定的目标，借助一定的科学方法和艺术，为决策、计划而构思、设计、制作策划方案的过程。

第二节 广告策划的概念与作用

广告策划的提出，是现代广告活动科学化、规范化的标志之一，也是商品经济发展到一定阶段的必然产物。自从广告策划在美国最早实行以后，广告活动愈来愈重视广告策划工作，许多国家都建立了以策划为主体，以创意为中心的计划管理体系。

一、广告策划的含义

广告策划,是指广告人通过周密的市场调查和系统的分析,利用已经掌握的知识、情报和手段,合理而有效地布局广告活动的进程。

广告策划具有两方面的特征,一是事前的行为,二是行为本身具有全局性。因而,广告策划是对广告活动所进行的事前性和全局性的筹划与打算。

广告策划一般有两种形式。一种是单独性的,即为一个或几个单一性的广告进行策划;另一种是系统性的,即为规模较大的,一连串的、为达到同一目标所做的各种不同的广告组合而进行的策划。单个广告策划,可以使个别的广告活动或设计增强说服力,提高广告效果。但是,要从总体上实现企业的促销目标,使企业以其产品、劳务在市场中占据应有位置,只有个别的广告策划就不够了,需要有一个系统、全面、周密的广告策划,这种广告策划也称为整体广告策划。广告策划要服从企业整体营销目标,只有站在企业整体经营的高度,从整体广告活动出发,对其进行全面、系统的规划和部署,才能有效地达到广告预期目的。

从某种意义上讲,广告策划生产的不是物质产品,而是一种科学化的知识成果,它对企业具有不同程度的增值作用。在广告策划活动中,人是策划的主体。一个企业要想进行成功的广告宣传,就必须依靠各方面素质良好的广告策划人。

二、广告策划的本质

广告策划,实际上就是对广告活动过程进行的总体策划,或者叫战略决策,包括广告目标的制定、战略战术研究、经济预算等,并诉诸文字。广告策划是广告运作的主体部分,是在企业整体营销计划指导下做出的。

在对广告策划的理解和具体广告活动中,许多人把广告计划和广告策划看作是一回事。这种看法虽然有一定的道理,但其中也有许多误解。从严格意义上讲,广告计划和广告策划这两个概念是不能划等号的。虽然二者有联系,有相似之处,但二者又有区别。

广告计划是实现广告目标的行动方案,它是一个行动文件,其侧重于规划与步骤;而广告策划的本质虽然也是为了实现广告目标,但它更强调的是借助于科学的手段和方法,对多个行动方案(即广告计划)做出选择和决定。广告策划的全称可以看作是"广告策划活动",它是一个动态的过程,它要完成一系列的决定,包括确立广告目标、广告对象、广告战略、广告主题、广告策略、广告创意、广告媒体选择、广告评估等；而广告计划相对来说呈现出一种静止状态，是广告策划前期成果的总和与提炼。广告策划作为一种动态的过程，它还体现出其活动内容的多元化，它既要设定广告目标，寻求广告对象，又要制定广告计划、实施广告策略，检验广告活动效果。制定广告计划只是广告策划的主要任务之一。广告策划工作运转之后，才能生产广告，广告计划是广告策划后的产物，是广告策划所决定的战略、策略、方法、部署、步骤的书面体现。总之，广告策划是一系列集思广益的复杂的脑力劳动，是一系列为广告战略、策略而展开的研讨活动和决策活动，而广告计划是这一系列活动的归纳和体现，是广告策划所产生的一系列广告战略、广告策略的具体化。所以广告策划与广告计划既相互联系、密不可分，同时二者又有区别。

作为一种动态的过程，广告策划也是一种程序。美国哈佛企业管理丛书编纂委员会认为："策划是一种程序，在本质上是一种运用脑力的理性行为。也就是说，策划是针对未来要发生的事情做当前的决策。"广告策划的出发点是现在，落脚点是未来，它是不静止的，是一种运动过程。

广告策划，是现代商品经济的必须产物。在现代商品经济活动中，市场情况极为复杂。搞好广告策划的前提条件就是要了解各种市场情报，这就必须依赖科学的广告调查。此外，广告策划还要遵从广告客户的意图，服从于广告客户的营销计划的广告目标，不能超出广告客户的实际承受能力。广告策划的任务，是向用户提供一种全面而优质的服务。

在正常的广告活动中，广告策划已经不是一个人所能完成的工作。它是一种需要集合各有关方面的人才，共同提供智慧，研讨后才能完成的工作。因此，广告策划工作常被人称为小组性工作(team work)。

三、广告策划的特征

(1)广告主的营销策略是广告策划的根本依据。广告是营销组合的重要因素，直接为广告主的市场营销服务，因此广告策划也不能脱离广告主的营销策略的指导。

(2)广告策划有其特定的程序，这种程序应该是科学、规范的，以保证广告策划不是漫无目的凭空设想和缺乏章法的随心所欲。

(3)广告策划应该提出广告运动(活动)的总体战略，停留在具体行动计划层次上的"广告计划"并不是广告策划。

(4)广告策划以市场调查为依据和开端。虽然广告主的营销策略已经为广告策划提供了依据，但是它仅仅来自广告主的单方面，还不足以显示由消费者、产品和竞争对手所构成的市场的全貌。

(5)广告的诉求策略、定位策略、表现策略和媒介策略是广告策划的核心内容，它们必须脱离平庸、与众不同，但是又要具有产生实际的广告效果的素质。

(6)广告策划的结果以广告策划文本的方式来体现。

(7)广告效果的测定方法应该在广告策划中预先设定。

(8)进行广告策划的目的是追求广告进程的合理化和广告效果的最大化。进程的合理化，就是广告运动(活动)要符合市场的现实情况并且能够适应市场的发展。效果的最大化，就是广告策划要提供能够产生最佳的广告效果的策略和方案。

四、广告策划的作用

广告策划是整个广告运动的核心和灵魂，对广告运动具有指导性和决定性的作用。要想开展任何成功的广告运动，都需要预先精心策划，尽最大可能使广告能"准确、独特、及时、有效、经济"地传播信息，以刺激需求，引导消费，促进销售，开拓市场。广告策划的优劣，是决定广告运动成败的关键。任何一个广告运动，首先都要明确广告为什么目的而做，要达到什么目标，应该如何预算，怎样做，向谁做，何时何地以何种方式做，如何测定效果等，这些基本的原则和策略都要通过广告策划来确定。因此，广告策划在市场经济环境下具有以下作用：

1. 保证广告活动的计划性

现代意义上的广告活动必须具有高度的计划性，必须预先设计好广告资金的数额及分配、广告推出时机、广告媒体的选择与搭配、广告口号的设计与使用、广告推出形式的选定等。而这一切，都必须通过策划来保证和实现。科学的广告策划，对于广告活动计划性的保证作用体现在：①可以选择和确定广告目标和追求对象，使整个活动目的明确，对象具体，防止盲目。②可以有比较地选择广告媒体和最有效的推出方式。③可以有计划地安排广告活动的进程和次序，合理分配和使用广告经费，争取最好的广告效益。

总之，通过策划，可以保证广告活动自始至终都有条不紊地进行。

2. 保证广告工作的连续性

促进产品的销售，塑造名牌产品和名牌产品形象，这是广告的根本目的。而要完全实现这一目的，绝非一朝一夕之事，仅仅通过一两次广告活动是不可能解决问题的，必须经过长期不懈的努力和持之以恒的追求，通过逐步积累广告效果，才能实现广告的最终目的。

过去，广告主们的广告活动往往是"临时抱佛脚"，只有当产品滞销、市场疲软或竞争激烈时才向市场投出"广告"，而一旦打开销路，占有一定的市场份额之后，便放弃广告投放。这样的广告活动，缺乏精心的策划，很难保证广告活动的连续性、系统性，也很难积累广告效果。急功近利的短期广告投放行为已不适应市场经济发展的需要。

而广告策划却既可以总结和评价以前的广告活动，保证广告活动不间断、有计划、有步骤地推出，又可以在此基础上，设计出形式更新、内容与主题同以前的广告活动保证有机联系的广告方案，从而在各方面确保前后广告活动的连续性，以实现广告效果的有效积累，从而实现广告目标。

3. 保证广告活动的创造性

广告策划是策划人员创造性的活动。通过策划，可以把各层次、各领域的创意高手聚集在一起，集思广益，群策群立，取长补短，激发想象和创新能力，从而保证广告活动各环节都充满创意。

4. 确保 广告活动的最佳效果

在市场经济的环境中，干任何事情，都要讲求效益，广告策划更是如此。市场竞争最重要的原则就是效益第一，广告主们投资广告最直接的目的就是追求广告效果。要实现这一目的，周密的广告策划就十分必要。

通过策划，可以使广告活动自发地走上一条最简捷、最顺利、最迅速的路径，可以自发地使广告内容的特性表现得最强烈、最鲜明、最突出，也可以自发地使广告功能发挥得最充分、最完全、最彻底，从而降低成本，减少损耗，节约广告费用，形成广告效应和累知效应，确保以最少的投入获取最大的效益。

第三节　广告策划内容

一、广告调查

广告调查是广告策划的重要组成部分，它包括为制定行之有效的广告决策而进行的调查，以及测定广告活动效果的调查。

二、广告环境分析

广告环境，就是影响广告活动及其企业、市场、竞争对手以及消费者的那些因素。主要有自然环境、经济环境、政治环境、社会文化环境、法规环境、产业环境、企业环境、产品环境等。这些环境力量，对广告活动具有极大的制约与导向作用。虽然在广告活动开始之前，可以相对地对这些因素做出预测，但是，这些环境因素都是构成广告活动的不可控因素的主要方面。因此，广告策划必须考虑到这些不可控因素，采取适当措施以适应环境力量。

三、明确广告目的

广告策划，就是广告的决策活动。科学决策的是非标准有二：决策应有正确而明确的目标；决策执行的结果应能实现所确定的决策目标。因此，目标是最重要的东西，是决策的前提，如果目标错了，一切就全错了。

广告目标(advertising objective)，就是广告主通过广告活动所要达到的目的。"广告最基本的目标在于促进销售，除上述基本目标之外，在广告活动中，还存在许多特殊目标。因此，在现代广告活动中，一般都具有多元和多重目标。"目标与目标之间构成了一个目标系统，这是一个总目标分解为小目标(分目标)的多层次目标系统。在这个系统中，分目标往往是实现总目标的具体手段。按照广告目标所涉及的内容，可分为外部目标和内部目标。外部目标是与广告活动的外部环境有关的目标，如市场目标(包括市场占有率，广告覆盖面，以及广告对象等)，计划目标(如销售量目标，销售额目标，利润率目标)，发展目标(包括树立产品和企业形象、扩大知名度等)。所谓内部目标是与广告活动本身有关的目标，如广告预算目标、质量目标、广告效果目标。缺乏目标的广告是无的放矢；缺乏明确的广告目标的广告活动，必然失去导向依据和有效的评价指标。

四、产品研究

在进行产品研究时，既要对产品进行整体研究，也要对产品进行分类研究，还要对产品的生命周期进行研究，对产品本身的特性进行研究。除了研究产品固有的能够满足人们某种需要的自然属性以外，也要研究产品满足个人消费者和集团消费者的心理属性和社会属性。只有对产品加以深刻的研究，才能提出产品满足消费者需求的要点和特性，才能确定广告活动的主题与诉求点，才能有优秀的创意。

在具体分析过程中，不只是分析本产品，对竞争对手产品与相关产品也须做详细的分析与了解。在分析、研究中，越具体越好，如制造方法、制造原料、效能、使用方法、保存方法、商品包装、使用期限、所需维修费用、种类及形式、产品规格、品质保证、价格、产品产量及销量、产品销售重点、产品属性等。

五、消费者行为研究

消费者，也就是广告对象，他们是广告信息的接受者。在研究消费者行为之前，应该确定消费者群体的范围，从不同的角度予以细分。可以从阶层的角度来确定消费者群体，如机关干部阶层、知识分子阶层、工人阶层、农民阶层、学生阶层等；可以从家庭分析的角度来确定消费者群体的范围，如家庭住址、家庭结构、家庭人口、家庭收入等；可以从消费者个人的属性来确定消费者的范围，如年龄、性别、文化程度、职业、业余爱好、婚姻等。

消费者群体确定以后，就要着手研究消费者的行为。消费者行为研究是指对消费者的消费行为活动规律的研究。而消费者行为，就是指消费者在购买过程中的一系列活动，它是消费者不同心理现象在购物过程中的客观反映。消费者行为研究主要包括消费者的购买动机(消费者的购买动机，除了主要受人的需要影响以外，也受性别、年龄、性格、兴趣、信念、经验等影响，还受外在信息刺激——如广告等其他因素的影响)、购买行为(何时购买、何地购买、谁来执行购买等)、购买行为类型(习惯型、理智型、感情型、冲动型、价格型、不定型等)等。在消费者行为研究中，关键和核心问题是购买动机问题。

六、广告定位研究

广告定位就是广告代理和企业根据消费者的需求、重视和偏爱，对准备宣传的商品规定市场地位，也就是在市场上树立产品的恰当形象，确定所扮演的角色。定位的重点在于对潜在顾客的想法施加影响，使消费者产生一种符合他心愿的印象。所以，创造性对顾客并不是最重要的。关键在于操纵消费者心中的想法，唤起或加强他原本已有的欲望和渴求，使他倾向于你的目的。商品的特性、企业的新意识、消费者的需求和喜好，三者的协调恰当就能正确地确定商品定位和广告定位。

广告定位的确立，并不是广告策划人员的主观臆想，就一个新产品或者老产品开拓新市场而言，广告定位是产品分析的最终、最重要的目标。广告定位除了依据产品自身分析外，市场调查和消费者分析也是极为重要的。产品分析则是广告定位的内部因素，而市场调研和消费者分析则是外在条件。

七、广告战略与研究

广告策划小组在确定了广告定位之后，就要依据对市场、产品、消费者及竞争对手的分析，拟定广告战略，并使之具体化，同时，依据广告战略研讨制定广告战术，以便开展广告活动。

广告作为一种运动，具有两个层次的决策，广告战略决策和广告策略决策。广告策略必须受制于广告战略，并且广告策略的范围往往是局部性的，而战略却是全局性的，它规定了广告活动的整体走势和运作方向。广告策略更具有操作性，广告活动中媒体的选用与诉求的确定，都是根据广告策略而决定的。

八、媒体选择研究

广告媒体的选择，是运用科学的方法对不同的广告媒体进行有计划的选择和优化组合的过程。选择媒体，不是以人的主观臆测为依据的，而是有客观依据的。客观依据主要是媒体的性质、特点、地位、作用，媒体的传播数量和质量，受众对媒体的态度，媒体的传播对象以及媒体的刊播费用等，在综合因素分析基础上，再根据广告对象、广告目标、广告费用的支出等情况，来选择合适的媒体，媒体选择完毕之后，还有一个组合、运用的问题。企业在实施广告时，可以使用一个广告媒体，也可以使用多个媒体，如何组合，这要根据策划意图来决定。媒体是舞台，也是资源。

九、广告发布时机研究

从媒体运用的角度来看，广告信息顺畅地到达消费者，除了上面说的正确的媒体选择和媒体组合以外，还有一个因素就是要确定广告发布的具体时间、频率以及广告节目内容编排的次序等内容的策划。广告发布时机研究的核心就是要选择恰当的广告发布时间，善于掌握"最佳传播时间"，即"言当其时"。研究广告发布时机，应当从产品的市场地位、产品的自身特点、产品销售节令、消费者接受广告的能力和接受习惯、媒体的黄金时间段等多方面考虑。

十、确定广告费用预算

广告预算是保证广告策划实施的重要一环,没有适度的经费保证,广告策划是无法实施的。因此,广告预算是广告策划的重要内容。

第四节　广告策划的类型与原则

一、广告策划的类型

商业广告策划可以分为以下几种类型:

(1)广告运动策划和广告活动策划。

(2)为不同目的而进行的广告运动(活动)及其策划。

①促销广告运动活动;②形象广告运动活动;③观念广告运动活动;④解决问题广告运动活动。

(3)针对不同对象的广告运动(活动)及其策划。

二、广告策划的原则

作为科学活动的广告策划,其运作有着自己的客观规律性。进行广告策划,必须遵循以下原则。

1. 统一性原则

统一性原则,要求在进行广告策划时,从整体协调的角度来考虑问题,从广告活动的整体与部分之间相互依赖、相互制约的统一关系中,来揭示广告活动的特征和运动规律,以实现广告活动的最优效果。广告策划的统一性原则,要求广告活动的各个方面的内在本质上要步调一致;广告活动的各个方面要服从统一的营销目标和广告目标,服从统一的产品形象和企业形象。没有广告策划的统一性原则,就做不到对广告活动的各个方面的全面规划、统筹兼顾,广告策划也就失去了存在的意义。

统一性原则具体体现在这样几个方面:广告策划的流程是统一的,广告策划的前后步骤要统一。从市场调查开始,到广告环境分析、广告主题分析、广告目标分析、广告创意、广告制作、广告媒体选择、广告发布,直到广告效果测定等各个阶段,都要有正确的指导思想来统领整个策划过程。广告所使用的各种媒体要统一,既不要浪费性重叠,以免造成广告发布费用的浪费,也不要空缺,以免广告策划意图不能得到完美实现。媒体与媒体之间的组合是有序的，不能互相抵触，互相矛盾，甚至在同一媒体上，广告节目与前后节目内容也要相统一，不可无选择地随便安排。产品内容与广告形式要统一，如商品本身是高档产品，那么广告中就不可出现"价廉物美"的痕迹。广告要与销售渠道相统一，广告的发布路线与产品的流通路线要一致，不能南辕北辙，产品到达该地区而广告却没有，形成广告滞后局面，或者广告发布了，消费者却见不到产品。广告策划不能各自为政、各行其是，广告策划的整个活动过程是个统一的整体。

2. 调适性原则

统一性原则是广告策划的最基本的原则。但是，仅仅有统一性还不够，还必须具有灵活性，具有可调适的余地。以不变就万变，这不可能在市场活动中游刃有余。客观事物的发展与市场环境、产品情况并不是一成不变的，广告策划也不可能一下子面面俱到，也总是要处于不断的调整之中。只强调广告策划的统一性原则，忽视了调适性原则，广告策划必然呈现出僵死的状态，必然会出现广告与实际情况不一致的现象。广告策划的统一性原则，也要求广告策划活动要处于不断的调整之中，以保证广告策划活动既在整体上保持统一，又在统一性原则的约束下，具有一定的弹性。这样，策划活动才能与复杂多变的市场环境和现实情况保持同步或最佳适应状态。

及时地调适广告策划，主要表现在三个方面。一是广告对象发生变化。广告对象，是广告信息的接受者，是广告策划中所瞄准的产品消费者群体。当原先瞄准的广告对象不够准确，或者消费者群体发生变化时，就要及时修正广告对象策划。美国广告大师大卫·奥格威在 1963 年的一份行销计划中说："也许，对于业务员而言，最重要的一件事就是避免使自己的推销用语（salestalk）过于僵化。如果有一天，你发现自己对着主教和对着表演空中飞人的艺人都讲同样的话时，你的销售大概就差不多了。"二是创意不准。创意是广告策划的灵魂，当创意不准，或者创意缺乏冲击力，或者创意不能完美实现广告目标时，广告主体策划就要进行适当的修正。三是广告策略的变化。原先确定的广告发布时机、广告发布地域、广告发布方式、广告发布媒体等不恰当，或者出现新情况时，广告策划就要加以调整。

3. 有效性原则

广告策划不是纸上谈兵，也不是花架子。广告策划的结果必须使广告活动产生良好的经济效果和社会效果，也就是在非常经济地支配广告费用的情况下，取得良好的广告效果。广告费用是企业的生产成本支出之一，广告策划就是要使企业产出大于投入。广告策划，既追求宏观效益，又追求微观效益；既追求长远效益，也追求眼前效益；既追求经济效益，也追求社会效益。不顾长远效益，只追求眼前利益，这是有害的短期行为。我们也不提倡那些大谈特谈长远效益，却无法使客户从单一广告获取立即效益的做法。在统一性原则指导下，广告策划要很完善地把广告活动的微观效益与宏观效益、眼前效益与长远效益、社会效益与经济效益统一起来。广告策划既要以消费者为统筹广告活动的中心，也要考虑企业的实力和承受能力，不能搞理想主义而不顾及企业的实际情况。

4. 操作性原则

科学活动的特点之一，就是具有可操作性。广告活动的依据和准绳就是广告策划，要想使广告活动按照其固有的客观规律运行，就要求广告策划具有严格的科学性。广告策划的科学性主要体现在广告策划的可操作性上。广告策划的流程，广告策划的内容，有着严格的规定性，每一步骤、每一环节都是可操作的。经过策划，要在具体执行广告计划之前，就能按科学的程序对广告效果进行事前测定。广告计划执行以后，若广告活动达到了预期的效果，这便是广告策划意图得以很好的实现。若是没有达到预期的广告效果，可按照广告策划的流程回溯，查出哪个环节出了问题。若没有广告策划，广告效果是盲目的，不是按部就班地实现出来的。

5. 针对性原则

广告策划的流程是相对固定的。但不同的商品，不同的企业，其广告策划的具体内容和广告策略是有所不同的。然而，许多广告客户却不愿意自己的品牌形象受制于特定(针对性)的羁绊，他们希望产品最好能面面俱到、满足任何人，一个品牌必须同时诉求男性和女性，也必须广受上流社会和市井小民的喜爱。这种贪得无厌的心理使品牌落入一个完全丧失个性的下场，欲振乏力、一事无成。在今天的商场中，一个四不像的品牌很难立足，就好像太监无法当皇帝一样……同一企业的同一种产品，在产品处于不同的发展时期，也要采用不同的广告战略。只要市场情况不同，竞争情况不同，消费者情况不同，产品情况不同，广告目标不同，那么广告策划的侧重点和广告战略战术也应该有所不同。广告策划的最终目的是提高广告效果。广告策划不讲究针对性，很难提高广告效果。用一个模式代替所有的广告策划活动，必须是无效的广告策划。

以上五个方面是任何广告策划活动都必须遵守的原则，这五项原则不是孤立的，而是相互联系的，相辅相成，缺一不可。这些原则不是人为的规定，而是广告活动的本质规律所要求的。

思考题

1. 根据广告策划的内容,思考广告策划的基本含义。

2. 试比较广告策划与广告计划之异同。

3. 广告策划对企业营销有何意义?

4. 进行广告策划活动,需要遵循哪些基本原则?

5. 为什么说统一性原则是广告策划的最基本原则?

6. 从广告策划的内容分析,广告策划这项小组性工作需要哪些操作人员合作完成?

7. 试结合具体案例,谈谈商业广告策划的分类。

第二章 广告策划的理论依据

本章内容要点

正确的思维方法是人类认识世界和改造世界的武器，也是广告策划取得成功的重要保证。系统思维、创造性思维、开放性思维、艺术性思维，是广告策划中的一般思维方法，它们与发散思维、集中思维等，共同构成广告策划科学化的思想利器。广告是一种非常典型的传播行为。广告是在特定市场环境下进行的市场营销活动，因此学习市场营销理论是必需的。尊重消费者是广告活动的出发点和归宿。对消费者行为的研究以消费者动机需求为出发点，进而了解消费者决策和行动等一系列行为的过程，其目的是为广告策划活动找到合理的依据。市场细分是消费者研究的核心概念。

广告的本质是推销，其目的是商业性的，但广告的表现形式却具有文化性，它是一定社会文化的产物。

主要术语

系统思维　创造性思维　开放性思维　艺术性思维　发散思维　集中思维　广义灵感论　系统方法　传播构成　自身传播　人际传播　组织传播　大众传播　媒体　市场营销　市场营销策略　关心点　广告文化

第一节　广告策划中的思维方法

一、系统思维

在广告策划中，广告的系统思维具有特殊的意义，把握系统思维方法是广告策划的起点。

1.静态上充分认识到广告工作的整体性

广告工作的整体性，主要表现在以下四个方面：

（1）广告宣传是社会组织务实工作的重要组成部分，是社会组织的社会行为之一，它与组织的工作总体是局部与整体的关系。广告宣传隶属于社会组织的工作网络，促进社会组织的整体发展，这是广告宣传整体性的重要表现。

（2）广告宣传是一个相对独立、完整的工作体系，是一个结构完整、范围明确的有机整体。现代广告宣传工作的目标就是促使组织的决策方针和工作程序符合社会利益和公众利益，促进社会组织与公众需求、利益上的一致性。

（3）广告宣传的运行是一个完整的动态过程。这种动态过程的整体性是广告宣传工作整体性的具体表现。广告宣传的基本程序应该是一个紧密相接的完整过程，呈现出动态的有序性和整体的有机性。

（4）广告宣传工作不满足于获得分散、孤立的宣传效应，而是执着地追求整合效益。

2.动态上自觉谋求广告工作的规模效应

谋求广告工作的规模效应，主要表现在以下四个方面：

（1）主题性。注意广告宣传内容的主题性，做到既有中心主题，又有内容间的互补性和衬托性，创造广告内容上的规模效应。广告内容如果过于分散，没有主题，就等于失去了广告作品之间的纽带，彼此没有关联，都是孤立地发挥作用，那么就会大大降低广告作品的影响力。反之，如果广告作品具有鲜明的主题内容，并有演绎开来的衬托内容，那么就能形成强大的冲击力。

（2）协调性和配合性。注意各种广告媒介的协调性和配合性，力求整体作战，实现媒介上的规模效应。任何广告媒介都有自己独特的宣传优势和局限，一种媒介的宣传优势可以弥补另外一种媒介宣传上的局限性。因此在广告媒介策划中，我们要树立组合意识，善于有计划，有步骤地调动各种广告媒介，创造出强大的媒介集合冲击力。

（3）系列性与多样性。注意各种广告宣传活动的系列性与多样性，创造活动上的规模效应。一般而言，人们对于系列活动的印象比单个活动的印象要深刻。在广告策划中，如果我们能在广告经费许可的条件下，有计划分阶段地开展不同形式的系列性广告宣传活动，就可以高层次地影响不同类型的公众，形成社会轰动效应，创造出新的社会时尚，实现广告的理想境界。

（4）计划性与连续性。注意各个广告作品宣传、推出时间上的计划性与连续性，创造出时间上的规模效应。在广告宣传中，有些内容我们只需开个新闻发布会，登个启示就可以宣传出去，但是这种"简单事情简单办"的做法，很可能没有真正影响力。因为现代社会信息流动量大，公众时刻都受到不同信息的影响，一般对一个简单的信息符号不可能留下深刻印象。在这种情况下，我们就应该"简单事情复杂办"，根据宣传主题，策划多个宣传作品，然后有计划地推出每个宣传作品，这不仅可以扩大广告的影响范围，而且可以树立良好的产品形象和企业形象。

二、创造性思维

创造性思维，是一种具有开创意义的思维活动，即开拓人类认识新领域、开创人类认识新成果的思维活动。它是以感知、记忆、思考、联想、理解等能力为基础，以综合性、探索性和求新性为特征的高级心理活动。创造性思维并非游离于其他思维形式而存在，它包括了各种思维形式。

创造性思维需要人们付出艰苦的脑力劳动。一项创造性思维成果的取得，往往要经过长期的探索、刻苦的钻研甚至多次的挫折之后才能取得，而创造性思维能力也要经过长期的知识积累、素质磨砺才能具备，至于创造性思维的过程，则离不开繁多的推理、想象、联想、直觉等思维活动。

创造性思维是指有主动性和创见性的思维，通过创造性思维，不仅可以提示客观事物的本质和规律性，而且能在此基础上产生新颖的、独特的、有社会意义的思维成果，开拓人类知识的新领域。广义的创造性思维是指思维主体有创见、有意义的思维活动，每个正常人都有这种创造性思维。狭义的创造性思维是指思维主体发明创造、提出新的假说、创见新的理论，形成新的概念等探索未知领域的思维活动，这种创造性思维是少数人才有的。创造性思维是在抽象思维和形象思维的基础上和相互作用中发展起来的，抽象思维和形象思维是创造性思维的基本形式。除此之外，还包括扩散思维、集中思维、逆向思维、分合思维、联想思维。其中扩散思维是从所给的信息中产生信息，着重点是从同一来源中产生各种各样为数众多的输出，并且很可能发生移转作用。集中思维是从所给的信息中产生逻辑的结论，其着重点是产生独有的或者习惯上所接受的最好的成果。逆向思维是把思维方向逆转过来，用对立的表面看来似乎不可能并有的两条思路同时去寻找解决问题之答案的形式。分合思维是一种把思考对象在思想中加以分解或合并，然后获得一种新的思维产物的思维方式。联想思维是一种把已经掌握的知识与某种思维对象联系起来，从其相关性中发现启发点从而获取创造性设想的思维形式。创造性思维是创造成果产生的必要前提和条件，而创造则是历史进步的动力，创造性思维能力是个人推动社会前进的必要手段，特别是在知识经济时代，创造性思维的培养训练更显得重要。其途径在于丰富的知识结构、培养联想思维的能力、克服习惯思维对新构思的抗拒性，培养思维的变通性，加强讨论，经常进行思想碰撞。

1. 创造性思维的特点

创造性思维具有新颖性，它贵在创新，或者在思路的选择上、或者在思考的技巧上、或者在思维的结论上，具有前无古人的独到之处，在前人、常人的基础上有新的见解、新的发现、新的突破，从而具有一定范围内的首创性、开拓性。创造性思维具有极大的灵活性。它无现成的思维方法、程序可循，人可以自由地海阔天空地发挥想象力。创造性思维具有艺术性和非拟化的特点，它的对象多属"自在之物"，而不是"为我之物"。

创造性思维在广告工作中的基本要求是：

（1）策划广告宣传活动要讲究谋略，以最大限度地吸引公众，引起公众注意。

（2）策划广告宣传活动要讲究形式上的新颖。

在广告策划中谋求新颖，可以从三个方面进行：①超越同类，力求鹤立鸡群，创造产品的个性特色。②超越自我，以崭新的面孔吸引受众。③根据时代特色，在广告作品中强化时代生命力，以时代特色争取公众的认同。

（3）策划广告宣传活动要力求"奇特"。

（4）策划广告宣传活动要善于"嫁接"。

2.创造性思维具有十分重要的作用和意义

首先，创造性思维可以不断增加人类知识的总量；其次，创造性思维可以不断提高人类的认识能力；再次，创造性思维可以为实践活动开辟新的局面；最后，创造性思维的成功，又可以反馈激励人们去进一步进行创造性思维。

三、开放性思维

所谓开放性思维，是指突破传统思维定式和狭隘眼界，多视角、全方位看问题的思维；它与把事物彼此割裂开来、孤立起来、封闭起来，使思维具有保守性、被动性和消极性的形而上学思维是根本对立的。开放性思维本质上具有反教条和实事求是的特征。具备了开放性的思维方式，就能够不断地有所发现、有所发明、有所创造、有所前进。创造性应当是人类思维的本性，是人类思维得以发展和进化的内在活力和内在根据。任何创造性思维活动都是在一定的人类思想成果基础上进行的，都是对既定思维成果的丰富或扩张，是对原有知识界限的破坏和原有知识结构的补充。所以，创造性思维本质上是一种开放性思维。任何思维上的创造都必须以开放的思维为桥梁。任何创造性思维成果，都是开放性思维方式的结晶。没有对旧有知识体系的怀疑，没有打破旧有知识体系的勇气和魄力，没有越出旧的知识界限，重建或改造主客观关系的自觉性和强烈欲望，任何创造性思维都是不可能的。

四、艺术思维

艺术性思维在广告策划中的具体要求是：①把广告创意、策划过程看成是一个真正的艺术创作思维过程，而不是简单的"计划"；②在广告作品表现手法上，力求实现艺术化要求广告作品表现手法上的艺术化，涉及的指标有：审美化、具有文化内涵、剧情化和拟人化。

五、广告策划中的广义灵感论与系统方法

1.广义灵感论

把知识、信息组合成灵感，这就是广义灵感产生最通俗、最简洁的表述。广义灵感论的掌握与运用，重点要把握以下两个方面：

（1）灵感组合的出发点。灵感总是由两个或两个以上的信息组合而成的。一般来说，策划思维者总是从某一个信息出发，去与相应的信息组合。一旦组合成功，灵感也就立即产生。那么，为什么从某一个信息出发，总能

组合出富有新意的灵感来呢？这是因为，任何一个信息均能与多个信息建立某种联系。这样，在人的头脑中，信息之间就形成了网络，一个信息就可能与多种信息组合出灵感来。①从目标出发——目标扫瞄法。②从有价值的信息出发——信息开掘法。

（2）灵感组合的思路：

①类比组合。类比是从两种事物之间有某些相似之处，从而推出它们的其他属性也相似的认识、思维方法。

②矛盾组合。"矛盾"是一种普遍存在的现象，指的是两个事物具有对立的、相辅相成的状态。相应地，反映事物的信息间也就有了矛盾关系。在策划中，利用信息间的矛盾关系组合出创意灵感，也是常见的一种方法。

③因果组合。客观世界各种现象的相互依存性、联系性和制约性，也就构成了它们之间的因果关系。某个和某些现象的发生，引起另一个和另一些现象的发生，这种联系就是因与果的关系。成功的策划往往就在这种因果组合中产生创意灵感。

④嫁接组合。所谓"嫁接"，即将两种具有较大差异的事物予以结合，从而产生新的事物。同理在策划思维中，当策划者让两种不同的信息在自己的头脑中得到嫁接组合，新颖的创意灵感势必马上产生。

⑤形意组合。"形"指的是具体事物，比如具体项目、具体产品、具体问题等，"意"指的是较抽象的思想、观念、概念等。当"形""意"两种信息得以巧妙而有机地组合，新颖的策划灵感往往随之产生。同样，一种管理方法，一种新的思潮，抑或很平常的一句话、一个概念，均可能使陷入具体困境的策划者茅塞顿开、灵感涌动。

⑥多因组合。多因组合，即策划者头脑中的灵感产生是由多种信息因素组合而成。

2. 系统方法①

随着社会生产力的发展和某些自然资源的越发枯竭，以及人们要求劳动过程对周围自然环境的不良影响缩小到最低限度，导致人的劳动过程日趋复杂。因此，生产实践活动的组织管理问题就十分突出，甚至比能源和原料问题更重要。我国的现代化建设对现代企业管理和企业设备管理都提出了更高的要求。但其中，特别应当引起人们高度重视的，则是现代高技术设备的维

---

① http://www.powerem.com.cn/Article/2008/200806/28925.html

修管理。现代高技术设备系统的复杂化,导致了设备维修管理系统的复杂化。千百年来,物理学和化学的伟大成就应用于生产实践活动,大大地解放了生产力。当前面临的一切组织管理问题,属于人的智力活动范畴,必须求助于以系统论为代表的新兴学科——系统论、信息论、控制论。这些特殊的新学科反映了新的科学方法论——系统方法。

在马克思以前,人们研究复杂的社会对象,往往只用分解的方法,从部分求整体。如费尔巴哈坚持从个人到社会的研究途径。马克思则认为,"人的本质并不是单个人所固有的抽象物,实际上,它是一切社会关系的总和",从而提出了一条全新的研究途径——先从整体到部分,再从部分到整体。他认为,不依靠有关整体的知识,就不能认识部分、整体,尤其是处于一定历史发展阶段的社会,并不是个人简单的统一体,而是有组织有秩序的系统,在这个系统中才形成个人的本质。以上主要说明,马克思创立的唯物辩证法是 20 世纪下半叶现代系统方法的可靠的哲学基础。

自从大机器工业出现以后,整个社会都形成了有机系统,人间任何"事"和"物",都是由许多组成部分(要素)构成的系统。人们越来越认识到,现在的时代就是系统化的时代。

系统方法与信息论方法、控制论方法以及数学方法之间的关系又是相互渗透、相辅相成的。系统方法的特殊功能就在于把任何对象都看作系统——物质系统或概念系统,并确定它们的结构。这样,就可吸取数学方法和数学语言,便于进行定量化和采用最优化技术。系统方法还告诉我们,对于一个系统来说,任何有生命的或机械的运动,正是由于信息流的正常流动,特别是反馈信息的存在,才能使系统按预定目标实现控制,实现系统有目的的运动。例如,以信息论为基础的信息论方法,就是把有目的的运动看作一个信息的获取、传递、加工和处理的过程,把系统内外各种因素的相互联系,看作信息的交换过程而加以研究的方法,而以控制论为基础的功能模拟方法,是以事物、机器以至社会现象中所普遍存在的某些功能和行为的相似性为基础,从控制和通信方面,用模型模拟原型的功能和行为的一种方法。由于系统方法与信息论方法、控制论方法以及数学方法有着千丝万缕的联系,现在人们常把上述方法列入系统方法的知识领域。

在现代社会,系统方法已突破纯科学研究领域的界限。从 20 世纪 40 年代美国贝尔电话公司发展通信网络工作开始,逐步在工程技术和各种组织管理部门广泛应用,从而产生了一门崭新的学科——系统工程。

系统工程，就是运用系统方法，对各类系统进行最优设计、最优抉择、最优控制和最优管理，以达到最优效益的一门组织管理的技术或工作程序。如果我们结合"三论"的相互关系来看，可以说，系统工程是应用系统论的观点、信息论的理论、控制论的基础、管理科学的实质、现代数学的最优化方法、电子计算机高效先进的运算手段，以及其他科学技术知识综合渗透，从而发展形成的一门综合性很强的工程技术学科。

第二节　广告策划与传播学原理

一、传播工具的发展

在人类传播史上经历了五次革命——语言传播、书写传播、印刷传播、电子传播、互动传播（以电脑为主体、以多媒体为辅助的多种功能的信息传播）。每一次传播革命都对社会进步具有重大的推动作用，将人类带进一个新的境界、新的时代。每个国家或地区传播上的优势地位必然会导致竞争中的优势地位。它警示我们，必须积极参与传播革命，十分重视传播科技的开发、引进和运用，否则，国家付出的代价将是极其巨大的。

人类传播史上的第一次革命——创造了语言——发生在 10 万年前；人类在约公元前 3500 年发明了文字，实现第二次传播革命；在第三次传播革命中，中国人在唐朝初期首先发明了印刷术；1844 年，人类进行第四次传播革命，迎来了电信传播的曙光；1946 年，电脑在第五次传播革命中出现。

在人类传播史上，五次传播革命所产生的巨大作用，不仅有力地改变了人类在过去的所感所触和所见所闻，而且深刻地影响着人类在现今的所思所想和所作所为。因此，对人类传播史上的五次传播革命的起因、过程和意义进行分析研究，无疑既有深刻的历史意义，又有重要的现实意义。①

1. 语言传播：第一次传播革命

语言的产生，是人类第一次传播革命的直接推动力。那么，语言是何时产生和怎样产生的呢？菲利浦·列伯曼在《人类说话的进化》（1984）中推断：人类的远祖大约在 9 万年前的某个时候开始"说话"，大约在 3.5 万年前的某一时期开始使用语言。罗伯特·芬（1985）的推断与此稍有不同。至于语言

---

① http://baike.baidu.com/view/1642758.htm

是怎样产生的？各种推测可谓异彩纷呈："汪汪"派认为，言语是通过模仿狗叫等自然的声音形成的；"哼哟"派认为，言语是在从事某项群体的重体力劳动时为协调动作发出的声音形成的；"感叹"派认为，语言是由偶然地表现感情(疼痛、高兴、恐惧、悲哀)所产生；"唱歌"派认为，语言是从传播感情和欢乐事件的歌声中演变而来。在众多的猜测中，恩格斯的"语言起源于共同劳动"的假说，多年来受到非议最少。

关于语言的产生，我们倾向于这样的假设和猜测：它起源于劳动，但并不局限于群体的共同劳动；它出现在简单劳动之后和制造工具之前，而不是在制造工具的过程之中或之后。显然，劳动不仅锻炼双手，也锻炼大脑，同时它也是人类积累经验、发展知识的源泉。而制造工具，光有灵巧的手和发达的脑是不够的，还必须有足够的经验和知识。但经验与知识的积累和发展，任何单个人猿或人都是无法完成的，它必须通过无数个体间的信息传递与交流来实现，而在当时，用来传播信息的最佳手段只有语言。

人类创造了语言，语言也就成了人类的标征，成了人类进行交际与传播的工具，也成了人类认识世界和改造世界的有力武器。据考古发现，在人类漫长的进化史上，最先出现的尼安德特人在没有天灾人祸的情况下奇怪地绝种了，而后起的克罗马农人却成了人类最直接的祖先。一个十分有力的推论是：前者没有语言，而后者创造了语言。语言拯救和帮助了克罗马农人，人类也从此脱离了动物的信号传播藩篱，踏上了人类的语言传播大道。第一次传播革命中的语言传播，使个人经验和见闻为大家所共享，使前人的文化积累为后人所继承。正是在这种情况下，我们的祖先懂得了钻木取火、草药治病、保藏食物、饲养动物、耕种粮食、敬奉神祇，还掌握了"知识含量"很高的制陶、纺织、炼铁等技术。若没有语言传播，这些转变就不会发生，"社会就会停止生产，就会崩溃，就会无法作为社会而存在下去"。

2. 书写传播：第二次传播革命

在第二次传播革命中，人类发明了文字，开始进入书写传播时代。以往的语言传播，是人与人之间的口耳相传、心记脑存，既不能"通之于万里，推之于百年"，亦不能保证信息在传播中不被扭曲、变形、重组和丢失。因此，文字的发明及其应用于文献记录，可谓是人类传播史上的一大创举。它一方面引导人类由"野蛮时代"迈步进入"文明时代"，另一方面从时间的久远和空间的广阔上实现了对语言传播的真正超越。

论及文字的产生，埃及人归功于智慧之神，巴比伦人归功于命运之神，希腊人归功于奥林匹斯的传令官和使者赫耳墨斯,只有中国人将文字发明的功劳归之于人自己——仓颉。现在,我们无须再作种种猜测,地下文物和文献记录,已一再向我们表明了文字的最早存在,就像语言一样,文字也不是先在一两个地方形成的,形成的也不是只有几种文字,但有一点是共同的:它们都是从古老的图画或洞穴图画经验中演变而来。总言之,文字源于图画。大约在公元前3500年,在古埃及、克里特和中国大地上就最先出现了"图画文字"和"形象文字",它们一画一"字",一"字"一意,几个画组合在一起则构成一个故事或事件。到了商代,中国人创造了"象形文字",而那些刻写在龟甲兽骨上的则叫"甲骨文"。这些文字基本上仍是图画的和表现性的,有的就是简单的图画(如日、月、山、川等字),进一步发展才形成后来的指事、形声、会意等文字形态。

自从有了标准化的文字,人类既可以用它来记载口语、描绘事件、传播信息,也可以通过它反复阅读、慢慢译解那些超越时空的来自远方的信息或早已死去的人留下的信息,并用它来保存和继承人类积累的精神财富和文化遗产,而不必费尽脑汁去铭记,从而将较多的时间用于处理现有信息和为未来制订计划。

由于书写传播时代初期的图画文字或形象文字在发展中先后分化为符号——音节体系(如英语、法语等)和单字——表意体系(如汉语、日语等),结果其功能与优势亦有差异。研究表明:英语、法语就比较容易学、容易使用,也容易变化,这可能导致了西方人较为关注变革和发展的精神倾向;汉语、日语要花较长的时间才能掌握几千个单字,用来阅读较为浅显通俗的文章,这同东方人关注稳定、团结和怀念过去的深厚感情颇为一致。不过,虽然汉语和日语不易学习和掌握,然而一旦具有阅读能力,人的大脑对单字——表意体系的文字的反映明显快于其他体系的文字。东京电机大学教授小谷城(1996)的研究进一步指出,同在单字——表意体系,人的大脑对汉字反映的速度要比假名(日文)快三倍。他说,人们认识汉字单词,不需多声转化过程,从字形就可以直接理解意思,具有其他文字所没有的快速阅读优势。此外,汉字还不会随着口头语言的变化而改变,因此,人们有时虽听不懂(如方言),但能看得懂。于是在某种意义上,汉字成了中华民族团结统一的特殊凝聚剂,成了社会和谐、安详、稳定的潜在力量。这是我们的祖先在发明文字时无论如何也料想不到的巨大贡献。

在第二次传播革命中,书写媒介则经历了从沉重的石头、泥土逐步向较轻的龟甲、兽骨、木板、竹简和软绵、便携的羊皮、绢帛、纸张的转变，而书写工具则经历了从划字的树枝、棍尖到刻字的石刀、铁刀到写字的毛笔的转变。这些转变反映了当时中国人在传播的文明程度上是怎样地让西方人所望尘莫及。对于这些，用施拉姆(1982)的话说："它是历史上震撼地球的大事之一。"

在充分肯定了中国人在文字发明上的成就之后，德弗勒(1981)接着写道："与此同时，中国人又在另一项发明——印刷方面，领先于西方。"

3. 印刷传播：第三次传播革命

印刷术的发明，不仅给中国，也给欧洲和整个世界的文明带来了曙光，使人类社会发生了翻来覆去的巨大变化，并引导人类传播真正步入了一个崭新的大众传播时代。

以往，由于媒介笨重、符号复杂、复制困难和传播垄断，书本知识只掌握在少数人手里，竹简、帛书等书写媒介也只在上流社会流传。只有印刷术的产生和流传才打破了少数人对知识的垄断和在传播上的特权，冲破了黑暗的中世纪宗教牢笼，开始了文艺复兴，进而又导致了工业革命。

印刷术起源于公元 200 年的中国拓印术，大约在唐朝初年(627—649年)中国人发明了雕版印刷术。唐长庆年间，白居易的作品常被人"缮写模勒(刊刻)，炫卖于市井"(唐·元稹，824)。世界上现存的第一本印刷品是我国唐咸通九年(868)印刷的佛教经典《金刚经》。北宋庆历年间(1041—1048年)，毕昇发明了活字印刷术。元朝后期，我国的印刷术连同其他发明随着蒙古军队传向西方。许多年后，德国铁匠古登堡在此基础上经过 20 多年的摸索和钻研，发明了铅活字和手压印制设备，于 1456 年首次印成了 42 行本的《圣经》。

随着印刷业的飞速发展，在 15 世纪末和 16 世纪初，整个欧洲的主要城市几乎都有了印刷所，印刷传播业日益兴旺。印刷品的大量出现，大大激发了人们的求知欲望，推动了教育的发展、文化的普及和科学启蒙、社会进步；反过来，公众文化知识的提高又导致了对宗教、科学、哲学、文学书籍等印刷媒介的更大需求，于是形成了一种良性循环，也加速了欧洲封建主义的崩溃和资本主义的诞生。

按照美国社会学家查尔斯·库利在《社会组织》(1909)一书中的观点，报纸、书籍和杂志作为新的大众媒介，它不仅消除了人们相互隔绝的障碍，影响到社区相互作用的方式，而且推进了社会的组织和功能的重大变化，其至永久地改变了那些使用者的精神面貌和心理结构。一句话，印刷传播革命使人类社会在各个方面都发生了前所未有的深刻变化。

4. 电信传播：第四次传播革命

千百年来，人类一直梦想自己能有两只"顺风耳"、一对"千里眼"，以突破时间和空间的限制，迅速而真切地得到远方的信息；更梦想自己的声音和形象能够记录下来，传之千里，流之百年。这曾被认为是天方夜谭。但是，自从美国人莫尔斯于1844年发明了电报，贝尔于1876年发明了电话，爱迪生于1877年发明了留声机，法国人马瑞根据中国灯影原理于1882年发明了摄影机，以及随之而来的电影、广播、电视的相继出现，人类的梦想已不再是梦想了，而是实实在在的存在。

在人类的第四次传播革命中，以广播和电视为主体的电信传播，不仅彻底突破了时间和空间的限制，使信息传播瞬息万里，而且挣脱了印刷传播中必不可少的物质（书、报、刊）运输（通过人及交通工具把印刷品送到读者手中）的束缚，为信息传播开辟了一条便捷、高效的空中通道。特别是广播、电视一旦插上卫星转播的翅膀，这种传播就已不再是通常的大众传播了，而是无处不在、无时不有的跨国传播甚至全球传播了。因此，电信传播正被人们看作是继武器仗之后的符号仗，军事大战之后的信息大战，而且肯定会随着传播科技的进步愈演愈烈，并日益成为强国争霸的工具。

同时，电信传播也不像印刷传播那样是将人推向信息，而是将信息推向人。电信传播是"在没有识字需要的情况下，为人类提供了超越识字障碍，跳入大众传播的一个方法"（罗杰斯，1988）。电视集声、光、电和音、字、形于一身，一出现便光彩照人，这又曾让报纸和广播自惭形秽，大声呼救，唯恐陷入灭顶之灾。事实上，今日的报纸、广播、电视已在新闻传播领域形成三足鼎立之势，它们各有特点，互动互助，共演共进，一起为人类的传播事业作出贡献。相信这种共同发展的趋势还会继续下去。

5. 互动传播：第五次传播革命

互动传播是指以电脑为主体、以多媒体为辅助的能提供以交谈方式来处理包括捕捉、操作、编辑、存贮、交换、放映、打印等多种功能的信息传播活动。由于它是指各种数据和文字、图示、动画、音乐、语言、图像、电影和视频信号组合在电脑上，并以此互动，所以我们以1946年埃克特等人研制成功的世界第一台电脑主机"埃尼阿克"的诞生年，作为第五次传播革命的纪元。接着，苏联于1957年发射了第一颗人造卫星；美国于1969年实现电脑对接，又于 1980 年结成互联网络；1994 年各发达国家纷纷提出"信息高速公路计划"，中国亦宣布跟进。50 年来，电脑更新换代愈来愈快，初期每四年换一代，接着一年换一代，而 1995 年却换了两代，即在 486 之后又研制成 586（奔腾）和 686（高能奔腾）。个人电脑的体积越来越小，造价越来越低，而功能却越来越多，操作也越来越方便。在这一次的传播革命中，电脑加上各种软件和多媒体（诸如电话、录像机、录音机、收音机、电视机、传真机、打印机、游戏机等），成为人们综合处理人际传播、组织传播、大众传播和跨国传播乃至全球传播的主要媒介。人类已经进入信息社会，并且进入一个综合传播的新时代。

互动传播与传统的印刷传播、电子传播的最大不同之处在于：它除了具有其他传播的特点之外，还具有自己的主动性、参与性、交谈性和操作性的特点。以往，人们只是被动地阅读、收听和观看他们所"不讨厌的内容"，传播者积极地将信息推向受众，受众则消极地打开"开关"等待信息的来临；而互动传播中的人则必须自己主动地去寻找信息、追逐信息，向资料库、电子图书馆、影视中心索要信息。以往，受众对传播的参与和交流程度极低，互动传播则要求人们有很高的个人参与性，即不仅要主动地选择、寻找、索要信息，而且要积极地向"信息高速公路"输送信息，或者通过"电子信箱"交流信息，或者通过互联网络（Internet）召开会议、远程会诊、合作攻关，甚至可以远距万里而在网络上对同一文件进行共同修改。此外，互动传播中的各种媒介将在发展中有机地组合、集成为一体化多功能的多媒体电脑，而各大传播机构（如邮局、报社、电台、电视台、电影公司、图书馆等）也将有序地聚合成一种松散的超级信息传播系统。互动传播和信息革命进入一种"临界状态"，一个崭新的社会已然到来，新的社会包容着整个世界，互动传播连接着整个人类。每一种传播科技的出现与发展都在缩短着时间和空间，消弭着文化差异，扩展着思想观念。

从五次传播革命的历程所呈现的状态看，我们认为有四种状态应引起传播学界的重视：

（1）人类传播革命的步伐一直呈加速度状态发展。从动物传播进化到人类的语言传播用了 200 万年，从语言传播进入书写传播用了 9.5 万年，从书写传播跨入印刷传播花了约 4000 年，而从印刷传播迈进电信传播只用了 1200 年，从电信传播进入互动传播的时间更短，只有 102 年，而互动传播至今只有 50 年。可见，传播革命的步伐、传播技术和手段的革新在时间上是以逐步加快、越来越快和间隔越来越短的情势发展的。

（2）传播符号、传播媒介和传播科技始终呈叠加性状态发展。即新的传播革命爆发后，人类在旧的传播革命中所使用的传播手段不会被随之抛弃，而总是以一种新的面貌又出现在新的传播活动之中。它们的生存与发展似乎不遵循优胜劣汰、物竞天择的法则，好像更符合互动互助、共进共演的原理。因为，书写传播并未淘汰语言传播，电信传播并不排斥印刷传播，而互动传播的发展似乎要将各种传播的形式与手段集于一身。

（3）叠加性状态又导致了整合性状态。如电话是对语言传播和电报传播的整合，广播是对电话和唱机的整合，电视是对广播与电影的整合，而电脑的发展将整合一切传播媒介。

（4）信息和知识的增长和积累呈金字塔状态发展。据统计，图书馆的规模每14年增加一倍，每一世纪增加140倍。14世纪初，巴黎大学图书馆藏书1380册，当时是欧洲最大的图书馆，现在世界上已有12个图书馆藏书超过800万册。目前，全世界每年出版50万种图书，平均每分钟就出版一种新书。科学知识的增长愈来愈快，过去每隔10~15年人类知识就要翻一番，如今3~5年就要翻一番。有人曾对美国化学文摘作过统计分析，发现文摘的数量达到第一个百万条花了30年，第二个百万条花了18年，第三个百万条花了4年，第四个百万条只用了2年半……还有人统计得知，人类全部科技知识总量的80%以上都是本世纪产生的。显然，这一状态与前述三种状态是一种相辅相成，互为因果的关系。

从五次传播革命所形成的结果看，每一次传播革命都将人类带进一个新的境界、新的时代。

（1）语言传播是人类的重要特征，也是社会的凝固剂。它拯救了人类，使人类可以交流信息、积累知识，从而由动物世界进入人类社会，由野蛮时代进入文明社会。

（2）书写传播使人类可以将事件和自己的经历、见闻、思想固定或记录下来，并超越时间和空间的限制进行传播。梁衡（1996）认为：语言文字还是民族生命的一部分。对内，它是整合民族感情的粘接剂；对外，它是抵御外来文化侵略的一道屏障。

（3）印刷传播打破了少数人的传播特权，导致了文化和教育的普及，使人类由人际传播时代进入大众传播时代。

（4）电信传播则将人类由国内传播引入国际传播。

（5）互动传播是将以往的各自独立的单一传播转变为综合传播，将单功能的媒体转变为多功能的媒体，将人类由工业社会带进了信息社会。信息成了社会财富的象征和社会运作的"核能"。可见，每一次传播革命不仅极大地提高了人类的传播能力，而且从物质到精神都给人类带来前所未有的巨大变化。

再从五次传播革命与社会进步的互动关系来看，我们认为传播革命对社会进步具有巨大的推动作用。

（1）每一次传播革命爆发都为人类的生存与发展带来新的机遇，开拓了新的空间。

（2）人类传播革命与社会文明进步不仅互相促进而且步调一致，在步幅和步频上基本上成正比关系。

（3）最先发生传播革命的地方或国家，不仅社会进步和文明的程度高，而且在竞争中也处于明显的优势地位，如语言传播时代的克罗马农人，书写传播时代的古埃及人和希腊人，印刷传播时代的中国人，电信传播和互动传播时代的西方发达国家。

（4）传播上的优势地位必然会导致文化上的优势地位，因此在发达国家的文化侵略面前，弱小国家几乎没有还手之力。于是，小国文化将首先消融在邻近的发达大国的文化洪流之中，进一步的竞争将会逐步形成几块区域文化（如以儒教为核心的亚洲文化，以伊斯兰教为核心的中东文化，以及以标榜自由与民主为特征的西方文化等）。这一切都警示我们，必须积极参与传播革命，十分重视传播科技的开发、引进和运用，同时还要加强对人类传播活动的研究。否则，国家付出的代价将是巨大的。

广告是一种非常典型的传播行为，广告主和广告策划者是广告的传播者，广告信息是广告传播的主要内容，刊播广告的各种媒介是广告传播的媒介，而接触广告的媒介受众则是广告传播的受众。广告信息通过各种媒介传播给受众，并对他们产生不同程度的作用的过程，就是一个完整的传播过程。

二、传播的构成与分类

1. 传播构成

传播一词，源于拉丁文 communis，本意为"共同"。传播由发送者、信息、途径(媒介)和接受者四个基本要素构成。传播作为一种人类活动，是一个信息发送者与接受者之间思想"达成共识"的过程。在传播过程中，无论是信息发送者还是接受者，都必须积极参与同一交流活动，从而使得思想得以被双方分享。传播是个人与个人之间，或个人与团体之间，或团体与团体同时做的事，而不是一方对另一方做的事。从传播的角度而言，广告主与广告代理公司(制作公司)、广告媒体公司的合作，并不意味着广告活动就能大功告成，只有在消费者参与进来后，广告才能成为完整的活动。广告传播过程有如下一些核心概念：经验、思想、符号、标志等，必须使接受者能够解读，并做出积极的反应。

2. 传播分类

(1)根据发送者动机来分类：

①工具性传播。传播的本意是发送者将信息传递给接受者，要使接受者产生一定的反应，像这样作为达到某种目的的手段而使用的传播是工具性传播。广告作为工具性传播，常常伴随着发送者感情的溢出。

②适应性传播。只是以传播本身为目的，像表现不安、愤怒等以缓和紧张心理属于满足生理或调解情绪需要的适应性的传播。

(2)根据信息特征分类：

①言语传播。

②非言语传播。不见诸语言文字，但大家都能理解的传播方法。即通过人们可以感觉到的姿态、音容、笑貌、气味、颜色等非语言符号进行传播。

(3)根据输送信息通道分类：

①单向传播。只朝一个方向展开的传播叫单向传播。

②相互传播。在发送者和接受者之间相互展开的传播叫相互传播。

③间接传播。在输送途径中为输送信息而加进了特殊媒体的传播叫间接传播。

④直接传播。面对面进行的传播活动就是直接传播。

(4)根据人类传播行为分类：

①自身传播。人们自己对自己进行的传播，如阅读、沉思等。

②人际传播。两个人或者若干人之间进行的传播。

③组织传播。有组织有计划地对一群人进行的传播。

④大众传播。通过大众传播媒介对数量众多的受众进行的传播。

三、广告信息传播

信息以物理刺激的形式作用于我们的感觉器官，而后这些信息又被传送到脑，从而产生各种心理活动。这一传播过程可以分为两个环节来阐述。第一环节是从物理过程到神经过程的转化，第二环节是从神经过程到心理过程的转化。信息是从物理过程到神经过程又到心理过程的转化物，信息也是从心理过程到神经过程又到物理过程的转化物。信息的类型，可以按知识领域分成生物的、经济的、心理的、工程的等类型。信息也可以按物理特性分成视觉的、听觉的、嗅觉的、触觉的等类型。

四、广告传播基本环节

广告传播流程，其基本要素共有八个：信源、编码过程、信号、传播渠道（信道）、译码过程、受众、反馈、噪声。其中信源和受众是传播过程的参与者；信号和传播渠道是参与者借助的传播物体；编码、译码和反馈是传播过程的功能；噪声是妨碍传播效果的因素。

五、广告传播功能

传播功能是广告最基本的功能。作为一种独特的传播形式，广告具有四种基本的传播功能：促进功能、劝服功能、增强功能和提示功能。广告的促进功能和劝服功能使消费者从未决定购买状态进入某种购买行为状态。广告的促进功能就是加强消费者现有的需求和欲望，使他们感知和了解广告信息。这种形式的广告最具有信息性，此时，做广告的产品一般正处于其生命周期的导入期，产品正被引入市场。劝服性广告常用于产品生命周期的成长阶段和成熟阶段，这时，市场竞争激烈，消费者已经感知并了解了产品所提供的利益。

广告不仅要加强消费者现有的需求和愿望，使他们感知和了解信息，还要增强他们的感觉和情感，使他们偏好于某一产品。

广告的增强功能和提示功能出现在消费者的购买行为之后。增强性广告用来保证消费者的购买决策，常用来确保对某些产品或服务的少量购买，如保险、汽车、计算机、电信服务等。提示性广告触发消费者的习惯性购买行为，一般用在产品生命周期的成熟阶段和衰退阶段，往往是消费者常买的产品。广告画面一般处理得简单、明了、易认，通常不使用太多的广告语言。

对广告而言，要实施任何一种传播功能，都需要一系列的传播活动。这种"系列的传播活动"实际上就是"说什么"和"怎么说"，再加上发布策略的"排列组合"，很难说这种组合有10种还是20种。事实上，组合方式有各种各样，不可能固定为哪一种，但是，固定不变的因素也是存在的，即传播功能带来的广告传播效果层次。效果层次由浅入深，分为三个方面：①认知（感知和理解）层次；②情感体验（喜爱和偏好）层次；③行为（尝试和购买）层次。这三个方面，在程度上是有区别的。在许多人眼里，广告传播效果达成的顺序和程度就是如上所述依次进行，即广告传播功能的第一步是让消费者对产品先有认知，待对产品了解以后，再通过广告培养消费者对产品的喜爱和偏好，此后，消费者才会产生购买行为。这种认识有一定的道理，但有很大的片面性。

从传播功能来看，效果层次的有效性并不一定由浅及深地按上述次序排列，三者的顺序是可以颠倒的。至少有三种结构存在。第一种，当消费者对广告上的产品真正感兴趣，广告主利用大众传播媒介促进产品销售，竞争品牌间的差别较为明显时，认知层次才能发挥作用，其组合为认知——情感体验——行为。第二种，当产品处于重要位置，其他选择不明确（如价格、销售渠道等），人员销售是信息传播中比大众传播媒介更重要的手段时，不和谐归属层次（又叫行为——情感体验——认知）便会发挥作用。第三种，当竞争品牌之间的差别缩小到最低点，产品对购买者已无关紧要，需要重复传播信息使品牌在消费者心中保持新鲜感时，低度参与认知层次（又叫认识——行为——情感体验）便会发挥作用。

第三节 广告策划与市场学原理

广告是促销的组成部分，促销又是市场营销的组成部分。因此，广告是市场营销组合中的有机组成部分。

广告活动不是一项孤立的活动，而是市场营销观念下的活动。它的每一项活动、每一个策略都是在充分研究促销组合、产品计划组合、销售渠道组合以及价格组合的基础上产生的。

一、市场营销概念

"市场营销"一词译自英文"marketing"，该词在英语里有双重含义：一是指—种经济行为、一种实践活动，即企业从适应和满足市场需求出发，开发产品和劳务，制订价格，宣传、销售产品和劳务，收集消费者的反映，而从事的一切企业活动；另一含义是指一门科学，即以市场营销活动为研究对象的科学，它是从卖方的角度，作为供给一方来研究如何适应市场需求，如何使产品具有吸引力、合理价格、方便购买，使买方满意，从而提高企业的市场占有率和经济效益的科学。

二、广告策划与市场营销

现代的广告活动，有两个重要的理论支柱，其一是传播理论，其二是市场营销理论。

市场营销是运用系统工程的方法，综合运用各种可能的市场营销策略和手段，实现企业的最佳经济效益，达到经营的最佳目标。

广告主的市场营销活动与广告公司的市场营销活动的差异。

广告主就所有市场营销因素制定战略并加以实施，而广告公司则以广告（或者促销战略）的范围为中心，承担着一部分市场营销活动，广告公司有时也根据需要参与策划商品、价格、流通等广告主的市场营销战略，但主要工作，多数情况下是为了制定广告计划、方案而研究、分析广告主的市场营销战略，制定最适合它们的、有效的广告计划。制定广告计划方案时，在商品、价格、流通等方面均应有所注意。

三、广告策划与产品生命周期

广告是整个营销策略中的一环。它不但是一个复杂的综合性活动过程，而且还是一个动态的活动过程。这个过程虽然会随着客观环境的变化，而呈现出多变性与复杂性，但是，它的活动过程总是呈现出一些周期性，呈现出一种周而复始的螺旋式上升的历程。这个历程，就是广告的活动周期或广告的生命周期。

广告，特别是商业广告是以商品性能为基础的，广告的生命周期也必然以商品的生命周期为依据。因为，广告主要是以表现商品的特性，促进商品的销售为目的与宗旨的。如果广告离开了表现商品的特性（即满足消费者需求的特性)这一核心,广告本身也就失去了存在的意义。因此,广告的生命周期的属性,就是依附于商品的生命周期。这里我们只简单地将广告周期分为三个阶段,即导入期、成长与成熟期和保持期。

四、广告策划与广告主的市场营销策略

1.市场营销策略的概念

市场营销策略是业务单位期望在目标市场实现市场营销目标所遵循的主要原则,它包括了关于市场营销总费用、市场营销因素组合、市场营销资源配置的基本决策。

2.市场营销策略决定着广告策划的核心内容——广告策略

广告策划是根据广告主的营销策略,对广告运动(活动)战略与策略进行的前瞻性规划。因此,必须以广告主的营销策略为基本前提,广告策略必须完全符合广告主的营销策略。

广告主的市场营销策略对广告策划的中心内容——广告策略的决定性作用体现在以下几个方面:

(1)广告主的目标市场策略决定着广告的目标市场策略。广告主面向什么样的目标市场进行营销,广告就要面向什么样的目标市场进行。

(2)广告主的定位策略决定着广告的定位策略。广告主对于企业和产品的定位一般已经有明确的想法,广告所传达的关于企业或者产品定位的信息应该与广告主的定位策略完全吻合。

(3)广告主满足市场需求的出发点决定着广告的诉求重点。企业生产产品所要满足的需求常常是产品的优势所在,也是对消费者最有吸引力的信息,如果广告诉求策略忽视了这些信息,就会导致诉求重点和广告主题的偏向。

(4)广告主的形象、产品的形象、目标消费者的特性和心理决定着广告的诉求方式和广告表现策略。广告主及其产品有着特定的感性或者理性的形象,而不同的消费者又有着不同的理性或者感性的需求。广告采取理性、感性或者是情理结合的诉求策略,要依据企业和产品的形象、诉求对象的心理需求确定。如果在诉求策略上发生了偏离,就会导致广告与企业、产品形象的不协调,使受众难以产生统一的印象,或者根本无法满足消费者的心理需求,从而失去其应有的效果。

(5)广告主的目标市场、产品的特性、目标消费者的特性和心理需求决

定着广告的媒介策略。广告主在哪一目标市场上进行营销，广告就应该选择面向哪一目标市场的媒介；产品具有什么特性，广告就应该使用与这些特性相符合的媒介；目标消费者经常接触哪些媒介，容易受到哪些媒介的影响，广告就应该选择哪些媒介。

3. 广告策划对市场营销策略的能动作用

（1）明确目标市场、修正市场营销的目标市场策略。

（2）明确产品定位，修正广告主的定位策略。

（3）帮助广告主形成明确的广告诉求和表现策略。

（4）进行创造性的媒介选择和组合。

（5）深化、发展乃至在某些方面引导广告主的市场营销策略。

第四节　广告策划与消费者行为

广告是市场营销者和它的目标消费群体进行沟通的手段，广告策划者既要了解市场营销者的策略，又要使市场营销者的信息准确地传达给消费者。

一、消费者行为构成

以消费者的生活方式而言，消费者的生活方式往往会反映到消费者的心理需要与欲求目标上。每一个人都有自己的生活方式，而生活方式类似的人，又形成某一社会阶层。生活方式主要是由下列因素决定的：活动、兴趣、意见和社会。

生活方式不同，欲求目标就不同。消费者以自己的生活方式为基础，建立其生活目标，抱着各种欲望，把可以满足欲求目标所属的商品纳入，使信息与生活方式融为一体；商品通过信息的传播与人们生活方式联系在一起发生作用。

二、消费者类型分析

消费者购买行为的类型，按行为复杂程度分复杂型、和谐型、习惯型和多变型；按消费者性格和心理状态分习惯型、理智型、冲动型、经济型、情感型和不定型。还可以按照使用程度分类。

1. 买者不常是用者，用者也不永远是买者

在谈论买者与用者的关系之前，要先弄清个人购买者和集团（机构）购买者。集团购买者与使用者的分离程度比个人购买者与使用者大。集团购买决

策者众，购买次数少，比较固定；个人购买行为决策者少，购买次数多，易变换品牌、购买地点等。个人购买者也仅仅是个执行购买的人，这中间，消费者可以分为多种层次，处于不同层次的消费者，在消费过程中所担负的责任也不同。主要可以划分为：①倡导者（提倡购买者）；②影响者；③决定购买者；④执行购买者；⑤最终使用者。

在具体的购买过程中，有时是"一人数职"，有时又是"一职数人"。由于存在着这种"一对多"、"多对一"的现象，这种有效分析实际上是件极复杂的事情。从理论上讲，可以看得单纯些，可以把它们当作分离状态下的情景对待。广告活动既可能鼓励执行购买者去影响使用者，也可以鼓励使用者去影响购买者。

2. 现实消费者与潜在消费者

正在或已经与商品发生消费关系的消费者，可以视为现实消费者；可能的消费者称为潜在消费者。广告活动针对的只能是"潜在消费者"。未使用过本产品的但有可能使用本产品的人可以视为"潜在消费者"，曾经使用过本产品的人也应被视为"潜在消费者"，因为这部分消费者虽然过去使用过本产品，但其未来行为却无法把握。这个结论，也应合了"广告活动的时态永远是将来进行时"的观点。

现实消费者和潜在消费者可以划分为：

（1）未使用者。这类人没有使用过本品牌产品或本类产品。广告活动的目标就是驱使这些人对本品牌关心或使用本品牌产品。

（2）少量使用者。这类人由于别的原因，或者大量使用竞争对手的产品，或者没有养成固定使用习惯。广告活动的目标应是驱动这些人大量使用本品牌的产品。

（3）平均使用者。广告目标在巩固品牌偏好度的基础上，鼓励消费者大量使用本品牌。

（4）大量使用者。广告活动目标就是巩固品牌忠实度，并给予这一部分一定的回馈。这里的回馈，就是指通过广告活动，让那些大量使用本产品的人在自己的生存环境中因为用了本产品而感觉自豪、有信心或令人羡慕、受人夸奖。并且，这些大量使用者因为得到了"回馈"，还会以"拥有者"、"知情者"的身份向周围人扩大本产品的积极信息。当一个人在做购买决定时，常常会向大量拥有欲买产品的人咨询，而后者对前者影响作用也往往超过广告或销售人员的介绍。

3.人化的消费者与物化的消费者

(1)人化的消费者。消费者存在于社会中最根本的依据是因为"人的属性"。消费者不是动物，消费者不是机械，归根结底，消费者是"人"。早在1895年，美国 *Printer's Ink* 杂志在其10月号的社论上就论述过："不考虑人性去制做广告与没有顾忌困难而制定广告计划没有什么两样。"在消费者的行为动因中，有文化的因素，有心理的因素，有社会的因素，有民族的因素，有经济的因素，等等，综合起来，消费者又可分为下面六种类型。第一种类型习惯型消费者。这种消费者往往忠实于一种或数种品牌。当消费者忠实于本品牌时，广告活动是巩固这种习惯，并且有时要升华。当消费者习惯于选择别的品牌时，广告活动要移转消费者的态度，使广告活动的难度加大：当消费者不使用此类产品或者消费习惯狭隘时，广告活动要改变消费者的旧习惯，培养新习惯。例如，热水器的销售高峰一般是在冬、春、秋三季，夏季人们多洗凉水澡，针对此习惯，台湾理想牌热水器却在六、七月最热的时候，推出了一支"夏天洗澡，要洗热水，不洗热水，洗不干净"的广告，改变了人们的习惯。第二种类型理智型消费者。这类消费者在购买之前经过周密考虑，对所掌握的资料(包括广告)加以比较、研究，在购买时已有腹案。第三种类型经济型消费者。特别重视价格，廉价物品是其钟爱，对产品的功能及经济效用考虑得较多。第四种类型冲动型消费者。感性购买，易受产品的外观或品牌名称所影响。第五种类型情感型消费者。广告中情感因素能缓和这类消费者的心，购物时深受联想的影响。第六种类型年轻型消费者。是属于新的消费者，消费行为大多尚未稳定，对于本产品缺乏消费者经验。"用了都说好"之类的诉求对其影响较大。

(2)物化的消费者。这里所谓的"物化"，是针对前面的"人化"而言的。"人"作为消费者的核心依据，是其对"物"——商品的拥有和使用。

第一，威望类产品的消费者。消费者拥有某类产品，既是威望的象征，也是具有威望的证明。在西方国家，某人拥有一部英国豪华的 Rolls Royoe 汽车，不仅是事业成功的标志，而且是拥有财富的证明。

第二，成人类产品的消费者。由于社会风俗习惯、健康等方面的原因，成人消费者可以以拥有某类产品为特权，如香烟、化妆品、酒、性杂志、暴力电影等。

第三，地位类产品的消费者。不同地位的消费者，以拥有不同的产品为标志。这与威望类产品的消费者不同。

第四，渴望类产品的消费者。有些产品是消费者在日常生活中渴望拥有的,如肥皂、牙膏、香水等。

第五,快乐类产品的消费者。这一类产品易引起消费者冲动性购买,包括各种零食,如花生米、瓜子、爆米花等,包括时装、儿童玩具等。

第六,功能类产品的消费者。有些产品,消费者在购买时,主要从该产品所能提供的功能方面考虑,如蔬菜、水果、建筑材料等。

以上这六个方面,我们既可以看成从产品角度观察消费者的结果,也可以看作是从消费者的需求角度分析产品。

三、消费者购买过程与关心点

所谓的关心点,就是指消费者对于本产品或服务的关心焦点或关心重点。关心点是一种心理现象。在消费过程中,消费者的购买行为、消费行为往往会受到关心点的支配。从心理学的角度分析,关心点与人的知觉选择性有关,可以视作人的知觉在特定的消费内容和消费方式上的集中。它是由消费者的需求、经验、兴趣、利害关系等因素所决定的。

任何一个产品或一项服务,其特点不止一个,其中有优点,也有弱点。如果消费者的关心点恰好在产品优势方面,那么,广告活动便可围绕产品的优点(也是消费者的关心点)做足文章,此时,关心点起到了掩盖非关心点的作用,有些类似俗话中的"一俊遮百丑"。如果消费者的关心点恰好在产品弱势方面,那么,广告活动就要从弱势入手,用足优势,想方设法将二者联系起来,转化消费者的实质关心点,变弱势为优点。关心点,也是广告创意的重要指向,评价创意优劣的依据之一。广告活动,就是沟通消费者与企业,而沟通的渠道有许许多多,但有效的渠道却有限。这正应了"心有灵犀一点通",这"一点",就是消费者的关心点。

虽然消费者的关心点具有较强的"易变性",但寻找消费者关心点仍然有规律可循。下面几个方面,是关心点易生之处:①新点。产品或服务总是处于不断的更新之中,产品的新型号、新功能等都较易成为消费者的关心点。②近点。产品或服务愈与消费者接近,消费者愈关心。③热点。在消费生活中,往往有一种流传迅速的行为模式。对这种模式,许多消费者往往怀有很大的热情,在购买物品或消费生活中常常具有一时的冲动性和较少的计划性。④难点。消费者一举手、一投足都有困难,而消费者的困难正是广告活动的良机。⑤疑点。许多产品或服务,在消费者群中会存在着许多疑点,成为消费者对该产品的关注焦点。⑥歧点。不同的消费者,对产品或服务有不同的说法,众说纷纭。

四、尊重消费者是广告活动的出发点和归宿

关于广告功能的一些观点，可能会有助于我们对这个问题的理解：①企业应该生产所能出售的东西，而不是出售所能够生产的东西；②发现消费者的欲望并满足它们；③热爱顾客而不仅仅偏爱产品；④热爱顾客首先需要尊重顾客。

广告的出发点是劝服消费者，其目的是唤起消费者的购买欲，因此，广告活动具有鲜明的意图，所以，在接触广告时消费者产生一种本能的抗斥是理所当然的。广告用以消除这种戒备心，缩小自己与消费者距离的佳途之一，就是放弃专家式的"居高临下"，以平等的诚挚打动消费者敏感的心。

广告人要永远牢记大师的告诫："记住，你正在和自己的朋友对话。"对现代广告来说，如何使产品生产者的广告抛开他们的文化和个人观点而学着以他人的文化和观点来看待世界是十分重要的，这一切，又必须建立在尊重消费者的基础上。

消费者的困难就是广告活动的机会。任何一个广告人，恐怕都不会希望消费者处于困境之中，但是，广告活动的规律迫使人在策划广告活动中必须挖掘消费者在购买或者消费过程中，还存在着哪些难点，这是广告活动的突破口。如果消费者没有困难了，那也就意味着广告人没有机会了，或者广告活动的难度增大了。难道消费者在消费任何产品或服务时都存在着困难吗？不错。任何产品的开发，都是基于消费者的困难而着手的，消费者的困难常常是产品开发、生产的理由。现实生活中，消费者一举手一投足都存在着不方便，关键是广告在研讨广告活动过程中是否抓住了这些难点。这些难点抓得准、用得好、文章做足，往往能打动目标消费者的心。

五、市场细分——消费者研究的核心概念

广告，在"广"，更在"精"。社会步入"分众时代"，广告信息如何有效地传达到目标对象心中，是广告活动的重要课题。广告是对"一个人"说了100万次的一样话，而不是对"100万人"说一次话。

目前，消费者在心理上，或者行为上，都与以前有极大的不同。尤其是大中城市的消费者。以前"大众"时代的一些观念与做法，已逐步被"分众"时代的观念与做法所取代，现在的广告活动，就着重考虑消费者群的"少量多样化"，讲究品味、格调、与众不同的分众现象。在这样的背景下，消费者研究也就显得格外重要。

　　"市场细分"这个概念，是美国著名市场学者温德尔.斯密总结了一些市场营销实践经验，于20世纪50年代中期提出的。现代市场学认为：企业起初实行大量市场营销，后来随着市场形势发展变化实行产品差异市场营销，战后在新的市场下实行目标市场营销。在目标市场中，由于受许多因素的影响，不同的消费者有不同的购买习惯和购买行为。事实中，任何一个市场，只要有两个以上的购买者，都可以细分为若干市场部分或亚市场。例如，日本资生堂公司1978年对日本女性化妆品市场做了调查研究，按照女性消费者的年龄，把所有潜在的女性顾客分为四种类型：第一种类型为15～17岁的女性消费者，她们正当妙龄，讲究打扮，追求时髦，对化妆品的需求意识较强烈，但购买的往往是单一化妆品；第二种类型是18～24岁的女性消费者，她们对化妆品也非常关心，采取积极的消费行动，只要是中意的化妆品，价格再高也在所不惜，这一类女性往往购买整套化妆品；第三种类型为24～34岁的妇女，她们大多数已结婚，因此，对化妆品的需求心理和购买行为均有所变化，化妆是她们的日常生活习惯；第四种类型为35岁以上的妇女消费者，她们可分为积极派和消极派，但也显示了对单一化妆品的需要。这就是市场细分。从市场学的角度说，广告活动面对的是"细分市场"；从传播学的角度说，广告活动面对的是"分众时代"。分众时代中，大众市场逐渐分化为许多小众市场——不同生活形态阶层阅读不同的传播媒介、追求不同的节目品味，以不同的方式与渠道消费不同的产品。此时，广告活动的重点在于根据产品定位，利用各种方式去"抓取"锁定的目标群。现代广告活动，靠"东方不亮西方亮"的撒大网已经不灵了。

六、如何锁定谁是目标消费者

　　消费者分析观念确立以后，在广告策划活动中，对于消费者研究而言，首先就要找出谁是广告活动的目标消费者。这里指的是要分析出具体的指标，而不是大而不当的笼统说法。可是，许多厂商在设定目标群时常常是极为笼统的，如某化妆品的目标消费群定为25～49岁的女性，这种设定对广告策划无丝毫帮助，这种界定等于说该化妆品的目标消费群是整个社会的女性群，凡是会照镜子的成年女性都可以包括在内。

　　寻找消费者时，各项指标越严谨，越具体，焦点也就越清楚。一般从下面几个方面的分析入手：

　　1. 从社会因素分析入手，寻找谁是消费者

　　社会因素附着在消费者身上的标志，就是消费者在社会组织中所处的位

置和所担当的社会角色，如农民、工人、干部、知识分子等。在这种分析过程中，要遵守这样一个原则：大处着眼，小处着手。比如，当限定知识分子为目标群后，还应进一步限定高级知识分子，还是中级知识分子、初级知识分子、准知识分子，每个小群的具体数量或大体百分比是多少。

2. 从地理环境分析入手，界定出消费者的活动空间

不同的地理环境，造就了不同的人格，我们不是地理环境决定论者，但是，地理环境对消费者的确有很大的影响。从广告活动的角度来讲，尤其不能忽视地域文化对广告活动的影响。

3. 从人口因素分析入手，寻找与消费者的沟通要点

分析人口因素与广告活动的关系，可以从人口最普遍的一些情况，进行最基本的了解。广告活动面对的是"心理"人口，而不仅仅是社会学意义上的人口概念。因此，有位广告大师说："如果你向 60 岁的老太太推荐产品，不能再用 60 岁的模特儿，只能用与其女儿年龄相仿的模特儿"。有些城市已进入老龄型社会，而有些城市却又属于年轻型社会，还有诸如人口变动速率、人口变动类型等，这些因素都是广告活动中消费者分析、研究不可缺的东西。

4. 从家庭因素分析入手，把握消费者的消费主场所

家庭是在婚姻和血缘关系基础上建立的以夫妻子女为基本成员的、共同生活的初级社会群体。在中国，消费者的家庭观念是很强烈的。一个消费者，看到广告在介绍产品时，除了想到自己的需要外，也许更主要的是想到自己的家庭成员的需要。因此，生活用品的广告，渲染该产品带来的生活情趣，给家庭增添的欢乐，总比一味地介绍产品优点更能赢得消费者的关心和认同。

5. 从消费者个人因素分析程序入手，将消费者概念具体化

这里就是指从消费者的自身素质，如文化程度、年龄、爱好、消费习惯等分析入手，使目标消费者群如同一个实实在在的活人一样明确。只有做到这一步，广告主也好，广告创作人员也好，才能在广告活动计划书的引导下，准确理解、把握广告活动策划者意图。

6. 目标对象分析

经过周密而准确的市场调查，结合大量第二手资料，我们分析出本产品的目标对象应该是具有下列素质的人：我们通常称他们为青少年，时髦一点儿就叫他们新人类。这些人大部分是学生。他们崇拜偶像，好恶分明，他们作风开明、行事大胆，相信"只要我喜欢有什么不可以？"所以偶尔会向权威

挑战，最喜欢的节目可能是"来电50"或是"沸腾230"。他们自有主张，觉得自己很幸福，但是，有时候也很寂寞、沮丧、彷徨。最想念的时光和地方，可能是10岁的时候去玩的迪斯尼乐园。最讨厌的事是考试，最迷恋的东西是两岁生日时妈妈送的一只小树熊。

当你的策划报告中消费者被分析得如此剔透，作为广告创作人员，心中能没有数吗？

7. 消费者相关群体研究

在将消费者的大体方位确立下来后，并不意味着所有的力量都集中于研究目标消费者，而对非目标消费者群放弃。任何一个消费者，都是围绕着一个特定的社会地位而存在。任何特定的社会地位，都包括了与这个地位相关个体角色有关的一组社会关系，这些社会关系对这个特定的社会地位来说是经常的，是必要的。相关群体研究对广告活动来说是必要的。如某化妆品的目标群是青年女性，在广告活动中除了研究青年女性外，也要研究青年男性，因为"女为悦己者容"，男性青年对此产品的评价可能也会对消费者的购买行为产生很大的影响。对小学生进行宣传的广告，要考虑到家长、教师对这则广告的态度；目标消费者群是肝炎患者，在广告活动中却要考虑医生的看法和态度。

按照上面这个思路，我们从以上六个方面来对目标消费者进行研究和界定。单靠任何一个方面来寻找消费者都是不可靠的，必须从多个角度、多个方面来综合考虑。

七、消费者购买过程研究

消费者是最终驾驭市场的人们。有效广告的真谛，就是影响消费者的感觉，影响消费者的喜好，影响消费者的购买。理解消费者不断改变的生活方式、价值观念和行为举止，就等于在成功的广告之路上迈出第一步。应琢磨透消费者的购买过程，制订以下十项决策：①需求种类决策；②产品属性决策；③产品种类决策；④产品型号决策；⑤品牌决策；⑥购买地点决策；⑦购买数量决策；⑧购买时间决策；⑨付款方式决策；⑩完成购买。

消费者的购买过程，实际上就是一个通过广告媒体、推销员、亲友、观察等方式，对产品的价格、品质、形式、效益、形象等资讯有所认知，然后采取益己的决策，完成购买。

八、消费理由的提出

购买行为和消费行为不是单一性决定，而是按照不同情况分别做出的一系列的最终结果。诱使消费者的一系列决定的，就有消费理由这个因素。消费理由，是消费者消费或购买某个品牌的主要因素。

任何行为都是有目的的。消费行为亦然，消费者有选择的权力，自然生出消费的理由。可是，消费者和消费理由，有些是显性的，有些却是隐性的。显性的消费理由，如买衣服是为了遮体，买面包是为了饱肚，买自行车是为了代步等。一般而言，在充满活力的商业气候下，显性的消费理由几乎已没有可供广告活动开掘的余地。隐性的消费，是广告活动研讨的主要对象。

粗略地划分，隐性的消费理由可分为两种，一是产品或服务本身固有的，但消费者不易察觉，此时，需要借助广告活动大力张扬，使隐性变为显性，易于消费者接受；二是产品或服务本身并不具备的性质，是通过广告活动附加在产品或服务之上的。当然，这种附加是区别于虚假广告的，这种附加，使产品消费或者服务消费上升为文化层面。

在广告活动中，将消费理由研究透彻后，就要在广告诉求中针对消费理由做文章。总括起来，下面几种形式比较常见。

1. 直接在广告诉求中点出消费理由

这是最普遍的一种，也是最容易把握和最易理解的一种形式。这种诉求方式，主要是对显性消费理由的。

人们购买电熨斗的理由多数为熨衣，于是上海电熨斗厂的广告宣称"红心牌电熨斗定会使你满意——百'衣'百顺"。

2. 间接陈述消费理由

这也是针对显性消费理由而进行的一种诉求方式。有的时候，有些产品或服务是消费者必需的，但是，消费者或者未必意识到，或者直接陈述却无法接受。

人有悲欢离合，人有生老病死，人有旦夕祸福。保德信重视人的价值，愿意分担人的苦痛与欢乐。五个句子五个"人"字，美商保德信人寿保险公司的几句广告方案，恰当地描述了这家人寿保险公司很重视人的价值，为消费者立下了到这家公司投保的充足理由。

3. 合情地提出消费理由，不必寻求合理的支持系统

想什么都看不见，简单，没有眼睛就什么都看不见了。

这则劝说人们捐献眼角膜的公益广告实在是合情不合理。

有些消费理由，如果细究起来，就会显出并不那么合乎道理。在消费这种产品的必然情势下，广告活动就要寻求其合理性的成分作为消费理由在消费者心中形成冲击力。

美国希尔顿旅店业集团的公告，针对旅游者都有一样的大字标题"这里的世界如在家中"（Where the World at Home），从逻辑上分析，这是不可能的，但极有人情味。

4. 没有消费理由时，想想是否可以强词夺理

监狱的外墙上贴着一则告示，说明在探视犯人的时候不许穿彪马运动鞋。现实生活中这种情况可谓既不合情也不合理，但是广告所要传达的意思却已经被消费者所意会。在前面我们说过，在消费者行为中，消费习惯是个很关键的环节。有些产品，在某些地域或者说某段时间里，消费者是没有消费习惯的。面对这种情况，轻易却步，那广告的诱惑力和刺激性要减弱许多。这就要考虑，在没有消费理由时，可否强行建立或附加出一个能让消费者接受的理由。有这样一个传说，一位美国的皮鞋推销员和一位英国的皮鞋推销员，同时来到南太平洋的一个岛屿。在岛上转了一天后，二人立即分别给自家厂拍了电报。英国人的电报说："此岛无人穿鞋，我于明天回国。"美国人的电文却说："该岛无人穿鞋，是个好市场，我将驻留此地。"第二天，英国人打道回府了。美国人却在一张纸上画起了广告：画面上的当地土著壮汉，脚蹬式样新颖的皮鞋，肩扛着猎物，很有些耀武扬威的劲头。土著人觉得新鲜，纷纷围住美国人，七嘴八舌打探哪里能弄到脚上穿的那种"玩意儿"。不管这个传说的真实性如何，我们的意思就是广告人要像美国人那样没"理"找三分。

5. 当正当的消费理由可能会引起社会反感时可以反其道而行之

有些产品的消费理由或者与社会潮流相抵触，如有碍环境污染的产品、香烟之类，或者与社会习俗难容，如与性有关的产品，等等。这类产品无法全面阐述其消费理由，但是，社会生活中又确实离不开它。面对这种情况，广告活动在挖掘消费理由时，应着重顺应社会潮流，适应社会习俗。

国外一家香烟公司在推销皇冠牌香烟时，其广告活动并没有走常规的"味道好极了"、"男人的真品格"等路子，而是顺应社会潮流，在很多"禁止吸烟"的招牌后面加上一句"连皇冠牌也不例外"的广告口号。

九、消费者行为研究对广告策划的意义

消费行为原理对广告策划的作用体现在：

（1）消费者自身的特性为广告策划中的目标市场和诉求对象策略提供依据。

（2）消费者的需求购买动机为广告策划的诉求重点和诉求方法策略提供依据。

（3）消费者具体的购买行为为广告策划抓住消费者行为中的机会点进行有助于销售的广告活动提供了依据。

（4）虽然广告策划要以消费者行为为重要依据，但是广告活动对消费者的购买行为的作用也是显而易见的。在影响消费者行为的诸种因素中，广告是一个相当重要的因素，它对消费者的行为具有一定的影响乃至引导作用：①广告向消费者传达关于产品的观念，可以潜移默化地改变消费者的消费观念。②广告通过有针对性的诉求，可以唤起消费者没有意识到的需求或者新的需求。③广告通过有说服力的诉求，可以促使消费者改变购买行为。④广告对利益和附加价值的承诺，可以加深消费者购买后的满足，从而形成持续购买乃至成为品牌忠诚消费者。

第五节　广告策划与文化观念

一、广告文化现象

"文化"指在群体经历中产生的代代相传的共同的思维与信仰方式。它是一个社会的思维方式以及适用于其成员的知识、信仰、习俗和技能。

广告是经济和文化的结合体，它在推销产品的同时也传播着文化。这种文化带着明显的时代文化的痕迹。早在1927年，戈公振在《中国报学史》中就说过，"广告为商业发展之史乘，亦即文化进步之记录"。无疑，广告在追求商业目的的同时，还蕴藏着某种文化观念和文化价值，而这些文化观念和文化价值对人起着潜移默化的教化功能。成功的广告往往有其深厚的时代文化内涵，它是时代进步文化的一面镜子。

随着国际分工的深化、发展和全球经济一体化趋势的日益加强，国际间的商品流通日益频繁。各个国家为了争夺世界市场，竞相推销本国产品，其中一个重要的促销手段就是利用广告将本国的商品和厂商的声誉向国际推介。在中国，由于市场经济制度不断发展与完善，对外开放中的经济活动日益增多，国际广告事业蓬勃发展，它不仅给中国人带来新的商品和服务或把中国的商品介绍给国外消费者，而且还是传播文化的载体。

广告活动不仅是一种经济活动，还是一种文化交流，它像一支无形的手左右着人们的生活方式和消费习惯。广告文化是从属于商业文化的亚文化，同时包含商品文化及营销文化。商品本身就是一种文化载体，文化通过商品传播，商品通过文化而增值。在中国，通过商品传播文化早在丝绸之路时代就极为风行，丝绸之路带给西域的不仅仅是丝绸，它还以丝绸为载体，向西方世界传播了古老的东方文化。商品文化的实质是商品设计、生产、包装、装潢及其发展过程中所显示出来的文化附加值，是时代精神、民族精神和科学精神的辩证统一，是商品使用功能与商品审美功能的辩证统一。它是广告文化的核心内容。营销文化是指以文化观念为前提，以切近人的心理需要、精神气质、审美趣味为原则的营销艺术和哲理，它是广告文化的集中表现形式，商品文化要通过营销文化的实现而最终实现。广告文化具有明显的大众性、商业性、民族性和时代性的特点。一定的文化传统、信仰和价值观在很大程度上左右着商业经营者以及消费者的心理、行为从而影响各国广告活动。国际广告是跨国界、跨文化的商品营销的宣传形式，它面临的不单是语言的转换问题。如果只简单地把国内成功的广告翻译成进口国文字直接搬出去，后果往往是不好的。因为国际广告与国内广告相比要面临语言、传统习惯、法规、教育、自然环境、宗教、经济状况等差异问题。

1. 流行文化的展示

广告本身就是一种大众文化的形式。广告必须在紧追时尚的文化背景下进行创作，才能赢得消费者的认同。因此，广告是流行文化的施展舞台。如利用名人效应、权威效应所做的广告宣传，表现了当代文化的特征。许多商家往往会借助名人在消费者心目中的影响力，树立商品或品牌的良好形象。宝洁公司的"舒肤佳"香皂和"潘婷"营养洗发露，分别以"中华医学会"和"瑞士维他命研究院"两个权威机构的认可向消费者推荐，很快使商品流行起来。这些广告的成功，无疑都巧借了当代人对名人的崇拜和对权威的信任心理。另外还有的表现为：标新立异的物质追求、自我完善的个性显示。

2. 地域文化与混合文化的碰撞

广告还反映了一定地域的特定文化。每个区域都有自己的文化，包括思维方式、生活方式、价值取向、审美意识等，许多广告以此为创意背景，反映了文化的差异。如"金利来领带，男人的世界"的广告。"金利来"原名金狮，虽然在广告上做了一番努力，但领带的销路还是不佳。原来香港"狮"、"输"读者相近，与粤港澳人特有的"好意头"心理相悖。自从有了吉利的好名称"金利来"后，广告引起消费者心理活动的有选择地指向，"金利来"也就名扬四海。

3. 超前文化的演绎

广告向人们展示着一种超前的文化形象。这超前的文化形象从内容的角度，总是向人们展示一个新世界，并且是一个可以通过购买获得的新世界。例如"雀巢"咖啡。

中国人素有喝茶的习惯，很少喝咖啡，但"雀巢"咖啡却敢于打进来，并且一举成功，原因之一就在于"味道好极了"这句话以及它的广告形象画面：如果你喝"雀巢"咖啡，你就能够得到一种高品位、高档次的生活。这就是"雀巢"咖啡带来的超前文化。这种超前文化从视觉的角度，利用"图底关系"，把要宣传的东西凸显出来，同时借助于摄影、电影等大众传播媒介，给人造成一种身临其境之感，这种身临其境之感往往会被消费者误认为"身同其境"。

二、广告是重要的文化现象

广告的本质是推销，其目的是商业性的，但广告的表现形式却具有文化性，它是一定社会文化的产物。由于广告人、广告受众是具有一定社会文化习俗的人，因此不同民族社会的哲学观念、思维模式、文化心理、伦理道德、风俗习惯、社会制度乃至宗教信仰等，都不可避免地会对广告产生影响，从而形成了某个民族或国家的广告风格和气氛，任何一个社会的广告无不带有该社会文化的痕迹。反过来说，广告本身也是一种文化。广告除了具有商业性外，其内涵还体现了广告主及广告制作者对生活的理解及价值观念。

在进行广告策划时应该注意文化的两个方面的制约作用：①文化制约着广告的诉求和表现策略，也制约着受众对广告信息的接受和理解。②文化的共通与差异决定着广告策略在不同文化背景中的变化。

三、广告文化的基本功能

广告文化作为现代文化的一个有机组成部分，在满足人类需要和适应社会发展的过程中，发挥着自己特有的功能。我们在特定历史文化背景下，从功能角度来考察广告文化，能很好地理解广告文化的本质特征。

1. 广告文化满足需要的功能

美国人本主义心理学家马斯洛提出的人类需要的五个层次，反映了人类需要不断由低级向高级发展的规律。广告文化就是人类为了满足这些需要而创造出来的文化的一种。广告活动从产生之日起就具有文化的内涵。原始社会末期，人们把自己生产的剩余产品拿到市场上，或吆喝、或陈列，以完成商品的交换来满足自己的需要。后来，原始广告逐渐被传统广告、现代广告所取代，其中融合的文化的要素也越来越丰富，今天的广告所起的作用绝不仅仅是沟通产销，指导消费，它还能给人多种多样的精神享受，如好的广告可以作为艺术作品供人欣赏，其中的公益广告更是具有不容忽视的社会意义和教育意义。广告文化的功能就是直接或间接满足人们的需要，随着人们需要的逐层提高，广告文化也从低级向高级不断演进和发展。

2. 广告文化的观念转换功能

我国正在进行一场巨大的社会变革，广告文化伴随着社会变革，极大地开阔了人们的生活视野，有力地冲击了狭隘、保守的传统文化心态，使之或快或慢地向现代生活观念转化，尤为明显的是改变了人们的消费观念。

现代社会，企业需要扩大再生产，大量工人需要就业，而这些只能在持续的适度的消费状态下才能实现。消费观念是市场意识的重要内涵。但是，我国传统的消费观念因商品供量的有限而以低消费和保守性消费为主要特征，这样的消费必然导致生产萎缩，而与市场经济的发展相悖离。当报纸、杂志、广播、电视这些大众传播媒介在现代家庭普及以后，各种媒介产品所附带的崭新的生活方式也对传统的消费观念产生了强烈的冲击和震撼，其中具有直接消费示范作用的广告在改变传统消费惰性方面更是功不可没。"在大众传媒强劲的震撼和广告铺天盖地卷来的态势下，人们传统的生活圈被冲垮，曾引以为自豪的'新三年，旧三年，缝缝补补又三年'的传统消费意识被抛至一边，求新、求美、求文明健康与丰富多彩成了人们生活的新标志"。

3. 广告文化价值的增值功能

广告是一种文化传播形式，广告文化传播的调研、创意、制作、发布、反馈等等，并不是广告文化价值原汁原味的机械传递，而是各种社会文化心理交互作用的过程，人们对广告文化价值的诠释、判断、确认都是根据各自的经验范围作出的，这就使广告文化原本的价值和意义往往被放大，而不断地衍生出新的价值和意义，即广告文化的增值。

广告文化的增值现象存在于广告文化传播的全过程中。对广告文化的传播者而言，他总是自觉不自觉地把自己的审美习惯、好恶标准融进广告的创意、设计、制作中，使最后的广告文本程度不同地带有创作者自己的理解和认识，原有的广告文化信息便衍生出新的价值和意义。在需求多样化和市场竞争日趋激烈的今天，简单告知式的广告已成为历史。广告人都千方百计地把各种各样的观念、情感渗透在广告作品中。日本资生堂的广告设计家中村城说："一个广告艺术家的设计必须反映他或她自己的创作哲学。"广告本身就是一种价值增值现象。当然，广告是向特定的群体进行产品、服务、观念推销的传播形式，广告创作不像艺术创作那样，可以在作品中淋漓尽致地表达自己的观念、兴趣、爱好等主观意向。

广告传播者渗透在广告作品中的思想，赋予广告对象的各种内涵，必须和特定群体的需求对位。另外，在传递广告文化信息的时候，为了引起受众对该信息的注意，传播者往往夸张事实，漫无边际地夸大原有广告文化信息的价值和意义，以致出现虚假骗人的广告，这是我们在广告活动中应该注意避免的。

对于广告文化信息的接受者来说，在接受每一个广告文化信息时，人们总是根据自己的认知能力来理解该信息的价值和意义。就是说，广告传播作为大众文化传播的一种，"不仅存在着文化的本文意义和价值，还存在着由接受者的经验、体验中生成的意义和价值"。

同样一则广告信息，拥有不同知识和经验背景的人会有不同的理解。以骷髅和烟的画面进行的戒烟宣传，一部分人的理解是吸烟等于死亡，而在另一部分瘾君子眼里，却认为这是告诉他们从生到死，香烟伴随人的一生。"太太口服液"电视广告（"毛阿敏"篇）、"新飞"冰箱原来的电视广告语在不同的人那里都会得到不同的版本。广告所传递的内容愈模糊、愈复杂，这种增值现象就愈普遍、愈多样。这就要求我们在进行广告创作时务求简洁、明了。

广告文化的价值增值并不是在广告文化信息的传播者和接受者那里实现，而是在社会互动和群体参与的整个社会文化活动中完成的。广告文化信息传播者的新创意往往并非传播者本人闭门造车、突发灵感的产物，因为他赖以创作的知识和经验就不是与生俱来的，而是通过后天的社会文化活动获得的。创作者只有参与到整个社会文化活动中，才能把获得的知识和经验诉诸广告创作中，从而使广告文化信息的价值增值。同样，对于广告文化信息的接受者而言，他对一则广告信息的价值心理取向往往受制于社会互动和群体参与。比如在某一百货商场的柜台上有一则关于家用保健器的现场 POP广告，当你阅读这一广告信息时，旁边有许多人说这产品如何有效，能治某某病，而且使用方便。这时你很可能认为广告上说的是真的，也可能促使你买下这种产品。相反，如果许多人说这产品并不像宣传的那样好，对身体保健根本就没什么作用，是骗钱的，你就会对广告的可信性产生怀疑，更不会去购买产品。其实，你对这个产品并不了解，也是第一次接触它的广告，但群体的参与却影响了你的价值判断，同样一则广告文化信息也因此衍生出不同的价值观念。

广告文化的功能除上面提到的三个方面之外，整合功能、识别功能、销售功能也是广告文化功能中不可忽视的部分。

四、广告策划中的文化环境

广告策划是一个综合性的系统工程，凡是影响人们思维的物质形态和价值理念体系，都是这个系统工程的构成要素。作为一种社会外在力量，文化环境对广告策划活动能否顺利开展具有较大的影响。所以说，了解广告策划中的文化环境构成，是我们策划、组织文化型广告宣传活动的前提。

1. 主体意义上的文化环境构成

根据文化的主体不同，我们可以把广告策划活动中所能涉及的文化分为以下三个层次。

（1）社会大文化。这主要是指某个国家、某个民族所共同创造和拥有的文化体系。这种文化往往是一个国家、一个民族的历史凝结，在现实生活中起着主导作用，从舆论和氛围上规定着人的思维和活动，带有一个民族共性的文化特质，对国家社会生活具有指导意义。

（2）群体亚文化。这是某一社会群体所特有的规范理念和价值观念体系。社会可以划分出若干群体，群体之所以能出现，主要是由于某些人具有某种相似性，或是职业共性，或是年龄共性，或是经历共性，他们组合在一起，表达某种共同的思想。显然，群体亚文化对该群体的成员来说，具有较强的约束力和调节作用。与社会大文化相比，群体亚文化能在更大的程度上左右人的思维、影响人的行为。由于群体亚文化的形成直接得力于每个人的努力，是每个成员共同创造的成果，因此，它拥有特殊的精神调剂作用、宣传教化作用、团结凝聚作用，具有较强的娱乐功能、沟通功能、吸引效能和传播效能，因而具有较高的广告艺术价值。

（3）个体观念。这是每个人所特有的一整套文化意义上的原则、观念，具体决定着人的思维方式和行为。显然，个体观念来源于群体亚文化和社会大文化，是群体亚文化和社会大文化个体化的结果和创造性的表现。这三个层次上的文化，虽然主体不一样，但内部存在调控与反馈的功能机制，相互作用，浑然一体。

2. 时间意义上的文化环境构成

根据文化形成的时间先后顺序，文化可以划分为三种类型。

（1）历史传统文化。这是一个民族在过去漫长的历史进程中创造的文化。毛泽东同志讲："一定的文化是一定社会的政治和经济在观念形态上的反映。"过去社会形态中创造出来的文化，自然带有深刻的时代烙印，也有囿于特殊时代而形成的机制性弊端。但是，一个民族的存在，主要在于它拥有自己特有的历史传统文化。就整体而言，历史传统文化有糟粕，也有精华，它虽然形成于过去，但对现代人仍具有重大的行为教化和指导作用。因此广告策划人员应善于挖掘民族历史和传统文化，从历史传统文化中寻找广告宣传活动发挥效能的突破口。

（2）现实大众文化。这是由现实时代中的人在现实的活动和交往中创造的新文化，具有鲜明的时代特色。从来源来看，新文化有时可能是对传统文化进行时代化改造而形成的，有时可能是在中外文化交流的过程中，对外来文化进行民族化改造而形成的，有时则可能是把握时代特点而创造出来的全新的文化。不论其来源如何，这种现实大众文化往往是一个时代的标志，对人的作用更彻底、更直接，也更具有现实导向作用。

（3）未来文化。这是一种趋向性的文化，是一个民族潜意识流的文化，现在还没有明确地表达出来。但它已经隐隐约约地存在于一个民族的性格之中，作为一种模糊的感觉型文化，它不仅影响着人们的现实行为，而且制约着人们的未来行为，所以它同样具有特殊的广告宣传应用价值。

3. 内容意义上的文化环境构成

因为文化所涉及的内容不同，文化的构成就显得庞杂、丰富得多了，从政治文化、经济文化、教育文化到社会文化、思维文化，不一而足。而每一文化之下，又可以列举出若干文化的指标。我们常说，人的任何一个仪式、一种方式，都是一种文化，因此文化就无法穷尽了。

五、广告策划中的文化表现

文化对公众的行为、观念具有调控规范作用，如果说广告是在强化或改变人们的某种观念，那么文化就直接影响了人们对广告活动的理解、判断和接受。一方面，广告创作不可能脱离相应的社会文化背景；另一方面，创作的广告只有和广告地区的受众的文化观念相契合，才能达到预期的目的。这就要求我们在广告创作时进行必要的文化包装，成功的广告也必然会表现出浓郁的文化气息。我们可以从传统文化和现代文化两个方面来考察广告创作中的文化表现。

1. 广告创作中传统文化的表现

中华民族几千年的悠久历史产生了博大精深的传统文化，并形成了民族特有的精神气质、审美旨趣，影响至今。在长期的历史发展中，体现和反映这种精神意识的器物和作品也大量流传下来，它们都在广告创作中表现出来。表现传统文化的广告创作可以分为物质和精神两个层面。

（1）物质层面的表现。广告创作所表现的物质层面的传统文化包括器物、历史人物、艺术作品等方面。

①器物。这里的器物主要指考古发现的不同时代的出土文物。文物是凝固的历史，容易让人把它和永恒、品质、雅趣联系在一起。如果将文物和所宣传的商品有机地结合起来，会收到其他广告表现手段意想不到的效果。人们往往对带有强烈功利色彩的广告产生反感，比较容易接受商业色彩淡化的宣传和推销，而文物"隐含着一种文化权威，一种尊贵或智慧的形式，比任何追求粗俗的物质利益的行为更高尚"。

人们通过文物追忆历史时，会不自觉地接受广告所推销的商品。"西湖牌手表"的广告就是把滴漏、焚香、日晷等中国古代计时器的演进与西湖牌手表巧妙地组接在一起，让受众在了解中国计时工具的发展简史中顺其自然地接受了所要推销的商品。"文君酒"的广告借用出土的古代酒器，运用先进的摄影技巧，把古代酒器拍得玲珑剔透。表现了文君酒的悠久历史和高雅品质。这些广告都比较成功地利用器物传达了中国传统文化。

②历史人物。这里主要指在民间广为传颂、备受群众喜爱的各个历史时期的英雄豪杰、才子佳人等。一提到他们，人们会联想到许多奇闻轶事，甚至会喜欢与这些名人有关的事物。精明的商家正是利用人们的这种心理，开发出与历史名人有关的产品，并利用这些历史名人来推销其产品。相传杜康是我国古代最早发明酿酒的人，后来，杜康成了酒的代名词。东汉末期的政治家、文学家曹操在他的《短歌行》诗中就有"何以解忧，惟有杜康"的千古绝唱。位于杜康酿酒遗址的河南汝阳县杜康村的杜康酒厂看重的就是产品和历史人物的这种联姻，利用杜康河源头的纯净水开发出杜康酒，在各种媒介上以曹操和他的名句做卖点进行广告宣传，一时间杜康酒名扬大江南北。杨玉环是我国古代四大美女之一，悠悠岁月已经滤去了这位贵妃身上的诸多瑕疵，人们更愿意接受白居易《长恨歌》中的那位风情万种的绝代佳人。我们通过杜牧的《过华清宫绝句》中"一骑红尘妃子笑，无人知是荔枝来"的诗句知道杨贵妃爱吃荔枝，中国广东强力啤酒厂利用这个典故，推出了强力荔枝汁。广告再现了当时的场景：秦岭之巅纵马飞奔的驿者，贵妃的欣喜之情，荔枝的鲜嫩都通过电视语言生动地传达出来。"品尝鲜荔枝无须等到果红时"，"强力荔枝伴您三百六十日"的广告语更把历史掌故和推销的产品有机

结合起来，达到了利用历史名人促销产品的预期目的。由此可见，利用历史人物来推销现代产品要满足两个条件：一是商品的相关性，所推销的商品必须与历史人物有某种关联；二是人物的可接受性，历史人物必须是大多数人喜爱的，为我们的民族情感所允许和接受的。但是，时下许多利用历史人物进行的广告宣传活动走入了误区。一方面是不顾历史事实，不知从哪个朝代随便拉来一位帝王或后妃，一厢情愿地认为人家饮过某某酒，用过某某霜，让人觉得过于牵强，不着边际；另一方面，一些企业为了扩大产品的影响，把一些臭名昭著的历史人物搬出来做广告，极大地伤害了人们的感情。

③文学作品。中国几千年的悠久历史孕育了无数优秀作家，他们创作了不同体裁的文学作品，许多作品脍炙人口，流传至今。大量文学精品在群众中的高知晓率和广告创作所要求的群众性不谋而合，有的广告创作从中挖掘出经世不衰的文学形象，有的采用在群众中广泛流传的优美词句，广告的商品信息借助于这些文学作品传递到千家万户。例如，人们都很熟悉王维的《相思》诗："红豆生南国，春来发几枝？愿君多采撷，此物最相思。"读这首诗的时候，人们还会想起那个凄美的爱情故事。红豆集团独具慧眼看到了红豆背后的文化底蕴，给自己的企业和产品注册了"红豆"商标，并通过王维的《相思》诗进行广告宣传。红豆集团的"文明、团结、奉献、奋发"的企业理念和红豆衬衫的"忠贞、纯洁、奉献"的品牌形象随着电视广告中小女孩的吟诵而被广大消费者所接受，"衫随诗走，诗随衫传"。

广告创作对名篇佳作的借用，不能生搬硬套，更不能破坏原文的内容，把自己的商品生硬地加入其中，让人觉得不伦不类。上面的广告之所以成功，是因为人们在接受广告作品时，并没有感到是在被动地接受絮烦的商品宣传，而是觉得是在欣赏一篇佳作，并且没有因为商品的加入而破坏这种欣赏的氛围和心情，最后自觉或不自觉地因文忆物。而有些借用文学作品的广告创作却随意篡改原文，完全破坏了人们的接受情境，那么，借文学作品这个噱头来宣传商品的愿望也就很难达到了。

（2）精神层面的表现。文化是一个多元的立体的有机整体，处于核心层次的是价值观念和思维方式，这也是哲学研究的一个基本内容。中国哲学发展的第一个高峰是春秋战国时代的百家争鸣，如果当时的哲学结构能得到均衡发展，那么孔孟的人本主义、墨家的功利主义、老庄的自然主义和韩非的法治主义将重塑中华民族别样的文化和精神面貌。但自从汉武帝采纳了董仲舒的"罢黜百家，独尊儒术"的建议后，千百年来儒家思想成了中国哲学思想的主流和正统。天人合一、尚义重情、注重人格修养成了中华民族文化精神的生命内核。从孔孟到今天的新儒家，经过一代又一代人的共同努力，铸就了博大精深的儒家文化，外来文化的冲击更强化了这种文化精神的筋骨，使其焕发出强劲的生命力，世代传承，生生不息。广告是一种文化传播活动，影响至今的传统文化也必然在广告创作活动中体现出来。

①天人合一的乐感人生艺术。在人和自然的关系上，东西方截然不同。西方人把自然当作人的对立物，认为人是站在自然之外的，人有统治自然的权力，主张人要征服和战胜自然，才能求得自己的生存与发展。中国人则认为，自然界是人类的生命之源，人是自然的一部分，人类应该和自然界和谐相处，主张天人合一、天人协调说。

广告的创作活动反映了这种中和的天人观。媒介一直是现代广告业发展的"瓶颈"，西方世界的解决办法是尽可能地开发一切能想到的事物，苍茫宇宙间，没有什么不可以用来做广告的，他们可以把广告做到沙漠里，太空中，甚至人的光头也可以作为媒介在大街上招摇过市。在中国，广告宣传却有诸多的禁忌，有人简单地把这归因于中国人的广告意识落后，而这背后更深刻的文化原因往往被忽略。中国的广告设计讲究和谐，追求平稳，广告模特的言行举止、背景的设置铺排、画面的谋篇布局力求达到一种心与物的统一、主体和客体的融合。

②重义轻利的价值观。中国古代自给自足的自然经济结构决定了当时经济流通较少，人们的活动范围也非常有限，靠道义就可以维持人们之间的交往和社会的秩序。而且，占统治地位的儒家思想历来主张重农抑商，以农为本，以商为末，士、农、工、商的排序就是证明，这便形成了中国人的重义轻利的价值取向。人不能见利而忘义，不能趋利逐义，应该讲求道德，不谋私利。

中国人喜欢的广告多是那些淡化赤裸裸的商业利益追求，把关心、友爱、正义、勇敢、勤奋、进取、诚信等备受推崇的传统道义观展示给公众的。表面上看，广告并没有以推销商品为主，但恰恰是这样的广告才真正能取得较好的宣传效果。从过去的"但愿世间人无病，何愁架上药生尘"（药店广告）到今天的"海尔——真诚到永远"，从企业投资公益广告宣传的增多，到产品广告向企业形象广告的过渡，都说明了广告宣传只有充分考虑到中国人的义利观，广告才能达到预期的目的。

相反，有些广告却完全不顾千百年来形成并深植于中国民众心灵深处的传统伦理道德的规约，为了激发消费者的购买欲望，在广告表现中不惜用一些低级、庸俗的文字和画面来迎合一小部分人的低级趣味。更有甚者，有些广告完全违背商业道德，指鹿为马、颠倒黑白，大搞虚假广告，混淆视听，这样的广告有悖于民族的善良风俗和传统的义利观，广告的失败亦在情理之中了。

③重情的道德观。中国和欧美国家分属两种不同的文化类型。欧美属于海洋型文化，注重实现个人的价值，经济交往频繁，活动范围大，经常四处流动，群体观念淡薄，靠法律维持人与人之间的正常关系，人类的情义道德受到冷落。中国是大陆型文化，农耕文化结成的村落处于相对稳定的状态；在长期的共同生活中，人们相互交往，互相帮助，靠情感和伦理道德来协调人与人之间的关系。孔子提倡仁爱，使人与人之间的关系带有一层浓浓的人情味。中国重情的道德观对广告创作产生了深刻的影响，情感诉求几乎成了广告创作的唯一形式。药品、化妆品、保健品、服装鞋帽等生活用品自不待言，连钢筋铁骨的机械用品也向消费者诚挚地祝愿：柳工，柳工，祝您成功；大型商场也向顾客标榜"洒向人间都是爱"，等等，不一而足。同样是表达情感，在抒情方式及其表现的情趣上，中西方又有明显的民族差异。朱光潜在《中西诗在情趣上的比较》中指出，中西诗人对"人伦"均有情趣，"西方关于人伦的诗大半以爱情为中心，中国诗言爱情虽然很多，但是没有让爱情把其他人伦抹杀。"情感诉求的广告同样表现出这种差异性，中国的广告所表现的情感丰富多样，有举案齐眉的夫妻之情，有仗义疏财的朋友之情，有举头望月的思乡之情，有寸草春晖的母子之情……所以我们不但要在广告中突出情思，而且要用中国的方式表达中国的情感。

④含蓄蕴藉的审美观。中国源远流长的书法、绘画、雕刻、诗歌、戏曲、音乐、建筑等丰富的艺术样式和艺术活动形成了含蓄蕴藉的独特民族审美观。中国绘画的简淡幽微、气韵生动，中国诗歌的引譬连类、微妙简隽，都是这种审美观的表现。广告既是科学又是艺术，中国广告艺术自然带有鲜明的民族文化特点，含蓄蕴藉、讲究意境的传统审美观必然会在广告中有所表现。广告意境美的关键是能够通过文字、声音、画面给受众提供一个传情、达意的意境。成功地展现意境美的广告都有一个表意之境、现神之形、传情之景。南方黑芝麻糊的广告：妇人领着小女孩挑着担子出现在小巷的一端，接着，"黑芝麻糊哎……"妇人的叫卖声便回荡在这悠长悠长的里弄，伴着一个成年男子的话外音：小时候，一听到芝麻糊的叫卖声，我就再也坐不住了。随即一户人家房门洞开，从中跑出一男孩，镜头一转，妇人给男孩盛了满满一碗冒着热气的黑芝麻糊，男孩舔着碗边的特写，旁边小女孩会心的笑容，善良慷慨的妇人又盛了半碗给男孩，一边抚摸着男孩的头，一边看男孩津津有味地吃……整个画面，让你感觉不到尘世的喧闹，更闻不到铜臭，自始至

终的晕黄色背景更让人觉得有如目睹尘封多年照片般如梦似幻，温馨醉人，最后"一股浓香，千缕温暖"的广告语让每个观众都产生了情感的共鸣。整个广告没有直接叙说黑芝麻糊的原料、配方、口味、营养，但广告的画面和声音却让我们体会到远比这丰富得多的意蕴。

2. 广告创作中现代文化的表现

在日新月异的社会里，为了迎接随时可能到来的竞争和挑战，每个人都需要不断地调整自己重建自我，并竭力寻找表现崭新自我的方式，消费商品就是其中之一。因为商品可以传达机智、勇敢、诚信、宽容、快乐、幸福等人文意义，消费者通过购买和消费，将商品所具有的人文意义转移到自己身上，借以帮助他们创造、维持或重建社会自我。广告创作人员把商品置于某种强烈的人文氛围中，经过长期的广告宣传，人们很容易把商品和广告中的其他事物作为传达某种人文意义的象征物而接受。名牌商品所以能普遍获得好感，是因为广告所传达的商品的人文意义满足了多数人的需要，而现代文化是一个不断为消费者提供丰富、驳杂、各取所需的意义的储存室。

关于中国现代文化的确切概念至今尚无定论，一些文化论争和探讨正在也将继续进行下去。我们赞同的观点是：现代文化应是几种文化结构的整合，"我们需要一切文化的重建，这场重建既不是'全盘西化'，也不是儒学复兴，而是在马克思主义指导下，弘扬民族精神与包容世界文明统一的文化的综合与创新"。广告对现代文化的借鉴和表现包括：

（1）社会主义新文化在广告创作中的表现。社会主义新文化是新时期广告创作的巨大的文化源泉。中国近代史是屈辱的、任人宰割的历史，新中国成立后，人们格外珍惜这来之不易的民族尊严和祖国繁荣昌盛的局面，爱国主义和民族自信心一直是我国精神文明建设的重要内容，尤其是在中西文化交流日益频繁、文化冲突日渐激烈的今天，每个熟悉历史的中国人都将民族尊严视为神圣的、不可侵犯的。广告创作者如果能通过广告把社会文化意识传递给受众，产品畅销也就不足为怪了。长虹广告的如潮好评可能有很多原因，但商品广告中对受众文化心理的准确把握不容忽视。"中国人的生活，中国人的美菱"的国货精品意识和"长虹以产业报国，以民族昌盛为己任"的拳拳爱国心，在"洋"味十足、唯"洋"首是瞻的当代广告万花丛中显得一枝独秀，别具风骨。和那些在洋货面前不敢正视自己甚至用洋包装（取洋名，用洋模特做广告等）以求得洋货认同的商品相比，长虹显得信心十足，铁骨铮铮，一反广告宣传惯常采用的绵软、柔弱的表现风格，为广告业带来了一股阳刚之气。成功的广告赋予了产品巨大的人格魅力，而这正是中华民族极为崇尚和大力宣扬的，也是社会主义新文化大力提倡的。

（2）西方文化在广告创作中的表现。源于古希腊、罗马和希伯来文化，形成于文艺复兴之后的近现代西方文化，崇尚民主和科学，提倡个人主义和功利主义，主张不断向外追求和征服的"浮士德"精神。西方文化推崇个人主义，认为每个人都可以充分张扬自己的个性，应让每个人都感到自己享有极大的自由空间，淡化权威，强调自我。当然这种观念发展到极端，会造成人际关系的隔离和疏远，同样会造成心理上的苦闷和孤独感。但是，我们只要适度地接受和宣传这种个性自由的观念，对我国传统文化的调整和改造还是有益处的。事实上，这种强调自我、追求自由的观念已经在现实生活中被普遍接受，从而成为现代文化精神的一种标志。长春铃木广告的成功，就在于它适时地感受并抓住了这种文化观念的变迁。"天地间，有我在行走"中的"我"无论指骑者，还是指人格化了的企业和产品形象，当把这个"我"放到广阔无限的"天地间"的时候，都是在通过这句看似平淡的广告语来昭示一种观念———一种天马行空的自由观念，标举一种精神———一种纵横驰骋的豪迈精神。一波三折、跌宕起伏的广告音乐更使这种自然豪迈的精神带上了些许浪漫的色彩。广告把自由洒脱、无拘无束的观念近乎完美地传达给受众，让人产生一种既伸手可及又不着边际的空灵和飘缈的感觉，余音绕梁，荡气回肠。

第六节　广告策划与整合营销传播

一、整合营销传播概述

整合营销传播（Integrated Marketing Communication 简称 IMC）是 20 世纪 90 年代初首先在美国提出的，是在国际广告界衍生出的现代广告新概念，被公认为是新营销时代的主流，是企业"21 世纪的营销传播理论"。整合营销传播理论得到了企业界和营销理论界的广泛认同。在经济全球化的形势下，它作为一种实战性极强的操作性理论，近几年来，也在中国得到了广泛的传播，并一度出现"IMC 热"。

二、整合营销传播的定义及特点

整合营销传播的理论提出，源于美国的市场营销、传播学和广告学者的研究，许多学者从不同的角度对此进行了思考和回答，其中有代表性的是美国西北大学整合营销传播教授唐·舒尔茨和美国广告公司协会做出的定义。舒尔茨认为整合营销传播是一种适应于所有企业中信息传播及内部沟通的管理体制，而这种传播与沟通就是尽可能与其潜在的客户和其他一些公共群体（如员工、媒介、立法者等）保持一种良好的、积极的关系。美国广告协会对整合营销传播的定义为："这是一个营销传播计划概念，要求充分认识用来制定综合计划时所使用的各种带来附加值的传播手段——如普通广告、直接反应广告、销售促进和公共关系，并将之结合，提供具有良好清晰度、连贯性的信息，使传播影响力最大化。"唐·舒尔茨在定义中强调利用企业的一切信息源进行传播和沟通，从而吸引消费者。美国广告协会定义的关键则在于使用各种促进形式使传播的影响力最大化的过程。

整合营销传播作为一种营销传播方法，归纳起来主要有以下特点：以现有及潜在消费者为中心，重在与传播对象的沟通。整合营销传播强调应依消费者的需求，度身打造适合的沟通模式，营销传播要有消费者观点而非行销者本身出发。整合多种传播方式，使受众更多地接触信息。整合营销传播强调各种传播手段的整合运用，对广告、公关、促销、CI、包装等传播工具，进行最佳组合，以求达到最有效的传播影响力。形象整合，信息传播突出声音一致。整合营销传播是将所有营销传播的技术和工具（广告、公关、促销活动和事件行销等），采取同一声音同一做法同一概念传播，与目标受众沟通，使受众接触到的信息单一、明晰，为建立强有力的企业或品牌形象服务。强调传播活动的系统性。整合营销传播是复杂的系统工程，强调营销信息传播的系统化，以及传播过程中各种要素的协同行动，发挥联合作用和统一作用。管理要求更加程序和层次化。

三、整合营销传播的理论基础

整合营销传播虽然是一种新兴理论，但是它的提出经过了前期众多企业家的实践和学者的酝酿，有其理论根基。

整合营销传播理论缘于组织对适应已经变化了的和正在变化着的市场环境的需要。开始时，整合营销传播的重点是如何通过各种传播活动（如广告、公共关系、直邮等）创造一个统一的组织形象，也就是营销人员希望能为其组织和品牌创造"一种形象和一个声音"。但是，理论的进一步发展，IMC 已经涉及了了更为广泛的领域，并变得更为复杂。本质上，它已经从一种通过传播管理来协调和联合各种传播要素的战术方法转变为一种不同的标杆体系，围绕该标杆体系，组织能够制定战略计划并执行所有的市场传播活动。整合营销传播理论已经被很多的企业所应用，成为一种可有效指导人们营销实践的理论工具。为了理论研究的需要，我们可以将整合营销传播理论的发展过程分为四个阶段。

1. 孕育阶段：20 世纪 80 年代以前

为了更好地理解整合营销传播理论，我们有必要对 20 世纪 80 年代以前的市场营销和营销传播的发展做一简要回顾。

（1）营销理论中的 4P。密西根大学教授杰罗姆·麦卡锡 1960 年提出的 4Ps 理论，横扫了授予企管硕士学位的商学院。麦卡锡的著名"4P"组合，即产品（product），价格（price），通路（place），促销（promotion）。4P 理论的提出最为有价值的地方在于它把营销简化并便于记忆和传播，这一理论的提出本身就体现了人们开始把营销的一些要素综合起来去研究现代营销。

由于服务业在 20 世纪 70 年代迅速发展，传统的组合不能很好地适应服务业的需要，有学者又增加了第 5 个"P"，即"人"（people）；又因为包装在包装消费品营销中的重要意义，而使"包装"（packaging）成为又一个"P"；20 世纪 70 年代，科特勒在强调"大营销"的时候，又提出了两个"P"，即公共关系（public relations）和政治（politics）。

在 20 世纪 70 年代，当营销战略计划变得重要的时候，科特勒又提出了战略计划中的 4P 过程，即调查（probing），划分（partitioning），优先（prioritizing），定位（positioning）。

随着营销实践和营销理论的发展，人们逐渐认识到对促销工具进行策略性整合的必要，并开始进行了整合营销传播的尝试。营销理论中的 4P 使得我们的企业在进行营销规划和营销传播的过程中，将营销的相关要素按照有效合理的方式整合起来。

（2）定位理论。在竞争日趋激烈的市场中，如何创造出与对手有别的差异是公司营销中的一大焦点。20 世纪 70 年代的定位理论的本身就意味着企业应围绕自己的定位来进行组织传播活动，通过"统一的形象，统一的声音"来实现和强化产品的定位。因此，定位理论不仅以更大的创意提供了新的思路和方法，而且成为整个营销活动的战略制高点，是决定诸多策略的出发点和依据。这同样为整合营销传播思想的产生提供了理论基础。

2. 产生阶段：20 世纪 80 年代

在 20 世纪 80 至 90 年代，Marcom 部门用以向顾客、潜在顾客及股东传递信息的工具和技术得到了迅速的发展。在早期市场上，营销传播只有几种基本的方法可以选择：电台广告，报纸广告，杂志广告，户外广告牌，公共关系及其他类似的方法。然而当媒体变得更加专业化后，每种媒体都必须予以特别的重视。有时候甚至需要进行专门的活动以将差异化的信息传递给不同的受众。同时其他新型工具也有了巨大的发展，比如直销、促销、特别事件促销法、宣传手册法、竞争联盟、担保，当然还有电子的和其他互动性的工具。

许多学者预感到具有战略意义的"传播合作效应"时代的到来，开始各自从自己的观点出发提出了传播合作效应的定义，并逐渐发展出整合营销传播这一概念。20世纪80年代中期在西北大学MEDILL学院首次尝试对整合传播进行定义。

对许多组织而言，要进行整合营销传播意味着有必要协调各个产品、分部、地区及国家的营销活动。这一时期，整合营销传播最基本的目标是通过制定统一的架构来协调传播计划，从而使组织达到"一种形象，一个声音"的效果。有时，使营销传播活动集中化的目的是希望通过整合各种活动以获得更大的协同效应。在另外一些情况下，它一方面使得公司制定严格的信息发布政策，另一方面却让那些对经营业绩负责的主管自行决定计划的执行。

本时期整合的另一个特点是跨职能（cross-functionality）。不同的组织使用不同跨职能形式，其潜在的目标是为了获得更高的能力。这种能力不仅包括管理单个的传播活动，也包括如何使各种活动显得更有生气并获得协同效应。有时候，营销传播部门要建立由广告专家、公关专家及其他传播领域的专家组成的跨专业小组。这些小组要负责特定的产品多媒介多维度的传播活动。另一种方法是对各个传播媒介的雇员进行培训，从而使该部门的每个人都精通最有效的实施方法及各种传播渠道的运用战略。

在20世纪80年代，整合营销传播理论研究的重点在于对这一理论进行描述和定义，并把整合营销传播放在企业营销战术的角度上去研究，研究的出发点仍然是站在企业的角度上来考虑。企业对整合营销传播也持有一种狭义的观点，把它当作协调和管理营销传播（广告，销售推广，公共关系，人员销售和直接营销），保持企业信息一致的一种途径。

3．发展阶段：20世纪90年代

自20世纪80年代后期形成以来，IMC的概念和结构已经有了很大的变化。到20世纪90年代，已经形成许多清晰的，关于整合营销传播的定义。AGORA公司作为APQC研究的主题专家，提出了以下一个更为清楚的，关于IMC实践操作的定义：整合营销传播是一个业务战略过程，它用于计划、制定、执行和评估可衡量的、协调一致的、有说服力的品牌传播方案：它以消费者、顾客、潜在顾客以及其他内部和外部的相关目标为受众(APQC 标杆研究，1997)。而且，20 世纪 90 年代美国 4A 协会对整合营销传播的定义，很大程度上推动了整合营销传播的研究和发展。20 世纪 90 年代整合营销传播理论的发展主要表现在以下几个方面：

(1) 理论界开始把营销和传播紧密结合在一起进行研究，4C 理论成为整合营销的支撑点和核心理念。整合营销传播开始强调营销即传播，运作应摆脱粗放的、单一的状态，走向高效、系统和整体。美国营销传播学专家特伦希·希姆普甚至提出"90 年代的营销是传播，传播亦是营销。两者不可分割"。随着消费者个性化日益突出，加之媒体分化，信息过载，传统 4Ps 渐被 4Cs 所挑战。

(2) 将"关系利益人"这一概念引入整合营销传播理论的研究体系。随着整合营销传播理论的发展，逐渐产生了一种更成熟，更全面彻底的观点，把消费者视为现行关系中的伙伴，把他们作为参照对象，理解了整个传播体系的重要性，并接受他们与企业或品牌保持联系的多种方法。科罗拉多大学整合营销传播研究生项目主任汤姆·邓肯引入了"关系利益人"的概念来进行整合营销传播研究，他认为整合营销传播指企业或品牌通过发展与协调战略传播活动，使自己借助各种媒介或其他接触方式与员工、顾客、投资者、普通公众等关系利益人建立建设性的关系，从而建立和加强他们之间的互利关系的过程。

4. 成熟阶段：21 世纪

整合营销传播理论远远没有成熟，进入 21 世纪，随着营销实践发展和传播工具的创新，我们相信整合营销传播理论会走向成熟和完善的。我们无法凭空给整合营销的明天描绘出一个清晰的蓝图，但是我们认为一个成熟的整合营销传播理论应该具备以下几点特征：

(1) 更具有操作性。我们认为一个成熟的理论应该能够更好地、有效地指导我们的实践活动。

(2) 能够有效地监测和评估绩效。运用技术来测量和评估传播规划对传播者们来说是一个巨大的挑战。的确，像数据库形式、收入流测量等技术的使用使得大多数传播专业人员面临许多问题，它对我们的历史、工具方法、经验和管理能力都形成了挑战。

四、整合营销传播的四个阶段

整合营销传播是一个概念，也是一个过程。西北大学商学院的整合营销传播教授唐·舒尔茨总结了组织在进行整合营销传播时必经的4个阶段。舒尔茨认为不存在互不相干的有严格边界的阶段。实际上我们可以看到许多操作跳过了其中一些阶段。换而言之，由于组织独特的资产或者机遇，当它们刚开始一个阶段的工作时，它们就已经在下一阶段的工作上取得了突破性的进展。然而，要使营销传播真正实现整合，组织必须出色地完成四个阶段的各项活动，达到每一阶段的要求。根据唐·舒尔茨教授等人的观点，整合营销传播的四个阶段具体如下：

（1）发展资料库。消费者资料库的建立是整合营销传播策划的首要任务，唯有先掌握消费者的种种资料（包括人口统计资料、心理统计资料和以往购买记录等，这是企业的无形资产，也是整合营销传播的基本条件和核心）才能进而针对现有和潜在消费者发展沟通策略，整合沟通信息和各种传播工具。

（2）界定营销传播范围。界定沟通与传播范围，对内部沟通，如员工交流、供销合作和促销活动，作为传播过程进行规划和管理。对外部沟通，如品牌宣传、企业形象宣传等，进行研究和控制。

（3）运用营销工具，对各传播要素进行整合。这一阶段要考虑如何运用营销组合作为营销的传播工具，以实施传播战略，达到预定的传播目标。

（4）营销传播战术协调。最后，营销策划人员根据以上各方面情况，选择各种战术，来实现整合营销传播的目的，如广告活动、公共关系、直接营销等。

五、整合营销传播的四点要求

整合营销传播是能够让品牌更容易被受众所接受的有效手段，企业可运用整合营销传播解决企业传播问题，追求传播效益的最大化。但需要注意以下四点要求：

（1）立足于传播，服务于营销，明确整合目标。整合营销传播如果只停留在"对不同媒体发出同一种声音"的媒体整合上，就是对其的简单化和单一化理解，但是也不能将其无限扩大到企业计划、生产等等各个环节上，这种盲目的扩大化将导致企业营销的导向性偏移，传播失去方向，失去了核心。

（2）整合企业传播历史，实现品牌可接受程度的最大化。我们考察国外整合营销传播的成功案例，发现它们都是对企业的传播历史进行了很好的、系统的整合，通过对过去的整合，得到正确的品牌定位，并且能够一贯坚持，从而使定位得到彰显，传播理念更为清晰。当然，对于没有历史的新企业，或是完全没有知名度的新品牌，企业需要的是整合营销传播的观念，因为，它没有传播历史可以整合。

(3)明确整合思路和整合方法。企业在实行整合时要有明确的整合思路，把握传播方向。整合的核心只能是一个，如果同时有多个核心，那就不是真正意义上的整合营销传播了。整合营销传播的成功还有赖于一整套规范与合理的整合方法，这些方法可以有效地保证传播的顺利实施，保证传播能源源不断地向前推进。

(4)达成综合效果，建立永续关系。整合营销传播的重要目标是企业希望透过整合传播的一致信息，传达企业或品牌的一致形象给消费者，进而促进其发生消费行为，并希望建立永续关系。这就需要策略性的整合效果：综合运用多种传播手段，坚持"一个观点，一个声音"的原则，与消费者建立持久关系，尤其是顾客品牌关系。整合营销传播是企业应对逐步走向分裂的传播环境的有效方法，是一种适应市场竞争的传播理论，但是对它的实施，需要在操作层面上进行规范化的操控与把握，没有规范化与制度化做保证的整合营销传播必将是失败的和短命的，不但不能给企业带来效益，还会让企业和品牌走向绝境。

六、广告策划与直复营销

1. 直复营销概念

直复营销是指一种为了在任何地方产生可度量反应和(或)达成交易而使用一种或多种广告媒体的互相作用的市场营销体系，其基本精神是广告信息的双向交流，通过双向交流将营销者与目标顾客连接成一个有机整体，使二者相互作用，提高营销效率。这种营销体系的基本流程模式为：直复营销者通过广告媒体向目标顾客发送直接反应广告，并提供目标顾客回复反应信息的回复工具，目标顾客接受广告信息之后，将反应信息通过回复工具反馈给直复营销者，直复营销者根据收到的反应信息，通过分销渠道向目标顾客提供产品。

2. 直复营销形式

(1)电视营销。即通过电视将产品直接营销给最终顾客。一般可采取两种方法：一种是购买30~60秒的电视节目来介绍、展示自己的产品；另一种是通过闭路电视或地方台播放一套完整的节目宣传介绍产品。

(2)直接邮购。直复营销人员将邮件、传单、折叠广告和其他"长着翅膀的推销员"分别寄给有关产品购买力大的顾客。直接邮购可用来销售新产品、礼品、服饰和小工业品，其中包括一些附有订单、回执卡、免费电话等回复工具，因此直接邮购是应用最广、花费最省的一种形式，并且操作简便、对目标顾客选择性强、效果容易衡量，最重要的一点是它的直接反应率可达35％以上，效果较好。

（3）邮购目录。采用这种形式的销售商按照选好的顾客名单邮寄目录，或随时供顾客索取。邮购目录是直接邮购中的特殊形式，总之消费者经由这种方式可以购买到任何产品。

（4）电话营销。电话营销已成为一种重要的直复营销工具，即商家使用电话直接向消费者传递信息、销售产品。尤其值得注意的是自20世纪60年代美国推出免费电话后，电话营销就蓬勃发展起来。电话营销有立即性与直接性的优点，但其成本很高而且不能确保顾客是否愿意沟通。

（5）电子销售。一是消费者通过视频信息系统操作一个小型终端，订购电视屏幕上显示的产品；另一种是消费者使用电脑向中心数据站索取信息。

（6）顾客订货机销售。一些公司将顾客订货机安装在商店、机场或其他地方，顾客要订货可以输入信息及信用卡号及本人的地址，则很快会收到商品。

3. 直复营销与广告策划

我们可以发现大众媒体广告的作用在逐步减弱。而直复营销广告一方面有很强的针对性，能够制作出适合消费者需要的广告，另一方面由于是双向沟通，因此能够降低广告成本、更好地满足消费者需要并且吸引消费者积极地参与。

由于直复营销的广告过程和大部分的交易过程是通过媒体完成的，因此，媒体技术的发展将直接制约着直复营销的发展。近些年来，媒体技术发展日新月异，特别是互联网技术的发展为直复营销提供了强有力的技术支持。目前，发展信息技术是我国经济发展的主导政策，可以预计，我国媒体技术将有突破性的发展，直复营销将有广阔的用武之地。

现在中国家庭结构和人口结构明显地呈以下三个趋势：单身独身者增加、职业妇女增加和人口老龄化。单身独身者往往是冲动型购买者，因此单身独身者的增加意味着冲动型消费在总消费中比例将越来越大；职业妇女的增加意味着家庭收入的增加，也就是家庭购买力的增加，同时也意味着妇女用于购物的时间将减少；人口老龄化意味着将来的消费中，购物的便利性将是一个关键因素。而直复营销的优势正在于一方面通过精美和有效的广告来刺激冲动型消费，另一方面通过媒体广告和媒体交易加强了购物的便利性。

因此，家庭结构和人口结构的改变为直复营销的发展提供了有利的社会背景。

直复营销是建立在尊重每一个顾客的基础上的。因为每一个人都愿意自己与众不同。不愿成为百万大众市场中不起眼的一分子，直复营销的参与可以使得广告策划能够做到向不同的顾客和潜在顾客发出不一样的信息。再借助不同的销售推广，广告策划将不仅仅只是面向大众媒体的统一信息。而完全可以刺激个体，进而与每一个个体都建立起关系。当然，直复营销并不是要与每一个消费者都建立起联系，因为"二八法则"在这里同样见效。人们往往发现20%的顾客消费了企业80%的产品，而其他80%的顾客却只消费了20%的产品。因此，直复营销的企业需要选择出对自己最有利，也最便于自己服务的对象——这正是所有营销活动的目的。

直复营销产生的反应实实在在，可以计算，这给广告策划提供了便利。广告策划人可以计算反馈的数量，并判定每一反馈的成本，还可以判断自己所采用的媒介的效益，试验不同的创意实施方案，直复营销因而受到欢迎。同时，直复营销也为惜时如金的消费者提供了便利，对于关心成本的企业主又有着准确性和灵活性的优点。

七、广告策划与人员推销

1. 人员推销概念

人员推销是指企业推销员直接与顾客接触、洽谈、宣传介绍商品和劳务以实现销售目的的活动过程。它是一种古老的、普遍的但又是最基本的销售方式。企业与顾客之间的联系主要通过推销员这个桥梁。推销员、产品、顾客三者结合起来，才能成为统一的人员推销这一运动过程。人员推销使得促销人员与顾客的关系可以从单纯的买卖关系向人际友谊与感情方面发展，建立一种长期的合作关系，从而增加顾客对品牌的认知度，这是其他促销方式所不能及的。

人员推销具有以下特点：

（1）促销人员与客户的直接接触。通过面对面的交谈，直接为客户提供信息，可反复介绍产品特点和服务功能，做好客户的参谋，激发客户的购买欲望，促进销售。

（2）通过与客户的交谈和观察，有利于营销人员掌握客户的性格与心理，有针对性地介绍产品的特点和功能，并可及时发现问题进行解释，从而抓住有利时机促成顾客的购买。

（3）促销人员在与客户的经常联系、友好交往中，可建立友谊，有助于巩固老客户，发展新客户，使尽可能多的客户成为本企业的稳定客户，从而更好地实现产品销售的目的。

（4）促销人员对客户的热情接待和宣传，帮助顾客解决问题、满足其需求，可密切企业与客户的关系，增强客户对企业的信任感。

（5）促销人员在与客户的直接沟通中可及时、直观地了解客户的态度、意见、需求、愿望和偏好，掌握市场动态，了解产品所处的生命周期与市场占有率等信息，有利于企业迅速作出反应、适时调整产品和服务。

（6）人员推销的开支大、费用高，对促销人员的素质要求高，因此这种促销方式的运用也有一定的局限性。

2. 人员推销的类型

人员推销主要分承接订单型和获取订单型，以超市为例：

（1）承接订单型。承接订单型的销售人员一般从事例行公事活动及履行销售职能。例如，准备展品、在货架上放置存货、回答简单问题、填写订单及把销售款打在现金收入记录机上。这种类型的销售方式一般适用于提倡自我服务，同时也配置一些销售人员的商店。

（2）获取订单型。获取订单型的销售人员积极地告知并劝说顾客购买，甚至在下班时间进行销售。这是真正的"销售"人员。他们通常销售高定价的或复杂的商品。例如，高档衣服、家具、器械及家用电器。一般来说，他们的技巧比承接订单者要好得多，并且报酬也更高。

简言之，前者为被动型，后者为主动型。

3. 人员推销与广告策划

在整合营销传播方案或者广告策划活动当中，人员推销同样可以发挥很大的作用。人员销售中与消费者面对面的直接沟通，给广告策划增添了人性化色彩，更加凸现其消费者主导的思维模式。而且同直复营销一样，对人员推销的整合有助于广告策划突破传统的媒介传播方式，采取与消费者的直接沟通有助于拓展广告策划的思路，更符合现代营销传播的发展方向。

广告与人员推销的结合也是一种策略，是一种执行与推广的、任何企业都不应忽视的策略，企业应针对自己产品或劳务的性质确定其促销策略的重心。

就广告而言，它是企业通过支付一定的费用，利用传播媒体向目标市场传递有关产品和劳务信息，以打动顾客购买心理的一种促销手段。其特点突出表现在它的间接性，形式是通过媒体传播的方式，利用受众的视觉和听觉将产品或劳务的"要件"发布出去，从而达到预期的效果。广告的优势在于覆盖面广，视听效果强，易引起人们注意，可重复使用，艺术性渲染强及有趣味性，容易接受。但是，广告也存在着明显的局限性。如说服力较弱，沟通和交流没有实现渠道；信息反馈较慢，一旦出现偏差很难调整；缺乏即时性效果，难以达到迅捷的购买行为等等。这就要求企业广告、促销必须善于结合其他促销手段，互相取长补短，从而使广告的实际效果能达到最佳效果。

人员推销除了上述特点外，其缺陷在于：一是当顾客分布较散、市场面较广的情况下，企业的促销队伍也就必须随之而扩大，而由此造成的成本投入是绝大多数企业难以做到的；二是放羊式的推销人员市场活动会给企业的管理增加难度；三是具备行业知识能力、市场分析能力和性格培养能力的理想促销人员一般企业难以寻觅。因此人员推销也必须配合其他促销手段共同实施企业的市场促销策划。

人员推销和广告宣传的搭配、互补是很重要的。在策划方案中应当充分考虑广告和人员推销的相对优势和相对劣势。一般说来，根据企业产品性质的不同，广告较适合运用于消费品市场，人员推销适宜于工业品市场。但是，在消费品市场上，人员推销可起到增加货位、培养热情、传较推销等作用；在工业品市场上，广告也能起到建立知晓、促进理解、有效提醒、提供线索、证明有效和再度保证的贡献。企业只有将两种手段并用，才能有效吸引顾客。

八、广告策划与促销

1. 促销概念

美国著名营销学者特伦斯·A.辛普认为，促销是指商家用以诱使批发商、零售商和消费者购买一个品牌的产品，以及鼓励销售人员积极销售这种产品的激励措施。他同时强调："这种激励手段是对品牌的基本利益的补充，并在短时间内改变了这种产品在消费者心目中的价格和价值。"传统促销观念以销售量的短期提升为导向，虽能使产品销售额在促销期内有所上升，但不能使品牌增值，甚至会对品牌造成伤害。而战略性促销观则是在促进销售、提升短期销售额的同时，使品牌资产增值。

2. 促销模式

一般来说，促销有四种模式。

(1)吸附游离型。通过价格诱因促使游离者或竞争品牌的消费者前来消费，在促销时销售额升高，促销一旦停止，销售额又回归到原有水平。这类促销常常采取提高消费者关注度的方式，吸引对价格敏感的消费群体。它虽能在促销期内提升产品的销售额，但并不能增加消费者对品牌的偏好度和提升消费者对该品牌的忠诚度。

(2)透支促销型。促销时销售额大增，但它并不能持续增加销量。其后遗症是促销之后，销售额立即进入了一个低谷，然后才渐渐恢复到促销前的水平。

(3)品牌自杀型。商家在促销中肆意打折，损害了自己的品牌形象。促销时销售额稍有提升，但以后销售额直线下降，甚至降到未促销前的水平。这种促销往往会"促死"自己，在降低品牌价值的同时，还将使产品的生命周期缩短，加速产品死亡。伴随着商家打折的加剧，消费者会产生持币待购的心理，经销商的利润空间也会不断被压缩。

(4)战略性促销。战略性促销又称为品牌增值型促销，这种积极的促销方式，在提高产品销量的同时，还要在促销中建立、提升自己的品牌形象，从而使商品的销售额在促销后跃升到一个新的高位，并能持续地保持下去。

成熟的商家会运用战略性促销，这种促销模式的本质，其实是为企业提供一个提升品牌形象、增加品牌价值的契机，而不是提供一个改写销售成绩单的机会，如果过分注重销售额的快速提升，忽视品牌价值的经营，企业在短时间的业绩高峰之后，面临的就很可能是长期无法修复的伤害。因此，企业在制定促销方案时，必须考虑品牌本身具有的战略属性，要向消费者传达出清晰连续的品牌形象，提高消费者的偏好度和忠诚度。

3. 促销与广告策划

广告媒介计划在广告策划当中具有举足轻重的决定性影响，但是现代营销传播观念认为，促销活动与媒介计划增长率具有同等的重要性。事实上，自20世纪70年代开始，企业促销者对促销活动的投资已经大大超过了对广告的投资，在推广预算分配中，拨给促销活动的经费百分比的增长率也比拨给广告活动的要高得多。

如果说普通的广告活动通过媒介传播广告，是给消费者提供一种产品的购买"理由"，那么，促销则是向经销者和消费者提供推销和购买这种产品的"激励"。前者有益于建立长期性的品牌形象，有利于品牌和产品形象、企业形象等方面的宣传效果的持久性；后者则是有益于短期销售利益的获得和市场占有率的提高。广告策划活动应当充分考虑到促销的重要性，将它与常规广告活动结合起来。

促销就是在广告创立了认知与偏好之后，建立品牌忠诚度和推动再次购买所需的环节。然而促销有时也会使品牌档次降低而损害其形象。当然，如果促销活动的设计能够从加强广告中的品牌形象并与之协调出发，就不会有这种事情发生。从长期角度看，只有品牌在消费者中具有很高信誉时（由长期持续的广告建立起来的），广告主才有可能支撑越来越高的零售商折扣的压力。受广告导向影响的消费者需求产品不必给零售商更多的优惠，最终也会成为赢利性较高的品牌。

广告与促销的一种相互作用的形式是从属于它们的时间，如果广告与促销是同时进行而不是分开单独运行，消费者会给予更多的关注。这种步调一致的活动可以打破杂乱的局面，可以同时加强广告活动的效果（获得更多的读者或观众）和促销活动的效果（提高优惠券回收率，或靠特殊陈列获得更多的店内销售）。

只有做到广告与促销有机巧妙地结合在一起，相互作用，相互依托，才能发挥最佳的效果。

科学的、创造性的广告策略是企业广告宣传成功的关键，也是整个市场战略成功的关键。从长远目标来看，企业有效的广告行为策略主要包括：通过刺激消费欲望形成新的消费观念，激发潜在需求以创造新的市场需求；通过精心周密的广告策划，增强企业的声誉，提高竞争优势，达到战胜竞争对手的目的；利用广告活动所带来的竞争压力，促使企业保持高效运转，提高企业经营管理水平。但广告策略并非是企业一时一地的权宜之计，或是随心所欲地玩弄手段，而是经过周密的调查研究，高瞻远瞩，审时度势，从战略的眼光出发，进行长远的全局的谋划，不失时机地为着实现总的战略目标服务的。每一个企业要想取得收益就必须认真设计自己的策略，选择自己的策略，运用自己的策略。只有运用正确广告策略，企业才能在日趋激烈的市场竞争中取得立足之地，也只有这样，企业才能战胜对手求得发展。

思考题

1. 试说明广告策划中一般思维方法的特点。
2. 试说明广告策划中发散思维与集中思维的特点。
3. 广告传播具有哪些基本功能？
4. 广告策划与市场营销策略有什么关系？
5. 把握消费者行为对广告策划有何意义？
6. 传统文化与现代文化在广告创作中如何表现？
7. 整合营销传播中营销与传播的结合点在哪里？

第三章 产品认识与定位

本章内容要点

广义的产品，不仅仅指产品自身的有形物质实体，还包括一切能够满足消费者需要的因素。换言之，产品是消费所能获得"满意的组合"效用的组合。广义的产品概念又称整体产品概念，把产品理解为核心产品、有形产品、延伸产品三个层次的组合。广告的策划与创意，一定要根据产品的类型与组合而定。

产品生命周期是指产品在市场上营销的延续时间，具体是指产品从投放市场到最后被淘汰的全过程，也就是产品的市场寿命。

所谓产品定位——就是根据消费者对某种产品的重视程度以利于同竞争对手竞争，而对企业的产品在市场上确定的适当的位置。广告定位——就是依据产品定位而选取产品有别于其他企业同类竞争产品的特色或个性为宣传重点，然后运用广告手段予以突出表现的广告策略。

主要术语

产品 核心产品 有形产品 延伸产品 产品生命周期 产品形象 广告口号 产品定位 广告定位 功效定位 品质定位 市场定位 价格定位

第一节　产品认识

一、产品概念

产品这一概念有狭义与广义之分。狭义的产品，是指实体形态的物质产品，是由人们有目的的生产劳动创造出来的物质资料。

非生产劳动的、非物质形态的、非为满足生存需要之目的的，均不在狭义产品之列。因此，在现代市场经济条件之下，狭义地理解产品概念是不完整的。

广义的产品，不仅仅指产品自身的有形物质实体，还包括一切能够满足消费者需要的因素。换句话说，产品是消费所能获得"满意的组合"效用的组合。

广义的产品概念说明：①并非只有具有物质实体的是产品，凡是能够满足人们某种需要的劳务和其他因素也是产品，如运输、储存、设计、安装、保证、信贷、咨询等等。②对企业来说，产品不仅是物质实体，还包括随同产品出售时所提供的服务。简言之，产品 = 物质实体 + 服务。

广义的产品概念又称整体产品概念，把产品理解为核心产品、有形产品、延伸产品三个层次的组合。因而，广告策划对于产品的研究基本上包括这样三个部分：

（1）核心产品，又称实质产品，是指向消费者提供的基本效用或利益，这是产品的核心内容，也是广告宣传产品的根本出发点。例如：洗衣机能够提供给消费者的核心价值是可以减轻人们经常洗衣服的家庭劳务负担。

（2）有形产品，即核心产品借以实现的形式，也就是向市场提供的产品的实体和劳务的外观。它包括产品的商标、厂牌、价格、质量、包装、样式，设计物色等等，它对消费者认可和选购产品有巨大影响力。在广告策划中，如果将产品的实质性能与外观性能完美地结合起来进行宣传，就会对消费者产生巨大的促买作用。

（3）延伸产品，又称为无形产品或扩增产品。是消费者在购买有形产品时所能得到利益的总和，也是有形产品所产生的基本利益和随同提供的各项服务新产生的利益之和。如交货、维修、安装、使用指导、产品担保、各种售后服务等等。它能使消费者获得更大的需求满足。

现代产品结构技术含量高，比较复杂，消费者具有使用有服务保证的产品之心理，所以抓住对产品扩增或延伸特性的宣传，是广告诉求的重要方法。

二、产品的类型与组合

1. 产品类型

产品依据用途可分为消费品和工业品两大类：

(1)消费品。是指向消费者出售的所有商品和服务。

(2)工业品。就是生产资料，是为满足生产者生产需要而生产的商品。

产品分类还可进一步细分为：主要设备品、辅助设备品、原料与消费品、零件与半成品四大类。广告策划对产品的分析研究，不仅要求把握产品类别，也要深入了解产品的系列及品种结构。这就涉及产品组合问题。

2. 产品组合

产品组合，产品组合又称产品搭配——是指一个企业提供给商场的全部产品的品种和系列组成情况，即企业经营产品的组合方式。产品组合的概念包括：①产品项目——即产品品种，企业产品目录上列出的每一个体的品种规格就是一个产品项目。②产品线——即产品序列或大类。③产品组合——即一个特定企业生产或经营的全部产品线，产品的项目的组合方式。

认识和把握产品的类型与组合，对于广告的策划与创意具有重大影响。

从产品类型来讲，只有依据产品的不同分类，才能明确广告的宣传对象、宣传方法以及媒体选择等广告战略与策略。

例如：消费品的广告宣传，其对象(广告受众)是社会上的广大消费者，其广告策划中广告表现策略主要采取感性诉求(情感诉求)，即是要以情动人。然后，再依据用品特殊的情况而符合使用理性诉求，媒体选择主要是电视、广播、报纸、杂志等大媒体。

工业品，广告宣传的对象主要是从业人员，包括管理人员、采购人员。这些人具有专门知识，购买行为是理智的，因而主要采用理性诉求，如朝阳的东风柴油机厂，很理性地告诉人们广告产品的几种特性，媒体选择主要是理性的报纸、杂志等。

从产品组合来说，企业自己生产的产品要适销对路，有竞争力，除了根据不同的目标市场的需要决定生产经营的产品系列和品种，实现产品的优化组合外，很重要的就是企业在拓展产品组合的宽度、深度和关联性的同时，采取有效的、针对性强的广告宣传来加以配合，以实现促销、增利的目的。

另外，产品组合还涉及"新产品"与"老产品"两个概念。对新产品来说，广告策划一般都是以树立产品的印象为主，提高产品的知名度，广告宣传要尽可能地让消费者知道新产品的特点、好处，以增进广告受众对新产品的认识度为主要目的。

对老产品而言，如果已有较大的知名度，则应以提高美誉度为主，而不以告知为主题。

因而，广告的策划与创意，一定要根据产品的类型与组合而定。反过来说，要想使你的广告策划与创意达到预期目的，就必须首先了解广告产品的类型与组合。

三、产品的价值

了解产品的价值，是产品认识的进一步深化。在市场经济条件下，既要注重产品的有形价值，又要注重产品的无形价值。

一般地说，市场经济条件下，产品的价值集中体现在如下几方面：

1. 产品的使用价值

产品的使用价值是指产品能够满足人们某种需要的物品效用。从产品具有的使用价值的角度去进行广告诉求，这也是广告策划中大量出现的主题。但是，应该注意的是，把大家熟知的产品用途作为广告的主题是毫无意义的。比如电视广告以图像清晰为主题，钟表广告以计时准确为主题，冰箱广告以保鲜为主题，空调以调控温度为主题等，都近似废话，这些内容，绝不可能成为购买某一特定商品的理由，因而，广告策划如果更多地在这些方面下工夫就错了，往往走上无效广告的绝路。因而，要想使产品的广告具有挑战性、有效性，主要应考虑以下几个问题：

（1）产品的感官效用。比如外形、颜色、声音等方面有何优点、特点。其中像家具，有装饰作用的窗帘、床罩，高档耐用品真皮沙发、私人汽车、家用电器等产品，其感官特点往往很重要，广告策划者就应了解这一特点，在广告宣传中注意在这方面做好文章。

（2）各种用途和用法。如产品具有功能上的特点等。手机，主要功能是作为通信工具，但现在竞争激烈，手机功能日益增多，如上网、游戏、记事本、时钟、日历等。

（3）使用成绩。如苏州吸尘器厂的春花吸尘器的广告策划创意，就利用春花吸尘器已进入钓鱼台国宾馆等全国各大宾馆的使用成绩在全国各大报刊推出春花广告，大举占领吸尘器市场，销售量一度占全国吸尘器市场总销量的52.5%，真正实现了春花家用吸尘器"进寻常百姓家"的广告目标。

（4）用户的社会构成。利用名人使用来确立市场位置有时也非常有效，如吉林市长白山葡萄酒厂以国家营养协会名誉主席、国家食品协会顾问于若木饮长白山葡萄酒后高兴地挥毫题词"长白玉浆流四海"进行广告策划宣传，成功地确立了长白山葡萄酒在市场上的位置。

（5）用户对于商品的赞扬。只要这种赞扬是可信的，也很容易使广告成功，比如哈尔滨红太阳集团的保健产品彼阳牦牛骨髓壮骨粉的广告策划，就利用了用户对产品的赞扬，用几位中老年人你一言他一语地说："吃了彼阳牦牛骨髓壮骨粉呀，我这腰不酸了，腿不痛了，手脚也不抽筋了，走路也有劲了！""我们都用彼阳牦牛骨髓壮骨粉。"

（6）使用中的方便和乐趣。即把广告策划的表现主题放在对广告产品在使用中如何方便上，使用中有乐趣可寻上，以引起人们的兴趣。

（7）使用过程中的产品质量保证、保险及维修。这也是一个不可忽视的诉求点。

（8）包装方面的特点。

2．产品的社会价值

这是产品对生产关系和社会关系的影响力，也就是以产品为媒介来反映出社会上产品的使用者、生产者之间的关系。正是通过产品的生产与交换，才使得整个社会实现了稳定和发展。例如：裕隆汽车集团把裕隆汽车产品和其倡导的"奋发向上，自觉地迎击困难，战胜困难，勇往直前，走向胜利"的诺曼底精神融合在一起。

广告画面：在"裕隆汽车"下，只有一个沾满硝烟和灰尘的美军绿钢盔，冲破了历史的尘封，作为一个战争的纪念信物，呈现在大家面前。

广告语：五个大字"诺曼底精神"，下面有一句小字口号："把困难视为挑战，将不可能变成可能"。这幅广告十分简明，但对消费者来讲，却产生了震慑灵魂的巨大冲击力量！"诺曼底精神"这种英雄气概的意念深深印入心中，化为冲锋陷阵的行为，从而把裕隆汽车产品倡导的社会价值表现得淋漓尽致。

3．产品的宣传价值

这是产品通过生产和使用而达到人们共知以及对新科学、新技术、新包装、新用途的反映，使人们从这个宣传的价值中得到启发，以促进产品的不断更新换代和进步。

例如，美国的密勒啤酒的广告策划就是一例关注产品宣传价值而在市场中占有一席之地的范例。它刚一开始做广告时，采用豪华场面作衬托，以表明它是一种质量高的好啤酒，外包装也采用华贵的金纸，看上去跟香槟差不多。但如此广告后，销量并不好。后来用两维图表进行市场调查，一维是便宜还是较贵；另一维是男士饮用酒还是女士饮用酒。结果发现，密勒酒在人们心目中被认为是女人喝的，而且比较贵。在美国的啤酒市场中，价格较高而又是女性饮品就没有多大的销路。于是，他们决定重新进行广告策划，去掉了包装的金纸，以避免被误认为名贵的香槟；电视广告上也不是一个漂亮的女士同她的丈夫在一个很豪华的餐厅喝酒，而是一群锯木工人在原野里劳作之后跑进酒吧大喝密勒啤酒。从此，密勒啤酒销售大开，也使这一产品的宣传价值得以充分地开发和体现。

　　4. 产品的竞争价值

　　产品的竞争价值是产品生产者之间争取有利的生产和销售条件所进行的争夺在产品上的具体体现。一个新的适用的产品就体现出生产者与其他生产者在争取利益方面的竞争，也正是这种不断的竞争才促进了产品的进步。

　　例如：美国饮料市场竞争激烈，而持续了近百年之久的可口可乐与百事可乐两大著名可乐饮料之间的竞争尤为激烈。其结果是产品的升级换代。当美国饮料市场开始疲软时，可口可乐公司根据市场调查，发现人们生活水准不断提高，生活环境也不断改善，人们都十分注意健康和长寿。这时，由于营养丰富，再加上可乐的带糖甜饮料被医学界认为容易引起糖尿病、肥胖症等疾病，可口可乐公司便抢先推出一种新产品，叫"健怡可乐"（Diet Coke），并把产品广告定位在不含糖、不含咖啡因的健康新饮料上，立即得到了消费者的欢迎和信任，产品销售与日俱增。在这种情况下，百事可乐也不甘示弱，研制推出同样类型的可乐，但它并没有重复可口可乐新饮料的定位，而是另辟蹊径，把这种产品定位在"新一代的新口味"上，标明它非常适合于年轻人，不像其他可乐大部分是适合成年人。正是这两大饮料间的戏剧性竞争，促进了产品的不断进步，可乐饮料市场也由此长盛不衰。同时，也充分体现了产品的竞争价值。

　　总之，通过对产品价值的研究，对产品就有更深的了解和认识，这样就会使我们在把产品投放到市场上使之成为商品时，不至于被其假象所迷惑，特别是在进行广告策划和广告宣传时，会更加有的放矢，使广告的产品定位更为准确。

第二节　产品分析

　　当代美国有一位著名的广告思想家威廉·伯恩巴克，他总说："在你开始工作之前，你要彻底地了解要做广告的商品。你的聪明才智，你的煽动力，你的想像力、创造力都要从对商品的了解中产出。"伯恩巴克的这段话，充分表明了产品分析对广告策划的重要性。

我们知道，就消费者来说，对于产品的需求不仅仅是对产品的占有，更重要的是希望考虑的一个问题，就是你所做广告的产品能否满足消费者的某种需求？而要给出一个问题的答案，就必须对广告产品进行系统深入的分析。通过产品分析，搞清楚广告产品在品质、性能、价格上有何特异之处，在市场上处于哪一生命周期，主要销售对象是谁，产品所包含的个性内涵与精神意义是什么，然后，你才能确定产品在市场上的位置，确定产品的销售重点，广告诉求的重点，争取消费者的关注与青睐。所以，深入分析产品是现代广告策划中的重要一环。

一、产品生命周期分析

产品生命周期是指产品在市场上营销的延续时间，具体是指产品从投放市场到最后被淘汰的全过程，也就是产品的市场寿命。典型的产品生命周期包括四个阶段：引入期、成长期、成熟期、衰退期。

1. 引入期(介绍期)

引入期是指产品投入市场进行试销的阶段。由于初入市场，可能尚未被消费者知晓，所以往往表现为销售额缓慢增长的趋势。这一阶段，开发、研制费用高，生产批量小，宣传广告耗费大，因而在财力上可能出现亏损。

2. 成长期(增长期)

成长期是指产品经过引入期后而被消费者接受，大量上市，扩大销售的阶段。这一时期，销售量急剧增长，产量随之增长，成本逐步下降，财务上开始盈利。

3. 成熟期(利润期)

成熟期是指产品已占有一定的市场份额，销售量已经稳定，增长率已不如成长期。成本降至最低，利润达到了最高水平，但销售额已不再增长。

4. 衰退期(滞销期)

衰退期是指产品已经老化，不能适应市场的新需求，商场上已出现更新、更廉价的同类产品。这一时期产品的销售量和利润都出现锐减的趋势，甚至出现亏损，直致被淘汰，退出市场。

产品处于不同的发展阶段时，其消费者的心理需求、市场竞争状态、营销策略等也都不尽相同。因而，广告策划就必须与之相适应，确定与产品不同生命发展阶段特点相匹配的广告目标、诉求重点、媒体选择、广告实施策略。

一般来说，在产品的引入期和成长前期，有关新产品的一切，都尚未被消费者所认知，这时的广告宣传以创牌为目标，目的是引导消费，使消费者产生新的需求。因而，适宜采用以告知为主的广告策略。诉求重点是向消费者介绍新产品的有关知识，以便突出新旧产品的差异，使消费者在比较中对新产品有所认识，进而引起兴趣，产生信任感。通过对产品商标和品牌的大力宣传，扩大产品知名度，同时培养一批广告产品的早期忠实使用者，并逐步过渡到被普遍采用，借以形成时尚。所以，在广告的初级阶段，应投入较多的广告费，运用各种媒体，配合宣传，造成较大的广告声势，使新产品迅速打入市场。如健力宝、海飞丝、康佳彩电等，都以功能、商标为诉求重点，大搞宣传。

在产品进入成长后期和成熟期，产品已在市场上被消费者广泛认识与接受，销售量逐步增长，利润已有保证。与此同时，其他同类产品也纷纷投入市场，竞争日趋激烈。尤其是在产品进入成熟期后，新产品已变为普及产品，消费者已形成使用习惯。在这一阶段，广告以保牌为目标，广告宣传对象主要针对产品的中期与中后期使用者，以巩固原有市场，并开拓新市场，展开竞争性广告宣传，以突出本产品与其他同类产品的差异，引导消费者认牌购买。因而广告诉求必须具有强有力的说服力，突出宣传厂牌与商标，巩固企业和产品的声誉，加深消费者对企业和产品的印象，建立产品名牌形象。

在产品进入饱和衰退期之后，产品供求趋于饱和，原有产品已逐渐变成老产品，而其他新产品已纷纷投放市场。这一时期的广告目标，应重点放在维护产品市场上，采用延续市场的手段，保持产品的销售量或延缓销售量的下降。以长期、间隔、定时发布广告的方法，及时唤起消费者的注意，巩固习惯性购买。因而广告诉求重点应从产品本身转而突出产品的售前、售中和售后服务，保持荣誉，维持老用户和吸引后期新用户。

二、产品形象分析

产品形象是较为难以把握的概念，因为它不仅是人们的主观的观念，而且是由公众的主观观念聚集起来的。我们知道，任何产品都有满足社会生产和人民生活需要的使用价值，它的质量、性能、用途、商标等，能给人们带来某种好处，这一切构成了产品的价格，也就在人们的心目中形成了产品的形象。

产品形象一旦形成，就会在某种程度上脱离产品的具体特点。表现为两种情形：一是某种产品在消费者心目中的形象的形式，就具有一定的延伸性和惰性。人对产品的印象，只是从一种具体的产品上产生出来的，但这一特定印象生成之后，却并非只固定在生成这种印象的该种具体产品身上，而往往会延伸到几乎所有该系列产品上去。如果不是该系列产品的发展令人大失所望，使消费者心目中的产品形象感深受损害的话，人们甚至对它所具有的一般不足之处也会持较宽容的态度，不轻易扫掉已生成的产品印象。二是消费者对产品的印象，并非就是产品的种种具体特点。人们对产品的印象，还具有能够传播开去的特点。它能够脱离某些直接形成该印象的人而在社会上广为散布，并且，这种产品形象一般只被评价为"好"，"一般"，"不好"，而不是对产品各种性能一一具体评说。

可以说，产品形象之于企业经营至关重要，现代企业也正在逐渐地将竞争的重点从质量、价格、性能等硬指标追求转向软的综合指标——产品形象的追求。而成功的广告活动，恰恰是塑造产品形象的有力手段，因而，进行广告策划时，策划者对产品形象加以分析就是十分必要的了。

通过广告策划来塑造产品的形象，应着重宣传广告产品的闪光点，即其他同类产品所不具有的优点、特点更具说服力，例如蝙蝠牌电风扇的广告策划就是采用一个电风扇作为陈列品放在玻璃橱窗里，让它日夜不停地转动，当转了4000个小时，邀请顾客当场鉴定，并以此作为广告宣传，一举打开了销路。策划者就抓住了蝙蝠牌电风扇能够长时间工作的优点，塑造了该产品具有超强生命力、耐久力的形象，为促销起到重要作用。

当然，在激烈的市场竞争中，要树立起经久不衰的产品形象，最根本的还在于产品本身的内在质量要过硬，就比如刚刚说过的蝙蝠牌电风扇，昼夜不停地连转4000个小时，靠的只能是产品内在优良的质量，如果产品本身存在质量问题，转几个小时就生命力衰竭，那么策划者无论如何也不可能策划出该产品具有超强耐久力的产品形象了。但是，随着科技的发达，市场上质量好的产品比比皆是，如果广告仅仅着眼于介绍产品所具有的优点、特性，那么广告策划和创意也就平淡无奇，难以成功了。所以，我们说以广告策划来塑造产品的形象应着重宣传产品的闪光点，这不等于说仅仅停留在对产品具有的闪光点宣传的层面上就完事大吉了。当代美国销售专家韦蔓先生有句名言："产品的广告如果仅仅将产品简单地介绍给了消费者，那是难以吸引消费者的。广告应在介绍使用或享受这种产品时，赋予其一种生动、美好的印象——如果这种形象是独一无二的，那么效果就更好。"

万宝路香烟的广告创意就是遵照"韦蔓原则"来处理的。它没有介绍香烟的质量、历史，而是在画面上设计了奔驰的烈马、英俊健壮的西部牛仔。这一富有创意的画面设计使人产生了这样的印象：享受万宝路就如同享受自由自在、天马行空的豪放之情。而这种自由生活，正是美国现代青年所十分向往的，因而在美国本土声名大振，销路很好。

在中国，万宝路香烟被公认为具有"令人无法抗拒的魅力"的广告形象，不再是美国西部牛仔和烈马，而变成了中国民族风味十足的安塞腰鼓、长城、故宫，但万宝路的气势不变、精神不变，可以说，万宝路香烟卖的不是烟，而是形象，这一形象表达了人们吸"万宝路"香烟的核心意义：男子汉气概、成功、强壮和能力。

三、产品物质特点分析

分析产品的物质特点，是产品分析的重要而具体的步骤。

开展广告活动时，必须以产品的物质特点为依据确定广告诉求的重点。我们知道，消费者对产品印象的形成，也是从了解产品的物质特点开始的。因此，分析产品的物质特点，有助于把握消费者对广告产品形成印象的大致趋势，以保证广告运动围绕产品的优势与特色展开诉求，达到引起注意、激发兴趣、刺激欲望、加强记忆、导致购买的目的。

进行广告策划时，尤其要重视对产品物质特点的分析。从广告策划的角度讲，应分析产品的如下物质特点：

1. 用料

即分析广告产品所使用的原料是什么，以及原料的产地、性质、特点同同类产品相比有无优势。如江苏化妆品厂的"芭蕾"珍珠露广告策划者就刻意分析了产品的原料、产地，暗示了它与同类产品比较所具有的优势，"采用太湖淡水珍珠经精心加工而成"，"太湖"产地属风景优美、令人神往的游览胜地，"淡水珍珠"有着海水珍珠无法比拟的品质保证，在人们心目中享有较高的美誉。

2. 用途、性能

即分析广告产品究竟有何种用途，其性能怎样，表明它可以满足消费者哪些需要，消费者如何使用，等等。这些是确定广告宣传重点和进行产品定位的关键依据。"白加黑"广告：白加黑治感冒，黑白分明，白天吃白片不瞌睡，晚上吃黑片睡得香。治感冒良药，白加黑。很明白地告诉消费者广告产品的用途——治感冒。同时表明了与同类产品相比所具有的独到之处——黑白分明，白片不瞌睡，黑片睡得香。

3. 产品外观

(1)色彩。不同地区、不同民族，或者同一地区、同一民族的不同消费者，因其生活方式、生活水平、生活习惯、文化背景的不同，对色彩的偏好是千差万别的。策划人策划广告、宣传产品，应分析产品颜色对于不同消费者所起的不同作用，学会尊重消费者习俗。比如阿拉伯民族，酷爱鲜明醒目的颜色，服装色彩对比鲜明，常常黑白搭配，鲜亮的绿与大红搭配，而把粉红色、紫色、黄色等色彩作为消极色彩加以排斥；受佛教的影响较深的东南亚地区，则认为黑色是丧色，是参加葬礼才使用的，因而那里的人平常几乎不穿黑色衣服的。因而，进行广告策划时，就要根据受众目标的不同，分析选择产品的色彩。

(2)规格。同色彩一样，消费者对产品规格和尺寸大小的要求也各不相同。就拿手表来说，男、女消费者对手表这种产品在规格上的要求就不同，男人要求手表规格要大些，显得大方、庄重，而女人则要求手表规格要小些，显得小巧玲珑。所以，有些厂家就注意到了消费者的这种不同需求，生产出了成双出售的"情侣表"。因而，进行广告策划时，就要考虑目标消费者由于性别、年龄、职业等不同对产品规格的不同需要，有的放矢地去宣传。

(3)款式。分析消费者对产品式样、款式的喜爱和要求，是广告策划不可缺少的一步。同样质地的产品，款式新颖才更能满足消费者在使用产品的同时追求时尚的愿望。比如，女用包款式很多，单肩背的、手拎的，等等，品种齐全。所以，广告策划只有抓住产品的销售目标，细分市场的各类消费者所喜爱的款式、类型，以及近期可能出现的变化趋向，向特定消费者集中诉求才能取得良好的宣传效果。比如还说这包：原来学生用包大都是双肩背的，现在有所变化，双肩背的包趋向小款，女性化了，往往是文静、青春的女性背包，而男生和剪短头发的女生，则更多的使用单背带的方形包，把带子拉得长长的，使包一侧挂到臀部或更往下，显得很帅气，很酷。如果作为广告策划人，你就得了解消费者的不同需求，明确你的广告产品款式适合哪类人，然后有针对性地去诉求。

(4)产品服务。产品服务有无特色，也是产品分析的重要方法。产品服务分售前服务、售中服务、售后服务。比如有的产品在售前可以让消费者试吃、试穿、试用后再决定是否购买；有的产品如服装，在售中售货员不仅当顾问，帮消费者选择，还可以当模特，让消费者当场目睹试穿效果；有的产品送货上门，免费安装调试，一定期限内免费维修或更换。广告策划就要分析广告产品是否提供产品服务，分析产品服务有什么特色，然后有针对性地进行宣传,这是增强消费者对广告产品好感的重要因素。

(5)包装。包装本来是实体产品的一个组成部分,以往的包装仅仅出于贮藏和运输的需要,但随着市场的发展,包装的作用发生了变化,包装本身也具有了广告的作用。包装精美,也是产品的一个卖点。因而,在广告策划中,还须认真分析产品的包装,分析其造型是否美观,包装质量是否同产品价值相协调;是否能显示出产品特点与独特风格;文字设计是否直接回答了消费者最关心的问题;包装装潢的色彩图案是否符合消费者心理需求;是否与消费者习俗、宗教信仰抵触等等。策划者只有很好地解决了这些问题,才能策划出成功的广告活动,否则,可能不但不能促销,反而造成麻烦。

四、产品识别标志分析

广告作为一种宣传促销手段,特别要注意如何生动地将产品的识别标志告知消费者,使之留下鲜明深刻的印象,以便记住它、了解它、喜爱它。因而,分析产品时,应特别重视对产品识别标志的分析。

1. 商标

商标,是商品的标志,它就如同商品的"脸",是要给人看的,当然应追求美。如果广告人能为商品塑造一张形象感人、惹人喜爱的"脸",无疑会提升商品的信誉价值。从现代广告策划的角度说,对商标的分析应着重抓住如下问题:

(1)商标是否独一无二。应避免与他人的商标雷同或类似,比如"金猴"鞋——金猴或飘柔——飘影。

(2)商标是否将企业与产品的特点充分表达了出来,并使它具有一定的意义。

(3)商标是否美观大方、构思新颖、造型独特、有吸引力,便于广告促销。

(4)商标是否简洁鲜明,易看易记。

2. 产品、服务标志

产品、服务标志是创造企业形象最重要的手段。它不仅是企业与产品的代表符号,而且是质量的保障,是沟通人与产品、企业与社会的最直观的中介之一。它可以起到让消费者识别产品服务的作用。因而,在广告宣传中,除了要突出产品商标外,还应明确突出企业标志,以便给消费者留下一个完整的形象。

企业设立标志,应主要分析其是否表达了企业的特点,是否鲜明醒目。

它可以是一个人物，如万宝路之西部牛仔；也可以是一个动物，如"蓝豹"。

应该明确，现代企业应设立企业标志，重视企业标志，绝非出于对艺术的爱好，其根本原因在于名牌标志具有良好的促销力，能帮助企业走向成功之路，给企业带来巨大的市场效益。

当前，世界驰名的标志身价高得惊人，比如：价值最高的是"万宝路"，价值 310 亿美元，相当于其每年营业额的 2 倍。"可口可乐"次之，标志价值 244 亿美元，高于其营业额近 3 倍。难怪美国可口可乐公司的一名经理说："即使一夜之间他的工厂化为灰烬，他也可以凭借可口可乐的标志声誉从银行立即贷款而重建工厂。"可见，对拥有名牌标志的企业来说，标志就是企业自身发展的一种依托与保证，是一笔巨大的资产。

3．口号

用一句口号代表一个产品，是从早年叫卖形式中继承而来的，因为它颇为适用于广告宣传，因而在现代产品推销中又受到青睐。

广告策划中，对产品口号予以分析，主要包括以下几点：

(1)广告口号，语言要简练，朗朗上口，通俗易懂，合辙押韵。如"牙好，胃口就好，吃嘛嘛香，身体倍儿棒"，这句天津蓝天六必治的广告口号，实在上口，而且又是如此这般地通俗易懂，一播出就成为人们互相玩笑的常用语。

(2)广告语言要富有情趣，号召力要强。如娃哈哈钙奶，"喝了娃哈哈吃饭就是香"。精彩就精彩在这"就是香"的"就是"两个字上，有一种孩子气的武断和执着，许多小孩子都学会了，整天挂在嘴边上念叨，娃哈哈还能不畅销吗？再比如："人类失去联想，世界将会怎样"是"联想集团"联想电脑的广告口号，一语双关，明说联想力之于人的重要，人能没有联想力、想象力吗？这在现代工业化时代可谓切中时弊；暗说联想集团的重要，中国 IT 界，中国企业界不能没有联想，气势之大，令人肃然起敬，号召力极强。

(3)广告语要突出产品的服务特点，语言要高度概括。如"农夫山泉有点甜"、"雀巢咖啡，味道好极了"、"钻石恒久远，一颗永流传"都极具鲜明的商品特点，给人留下了深刻的印象。

(4)广告口号要关注消费者心理，满足特定消费者的心理需求。如人头马广告："人头马一开，好事自然来"，刚刚富裕起来的中国人，多么渴望能同洋人一样潇洒一把！多少人就是冲着这个广告口号来开人头马的，有好事，"好事自然来"，谁不想试试呢，要的就是这豪迈的感觉。如：香港铁达尼手表"不在乎天长地久，只在乎曾经拥有"征服了许多的内地青年，这句话升华了现代人的世纪末情怀，有震撼人的巨大力量，堪称经典。如："JUST DO IT"（耐克运动鞋）甚至连中文翻译都没有，但那些明白它的中国年轻一代消费者都明白它的意思——尽管去做，这是全球新一代年轻人的共同文化，它把握的是年轻人追求时尚、走向世界的心理。如：娃哈哈集团非常可乐"中国人喝自己的可乐"则关注于民族自尊心。

第三节　产品定位

我们知道，任何一家企业，它的产品或服务在顾客心目中总有个适当的位置。这个位置是在与其他企业同类产品的比较中确定的，它表明消费者对该产品或服务的重视程度。比如：报喜鸟西服，它的消费群是那些有一定社会地位和经济实力的男士，那么，它在这些人心目当中，与"杉杉西服""琴曼西服""雅格尔西服"相比较，处于什么位置？这一消费群对它的重视程度如何？这两个问题的答案，就是"报喜鸟西服"的产品定位或产品的市场定位。

由此可见，所谓产品定位就是根据消费者对某种产品的重视程度以利于同竞争对手竞争，而对企业的产品在市场上确定的适当的位置。

这就表明，产品的市场定位是通过为自己的产品树立特色或个性，从而塑造出有别于竞争对手的独特的市场形象而实现的。因此，企业在进行市场定位时，一方面要了解竞争对手的产品有何特色，另一方面要研究顾客对自己产品所具有的某种特征或属性的重视程度。

1. 广告定位

从广告策划的角度说，产品定位是广告诉求的基础。

消费者对产品的要求，不仅是对产品的实体占有，更重要的是希望得到某种需要的满足，产品一旦确定了市场位置，就要保住这个位置。广告的作用也就在于通过有效的宣传，使产品在消费者心中的位置得以扎根，成为不可取代。

因此，广告定位就是依据产品定位而选取产品有别于其他企业同类竞争产品的特色或个性为宣传重点，然后运用广告手段予以突出表现的广告策略。

2. 产品定位与广告定位的关系

通过上面的讲析，我们知道，产品定位与广告定位是两个不同的概念。产品定位是确定产品在市场上的位置；广告定位是确定产品在广告活动中的位置。

　　但两者之间有密切的关系，广告定位离不开产品定位。产品定位越明确，广告定位才越准确。所以确定广告定位，应从产品定位分析开始，产品在人们心目中居于什么地位，能够给人们带来什么好处和利益，知名度和信任度如何，这一切，就构成了产品市场定位的内涵，而这一切在人们心目中的形象就是广告定位所追求的效果。这表明，产品定位决定着广告定位。

　　反之，广告定位又影响着产品定位。正确的广告定位有效的广告宣传，无疑有利于进一步巩固产品的定位，对扩大产品的市场占有率效果不凡。许多国外产品广告定位非常成功，比如，百事可乐就告诉年轻人，它是"新一代的新选择"，突出其适合于年轻人的特性；肯德基在中国的广告定位于"绝对的美国口味"，引诱消费者尝尝美国人惯吃的东西；博士伦则对那些近视眼却又惧怕隐形眼镜的人说"戴博士伦，舒服极了"，消除人们的恐惧心理。

第四节　　广告定位策略

一、实体定位策略

　　实体定位策略就是在广告宣传中突出广告产品所具有的符合消费者需求的鲜明特点，促使消费者放心购买该产品的一系列广告定位策略。包括功效定位，品质定位，价格定位，这三个方面综合起来，解决卖什么、卖点定在哪里、卖给谁、卖多少钱等问题。

1.功效定位

　　即在广告宣传中以广告产品功效上的特异之处为重点进行诉求的一种定位策略。人们购买商品时，都十分看重其功能、效用，任何功效都不具备的产品是不会有人买的。而在同类产品中，具有特异功效、超强功效的产品竞争力就大，更能刺激人们的购买。所以，广告策划人在进行广告定位时，也常常将关注的目光集中到产品的功效上，即将卖点定在产品功效上。

　　例如，宝洁公司的海飞丝二合一洗发香波的广告，就强调其洗发、护发功效合二为一及有非凡去头屑功能的特点，一举击败众多洗发产品，而独占鳌头。

　　又如：日本夏普组合音响的广告，就告之消费者，用此音响，你不再需要翻唱片了，强调其自动翻唱片的功能。

　　再如：中美史克制药公司的驱肠虫药广告，告之消费者，只需用两片，一次驱尽肠虫，强调其一次即杀除肠道寄生虫的超强功效。

2. 品质定位

品质定位是在广告宣传中将广告产品本身具有的良好品质作为重点进行诉求的一种定位策略。

消费者选购商品时，质量品质问题总是被看得很重，毫无疑问，同类产品中，质量品质高的产品当然是被消费者看好的商品，因而，广告诉求将卖点定位在产品自身的高品质上，当然不失为一种广告定位策略。

不可否认，任何企业，不论其规模如何，它都不可能满足所有的消费者的整体需要，而只能为自己的产品销售选定一个或几个目标市场，满足一部分特定消费者的需要。企业为自己的产品确定目标市场，就是为产品进行定位。产品的目标市场不同，目标消费者不同，广告定位就应相应有所不同，在广告策划中，策划人必须向产品所能满足的那部分特定的消费者去推销，去诉求才行。比如，百事可乐，定位于"新一代的选择"，广告定位专门指向年轻的新一代人；七喜汽水定位于"非可乐型饮料"，广告定位专门指向不喜欢可乐的消费者；"金利来"领带定位于"男人的世界"，专门指向成年男子。这就解决了叶茂中所说的"贪大求全症"。

但广告无规则，竟然也有贪大求全而获成功者——上海某饮料企业将一种产品分别注册了两个牌子：以成年人为目标消费者的叫"乐福福"，以儿童为目标消费者的叫"阿华华"，一种产品，两种定位，分别指向不同的目标消费者，在广告和销售上都取得了极大成功。那么，到底是用一颗子弹打一只鸟，还是打两只鸟或是更多的呢？有人说广告不是纯科学，科学是有规则的；广告也不是纯灵感，灵感是捉摸不定的，因而广告是科学与灵感的混血儿。运用科学的方法有助于灵感的出现；灵感的画龙点睛又提升突破了广告的科学。"乐福福""阿华华"分别定位于不同的消费群是科学的，而同一种产品以两种定位出现是超越规则的，只能是灵感的凸现。我们不能简单地理解为一石两鸟，策划者的高明，不在于它直接说这种饮料老少皆宜，他的高明之处在于非常技巧地将老少皆宜的一种好处，分成了两种，将一块石头分作两块，然后用分开的两半，分别去击中对象，针对每一半石头来说，仍然可以理解为一颗子弹打一只鸟。这是富有创意的一种定位方法。

3. 价格定位

价格定位就是因产品的品质、性能、造型等方面与同类产品相近，没有一个十分明显的特殊之处吸引消费者时，广告策划便可以将产品价格优势作为诉求重点，突出宣传广告产品的价格低于同类同质的其他产品，以此刺激消费者的购买行为的一种策略。

运用价格定位策略而大获成功的例子并不鲜见，美国通用汽车公司的
"雪佛莱"汽车广告就是十分典型的例子。在美国的汽车市场上，日本依靠
"功效定位"和"外形定位"大肆宣传其如何节油，体积小，不占多的停车空
间。面对竞争产品，雪佛莱在节能、小型化方面并不比日本更优越，于是便
采取价格定位同日本车展开竞争。

二、观念定位策略

观念定位策略是指突出产品的新意义，以改变消费者的习惯心理，树立
新的产品观念的一种广告定位策略。介绍两种主要方法：

1. 逆向定位

这种定位是借助于有名气的竞争对手的声誉来引起消费者对自己的关
注、同情和支持，以便在市场竞争中占据一席之地的广告定位策略。

我们知道，通常的做法是，广告定位于本企业广告产品的优异之处加以
重点诉求，这是正向定位。我们现在所讲的逆向定位刚好反其道而行之，在
广告中突出宣传市场上名气很大的同类产品的优越性，并表明自己的产品不
如它但正准备迎头而赶上；或者，通过承认自己产品的不足之处，来反衬其
优越之处。可见，逆向定位策略，主要是利用了人们同情弱者、信任诚实的
心理，以突出自己产品的不足为手段，来换取同情与信任的手法。

例如：美国第二大出租汽车公司——埃比斯出租汽车公司就是采用逆向定
位策略而获得成功的，它在广告中既谈竞争对手的优点，也谈本公司的不足，
在其"第二位宣言"中公开宣称："本公司与哈兹公司相比是第二位的，因此要
在充实服务上全力以赴。"这一定位，利用了人们心理上认为第二仅次于第一以
及与第一相差不多的定势，同情弱者的心理倾向以及良好的服务承诺，而赢得
了消费者的同情和信任，也体现了"不与竞争对手做恶性竞争"的策略，使广告
活动获得了成功，通过广告宣传，坐埃比斯公司车的人越来越多了。

2. 是非定位

是非定位是从观念上人为地把市场加以区分的定位策略。

进行是非定位而获成功的最典型的例子就是美国的七喜汽水。大家知
道，在美国和国际市场上，几乎是可口可乐和百事可乐的天下，这是两大行
销世界的著名品牌，其他饮料几乎无立足之地。但七喜汽水在广告策划中，
富有创意地采用了是非定位的消费观念，其著名广告"七喜：非可乐"，奇妙
地把饮料市场作了人为划分，分为可乐型饮料和非可乐型饮料进而说明，七
喜汽水是非可乐饮料的代表，故意引导消费者在两种不同类型的饮料中进行

选择。这种"非可乐型"的构思，在产品定位的时代是件了不起的广告策划，它在人们的心目中确定了非可乐市场上"第一"的位置，致使销量不断攀升，数年后一跃而成了美国饮料市场三大王牌之一。

思考题

1. 产品的价值体现在哪些方面？
2. 为什么说深入的产品分析是现代广告策划中的重要一环？
3. 简述产品定位的依据及定位策略。
4. 试从产品价值的角度分析，如何使广告定位更加准确？
5. 如何通过广告策划来塑造良好的产品形象？
6. 从广告策划的角度讲，应如何分析产品的物质特点？
7. 在实体定位中，产品特征是否具有决定性的意义？
8. 试通过实例，说明如何运用广告定位策略。

第四章 市场调查与分析

本章内容要点

市场调查是运用科学的方法，有目的地、系统地收集、记录和整理市场信息，借以分析、了解市场变化的态势和过程，研究市场变化的特征和规律，为市场预测、经营决策提供依据的活动过程。

市场调研在整个广告战略乃至产品或服务的整个营销过程中，都扮演了至关重要的角色。

对市场营销环境的分析包括宏观环境分析和微观环境分析两大部分。在分析竞争对手时可着重其整体营销情况和广告形式两大方面。通过对以上诸多因素进行全面的分析，我们可以明确企业的强势与弱势、机会与挑战。

主要术语

产品调查　消费者调查　市场调查　媒体调查
焦点小组　深度访谈

第一节　市场调查的一般方法

一、市场调查的原则

市场调查是运用科学的方法，有目的地、系统地收集、记录和整理市场信息，借以分析、了解市场变化的态势和过程，研究市场变化的特征和规律，为市场预测、经营决策提供依据的活动过程。

市场调查是一种复杂的认识市场现象及其变化规律的活动，必须坚持一些基本原则。

1. 客观性原则

这是市场调查最重要的原则。客观性原则要求市场调查收集到的市场信息和有关资料必须真实准确地反映市场现象和市场经济活动，不能带有虚假或错误的成分。坚持市场调查的客观性原则，首先在市场调查中必须对市场现象、市场经济活动做如实的描述，不能带有个人的主观倾向和偏见，保证市场调查资料客观地反映市场的真实情况。其次，坚持客观性原则，在市场调查中力求市场调查资料的准确性，尽量减少错误。

2. 针对性原则

市场调查的针对性原则是指市场调查要围绕企业经营活动中存在的问题，即调查的目的来进行。任何市场调查都要耗费许多人力、物力、财力，因此市场调查不能盲目进行，企业必须根据要解决的问题（如企业销售额下降）来开展市场调查。市场调查针对性还包括要针对竞争对手进行调查。因为对付竞争已经成为企业经营战略的重要组成部分，要想在竞争中取胜，就必须了解竞争者的实力和优势，从而确定企业的营销策略。

3. 科学性原则

市场调查的科学性是指市场调查的整个过程要科学安排，要以科学的知识理论为基础，要应用科学的方法。

市场调查是企业为达到营销目的而进行的活动。为减少调查的盲目性和人、财、物的浪费，对所需要收集的资料和信息及调查步骤要科学规划。例如，采用何种调查方式、问卷如何拟定、调查对象该有哪些，等等。在调查内容的确定上要科学设计，使调查内容能以最简洁、明了而又易答的方式呈现给调查对象。

市场调查中无论是收集信息资料过程，还是整理分析信息资料过程，都要采用科学方法。

4. 全面性原则

市场调查的全面性原则是指要全面系统收集企业生产营销活动有关的市场现象的信息资料。市场现象不是孤立、静止存在的。市场现象与政治、经济、文化、风俗、法律等社会现象之间，有着千丝万缕的联系；市场现象随着时间、地点、条件的变化而不断发生着变化。在进行市场调查时，必须对相互联系的市场现象的各种影响因素做全面性的调查，而决不能片面地观察市场；必须对市场现象的发展变化全过程进行系统性的调查。全面性原则既是正确认识市场的条件，又是进行市场预测的需要。

5. 经济性原则

市场调查的经济性原则是指市场调查工作必须要考虑到经济效果，要以尽可能少的费用取得相对满意的市场信息资料。在市场调查中，必须根据明确的调查目的，确定市场调查的内容项目，选择适合的调查方式方法。在满足市场调查目的前提下，尽量简化调查的内容与项目，不要加大调查的范围和规模，造成人力、物力、财力和时间的不必要的浪费。市场调查工作和各项工作一样，都要提高经济效益，做到少花钱多办事。

二、市场调查的基本方法

市场调查的方法有很多种分类方法，目前主要是按以下方法分类：

1. 从调查范围分——普查和抽样调查

(1)普查：普查是对全部调查对象逐个进行的调查，适用于不能或没必要用统计报表进行的调查，而且在相隔较长时间后，又必须全面掌握其数量状态的社会现象，也可用于某些小范围的市场调查。优点：①搜集的资料最全面；②调查的结果比较可靠。缺点：①牵涉面广，工作量大，时间性要求比较强；②调查内容项目有限；③只能调查一些最基本、最一般的社会现象，所以普查的应用范围比较狭窄，适应性较小。

(2)抽样调查是按照随机的原则，从总体中抽取一部分单位作为样本来进行观察，并根据观察的结果，从数量上推断总体的结果。特点：抽样调查比普查更节省时间和成本，所以了解市场问题，抽样调查是比较有效的方法。抽样调查选取的样本量较小，但尽量反映所代表的群体的一般特性。优点：①可以获得比较真实、广泛、丰富的第一手资料；②成本较低，调查人员少，花费的财力、物力较少；③调查的内容可多一些，有利于深入市场实际，发现问题的核心。缺点是用抽样调查的结果来推断总体，无法控制误差的产生。

2. 从市场调查的内容分——描述性调查、预测性调查和因果性调查。

描述性调查使用最广泛。特点：对所研究的市场问题作客观公正的回答，如实反映市场的真实情况。优点：它提供的资料和结果，可以使企业客观全面地了解市场的整体全貌。缺陷：只能对现有市场的基本状况进行描述，并不能对未来的市场状况进行很好的预测。预测性调查与描述性调查的区别：①描述性调查是对已存在的市场事实作出描述；②预测性调查是对市场可能出现的问题进行预测，或者是寻求某一市场问题的答案；③预测性调查的缺点在于要找到调查问题的答案的难度较大。因果性调查技术含量要求最高，主要是用于确定市场中的某些变量是否引起或决定其他变量，两者之间是否存在因果关系。

三、市场调查其他方法

1. 文案调查法

文案调查法是市场调查人员确立了市场调查的目的后，通过多种途径收集各种相关资料，并对这些数据资料加以整理、归纳和分析，从而得出可帮助决策层作出判断的调查报告。文案调查法又被称为间接调查法或二手资料调查法。

（1）优点：①节约调查时间；②节约人力、物力；③节约费用；④宏观了解市场信息；⑤纵向分析市场情况。

（2）缺点：①数据与需要的匹配性问题；②数据的准确性问题；③数据的时间性问题。

文案调查法的实施流程如下：①确定市场调查的主题或目的；②判断所需资料及最佳来源；③分配执行人员进行资料收集工作；④将所有收集上来的资料进行筛选；⑤归纳整理有用资料；⑥对资料进行分析演绎；⑦形成调查报告。

2. 焦点小组法

（1）小组座谈会又称为焦点座谈会，其主要形式是，由一个经过训练的主持人，围绕一个主题以无结构的自然的形式，与一个小组的被调查者交谈，主持人负责组织讨论。优点：①获得的信息量大，质量较高，资料收集快、效率高；②可以将整个过程录制下来，以便于事后进行分析，进行科学检测；③参与者能畅所欲言，以准确地表达自己的看法；④是互动式讨论，有利于多方面多角度听取建议。缺点：①被访者可能不具有代表性；②对结果的分析可能带有主观性。

3.深度访谈

深度访谈是一种针对单个个体的、非结构化的访谈方式，它要求单个被访者对于研究者所关心的话题说出自己的想法、观点和感受。目的是，通过与被访者之间面对面的沟通，探求其态度和行为的深层次原因。深度访谈的原因是：①所讨论的话题是保密的；②话题令人尴尬；③话题比较敏感；④同伴的压力会影响被访者的回答；⑤被访者是专家。

4.观察调查法

观察调查法是由调查人员直接在现场观察被调查对象的行为，并加以记录而获得信息的一种方法。有时，观察法也可以借助某些仪器来实现。使用观察法进行调查，调查人员不直接向被调查对象提有关调查的问题，而是通过观察被调查对象的行为、态度和表现，并且记录下这些行为痕迹，来获得所需的资料，用以对市场进行调查分析。观察法使用的设备有录像设备、受众测试仪、眼动仪。观察法优点：①直观性和可靠性；②观察到的是被调查者单方面的活动；③简便、易行、灵活性强。缺点：①成本高，要大量观察员到现场做长时间观察，调查时间长，调查费用支出较大；②对调查人员的业务要求较高；③只能用于描述性的市场调查。

根据观察是否直接参与到被观察活动中去，将观察法分为直接观察法和间接观察法。

（1）直接观察法是指调查人员置身于观察活动中进行观察，如非常有名的"神秘顾客法"就是一种直接的观察。

（2）间接观察法是指调查人员以"旁观者"的身份对被调查对象进行观察。间接观察法按观察对象来可分为店铺观察、流量观察、顾客观察等。

神秘顾客法指调查人员伪装成消费者，直接到某一特定场所进行消费。通过在整个消费过程中与销售人员接触，以取得有关产品及消费环境的比较真实、深入的资料。

5.问卷调查法

问卷调查法是以书面提出问题的方式收集资料的一种研究方法。调查人员将所要研究的问题编制成问题表格以邮寄、当面作答或者追踪访问的方式让被试者填答，从而了解被访者对某一现象或问题的看法。问卷调查法有四种方法：个人访问、电话访问、信件访问、互联网访问。前两种是现在市场调研中最为常用的两种方法。互联网访问是一种比较新型的访问方法。信件访问的方法，在现在中国市场调研中使用的频率最少。

问卷调查法的特点。问卷调查法有很大的优点。①问卷易于操作，不受人数限制,因此抽样范围较广,在时间和经费上也比较经济;②收集的数据比较可靠;③数据的编码、分析和解释都比较简单,因为样本具有代表性,所以对总体情况的判断较为合理。

问卷调查缺点:①被调查者可能不愿意,或者不能够提供所需的信息,提供的信息可能不准确。②封闭性问题限制被试选择答案的范围,使某些类型的数据的有效性受到损失。③对复杂的问题,不能用问卷的形式表明。④问卷的设计需要很高的专业水平,问题的数量、措辞都会影响被调查者回答问题的态度,以及给出答案的质量。

第二节　广告市场调查

一、广告市场调查的重要性

市场调研在整个广告战略乃至产品或服务的整个营销过程中,都扮演了至关重要的角色。市场调研的研究员好比是个医生,他要为产品进行化验、检查,看看身体是否正常,是否适应周围的环境,如果有病看看有些什么病,有些什么症状,然后就要对检查结果进行研究。最后开出一个药方,然后病人就拿着这个处方去配药。当然,这个药方怎么配很有学问。

(1)广告调查为广告策划提供科学的依据。

(2)广告调查为广告设计提供具体的资料。

(3)广告调查为广告效果的测定提供重要依据。

二、广告市场调查的基本步骤

(1)与客户洽谈,制作市场调查策划书。策划书中通常要包括这些主要内容:调研目的、研究内容、样本容量、抽样方式、调查区域、调研费用、调研进程、付款结算方式等。

(2)设计调研问卷,并开始抽样。(进行预调查,收集资料,关键条件的设定以便复查,随机抽样、任意抽样,要注意被访者需在无意识条件下进行。)

(3)实施(培训访员,督导监控)。

(4)复核抽查(通常另有一份复核问卷)。

(5)数据处理(包含编码录入)。

(6)撰写报告(要有综合分析,体现调研报告的质量)。

（7）给客户作提报陈述（presentation）。

（8）收款。

三、广告市场调查的内容

广告市场调查的内容大致可以分为以下五个方面：

1. 产品（或劳务）调查

对于产品的调查主要包括两个方面：

首先是有关产品的详细情况。包括厂家的生产能力、产品的原料来源、工艺水平、用途，以及产品的包装、质量和价格等，这些都会对消费者产生明显的影响。

其次，对产品所处的生命周期有所了解也是非常必要的。

2. 消费者调查

消费者是广告信息传播的接受者，是广告宣传的对象。

对于消费者情况的调查具体分为：

（1）消费者的基本情况。包括年龄、性别、职业、民族、信仰、教育程度、收入状况、家庭结构等。这些基本情况不同，就会产生不同的需要，不同的购买方式，对这些情况的了解，有助于对广告目标的确定。

（2）消费者的心理因素。了解消费者的消费需求、购买习惯、购买动机，对于确定商品的目标市场很有帮助。而且，可以帮助广告策划者找到广告有效的诉求点和诉求方式。

3. 市场调查

这里所说的市场调查是狭义的，它是指对与广告活动密切相关的市场情报的调查。它主要包括：

（1）市场所在地的政策法规。

（2）市场容量调查。

（3）影响市场需求因素的调查。

（4）市场竞争性调查。

4. 媒体调查

媒体是广告信息得以传播的载体，对媒体的调查有助于确定广告具体选用哪种媒体或是哪几种媒体的组合。广告媒体的种类繁多，主要有报刊、广播、电视、直邮、户外媒体、焦点媒体，等等。各种媒体的性质、功能、特点都有所不同，即使同一类型的媒体也有不同的覆盖面。因此，广告策划人员为了合理运用媒体，花最少的刊播费，取得最佳的传播效果，必须对广告媒体有详尽了解。

5.广告效果调查

广告效果调查即广告效果测定，是广告调查一个重要组成部分，又可以分为事前测定和事后测定两部分。当一个广告主在广告上投资上万元甚至上百万、上千万元后，他必然要知道他的投资能否得到收益，广告效果测定为他的投资提供了保证。对于广告效果的测定不仅仅体现在广告活动结束之后，它还体现在广告实施的各个阶段，对广告策略的适应性和实施情况随时进行了解。

第三节　广告市场分析

一、市场营销环境分析

1.市场营销环境的构成

企业的市场营销环境指影响企业的市场营销管理能力，决定其能否有效地发展与维持与其目标顾客的交易关系的外在参与者和它们的影响力。它由两个部分构成——市场营销的微观环境和市场营销的宏观环境。

微观环境指与企业密切联系、影响其为顾客服务的能力的参与者，包括企业自身、企业的供应商、产品的营销中间商、顾客、竞争者和广泛的公众。

宏观环境指影响企业市场营销微观环境的巨大社会力量，包括人口、经济、自然、科技、政治、法律、社会文化环境，等等。

供应商——企业——营销中间商——顾客构成了企业市场营销的核心链条，这个链条的每一个环节都对企业的市场营销能否顺利、有效地进行起着重要的影响作用。供应商决定着企业能否获得充足、稳定的生产资料的供应；营销中间商决定着企业能否建立起顺畅的营销渠道以使产品顺利地到达顾客的手中；顾客则决定着产品生产的导向、产品的市场潜力等重要内容。企业自身的条件和运作则决定着企业是否有能力生产出满足顾客需求的产品并开展有效的市场营销活动。

2.企业市场营销环境分析的要点

(1)市场营销的宏观制约因素。

(2)市场营销环境中的微观制约因素。

(3)市场概况。

①市场的规模

· 整个市场的销售额。

· 市场可能容纳的最大销售额。

· 消费者总量。

· 消费者总的购买量。

· 以上几个要素在过去一个时期中的变化。

· 未来市场规模的变化趋势如何？

②市场的构成

· 构成这一市场的主要品牌。

· 各品牌所占据的市场份额。

· 居于竞争优势地位的品牌是什么？

· 与本品牌构成竞争的品牌是什么？

· 未来市场构成的变化趋势如何？

③市场构成的特性

· 市场有无季节性？

· 有无暂时性？

· 有无其他突出的特点？

二、目标市场分析

企业在分析各种不同的细分市场的时候，必须考虑三个因素：细分市场的规模和增长程度，细分市场结构的吸引力，企业的目标和资源。

1. 细分市场的规模和增长程度

企业必须首先收集并分析各类细分市场的现行销售量、增长率和预期利润量。企业只对有适当规模和增长特征的市场感兴趣。

2. 细分市场结构的吸引力

细分市场可能具备理想的规模和速度，但是在利润方面还缺乏吸引力。企业必须明察几个影响细分市场长期吸引力的重要结构因素。

3. 企业的目标和资源

即使某个细分市场具有合适的规模和增长速度，也具备结构型吸引力，企业仍需将本身的目标和资源预期所在的细分市场的情况结合在一起考虑。

三、选择细分市场

在评估不同的细分市场之后，企业就需决定选择哪些和选择多少细分市场。这就是市场选择问题。

1. 无差异营销

无差异营销是指企业不考虑细分市场的差异性，对整个市场都提供一种产品。企业的产品针对的是消费者的共同需求而不是不同需求。企业设计出能在最大限度上吸引购买者的产品及营销方案。企业依靠大规模分销和大众化的广告，目的是在人们的头脑中树立起优秀的产品形象。

2. 差异性营销

差异性营销是指企业决定以几个细分市场为目标，为每个细分市场分别设计产品及营销方案。例如，通用汽车公司努力为每个"收入、目标和个性"不同的人生产一种汽车。耐克运动鞋多达十几种，适合不同年龄的人从事各项体育运动。

3. 集中性营销

集中性营销，这种营销特别适合于企业资源有限的情况。根据这种战略，企业将放弃一个大市场中的小份额，而去争取一个或几个亚市场中的大份额。集中性营销是小型的新兴企业与大型企业竞争时取得立足点的极好办法，同时集中营销意味着高于一般的风险。

4. 选择市场的因素

在选择市场覆盖战略时，需要考虑许多因素。哪项战略最好则取决于企业资源。当企业资源有限时，集中性营销最好，最好的营销取决于产品差异程度。无差异战略更适合于一些同质的产品。此外还必须考虑产品生命周期中所处的阶段、市场差异程度，以及竞争者的市场营销战略。

四、竞争对手分析

在分析竞争对手时可着重其整体营销情况和广告形式两大方面：

1. 竞争对手的整体营销情况

(1)竞争对手的数目，以及从规模、销售增长率、产品或服务知名度等方面比较主要竞争对手的数目。

(2)主要竞争对手的经营历史、财政信贷情况。

(3)主要竞争对手的市场覆盖率和市场占有率。

(4)主要竞争对手在消费者心目中的形象地位。

(5)主要竞争对手的营销手段、方式及特点，其销售渠道及分布，其生产原料供应，资源开发情况。

(6)主要竞争对手产品生产者整体素质，产品生命周期。

2. 竞争对手的广告形式

(1)广告的劝说方式。产品广告与形象广告之间的比例,广告传播的主要媒介。

(2)广告的数量。可通过其广告在几类主要传播媒介上同类产品或服务广告中所占的比率的分析获得。

(3)广告的费用。可通过其广告数量结算得出。

(4)广告与其他推销方法的配合。

在分析时先对每个竞争对手从上述两个方面分析,然后再将每个主要竞争对手的分析结果综合整理,得到较系统的对比资料。通过这些资料,结合本企业的基本情况,可以认清本企业所处的地位,找出目标市场的薄弱环节和出击方向,为广告策划提供必要的依据。

思考题

1. 广告调查可分为哪些类型?

2. 广告调查有哪些基本步骤?

3. 简述广告调查的基本内容。

4. 企业决定市场选择的依据是什么?

5. 简述对竞争对手分析的主要内容。

6. 市场信息获取有哪些渠道?

7. 举例说明,如何运用所学知识进行广告市场分析?

第五章　广告创意

本章内容要点

广告创意是在广告创意策略的指导下，围绕最重要的产品销售讯息，凭借直觉力和技能，利用所获取的各种创造元素进行筛选、提炼、组合、转化并加以原创性表现的过程。广告创意在整个广告活动中是不可缺少的重要环节。

广告创作是创意的延伸和深化，它不仅代表了广告说明的情绪状态和风格选择，而且因为作品类型不同，还形成了创意表现符号的区别。

主要术语

广告创意　创意策略　独特销售主张　品牌形象
企业识别　广告表现　广告信息　广告构思　创意过程
金罗坐标

第一节 广告创意

一、创意和广告创意

1. 创意

在艺术领域,创意这个词较少用,用得更多的是"创造"或"创作"。在英文里,"创造"、"创作"和"创意"都可以是同一个词"create"。根据韦氏大辞典的解释,"创造"的意思是"赋予存在"(to bring into existence),具有"无中生有"、"原创"的意思。

一般在艺术领域,艺术作品的创作者可以把自己的价值观、世界观、人生观、审美意识、兴趣爱好等自由地表现在自己的作品中。艺术作品正是因为张扬了创作者的个性和创作姿态,才有其独特的地位。但是,达·芬奇和凡·高不一定会成为广告大师,虽然后人可以利用他们的伟大作品来做广告。

2. 广告创意

"创意"和"广告创意"的区别首先是运用范畴的区别。

广告创意是戴着"镣铐"跳舞,不是创意人员的天马行空。广告创意因为是广告活动的一个环节,而广告活动是具有商业目的和目标的,是有计划性和程序性的,所以广告创意必然受到各种条件的约束。广告创意人员必须在有限制的自由空间内发挥自己无限的创作潜能。

美国著名的广告创意指导戈登·E. 怀特(Gorden. E. White)将创意称为广告策划中的 X 因子,因为,与媒体策划和广告预算等不同,各种广告创意方法的潜在效力不像其他广告活动决策那样比较容易确定。

戈登·E. 怀特的比喻揭示了广告创意依赖于创造力的一面,正是因为创造力使广告创意看起来像一个不确定的 X 因子。同时,他的比喻也强调了不同广告创意方法很难进行潜在效力的比较。这也就是许多杰出的广告几乎胎死腹中的原因。而许多被客户否定的广告创意是否会有效也都将成为永远无法解开的谜。

美国广告大师李奥·贝纳认为,所谓创意的真正关键是如何运用有关的、可信的、品调高的方式,与以前无关的事物之间建立一种新的有意义的关系的艺术,而这种新的关系可以把商品某种新鲜的见解表现出来。

李奥·贝纳的看法强调了创意是与以前无关的事物建立一种有新意义的关系。同时,值得一提的是,他强调了运用"可信的、品调高的方式",这对于今天许多喜欢信口开河、制造虚假广告的人是一种很好的告诫。

中国传媒大学广告学院丁俊杰教授认为，广告创意最不可忽视的本质是"讯息"，广告创意是使广告讯息得到更好的传达，使广告对诉求对象起到更好的作用的手段。好的创意，必须有明确的讯息策略的指导。不包含讯息的广告创意，即便表现奇特，也很难成为好的创意。他用一个公式来概括广告创意：广告创意 = 创异 + 创益

创异，就是要使广告与众不同。为什么要做到与众不同呢？这就是广告创意的讯息传播方面的任务。广告只有与众不同，才能在广告泛滥的世界中引起消费者的注意。有人说，我们的时代已经进入了注意力时代，注意力是财富和力量。这种说法，用于在广告方面，是再合适不过了。广告要获得成功的第一步是引起消费者的注意。"创异"的首要目的就是吸引注意力。这一点，随着网络的出现和普及已经显得越来越重要。网络广告如果不吸引人，上网的潜在消费者可能就会视而不见，甚至绕道而行。

注意力的流失，是广告失败的主要原因之一。

创益，就是要使广告产生效益。大多数广告是商业广告。企业做广告的目的是获利。一条广告如果不能给企业带来效益，就不算是成功的广告。

然而，在依靠广告进行品牌的建设中，广告的效益却得不到准确的计算。广告对品牌作出的贡献所能带来的利润往往隐而难现。这种情况，使许多企业内的人员把广告视为一种支出。这种认识使许多企业越来越依赖促销。而为促销所做的广告，广告的"创意"通常被等同为短期的"创益"。对短期利润的追求是否会有损于长期利润长期以来一直处于争论状态。然而，已经有不少的案例正显现出追求短期利润对品牌的侵蚀。关键的问题是，众多企业为了生存或获得更好财务报表形势而追求短期利润正形成一种不可逆转的恶性趋势，许多企业明明知道长此以往，企业的利润必将受到损害。

透视这种现象，我们不难发现，当广告创意没有力量时，借助于促销追求短期"创益"的倾向就可能加强。广告创意如果对自己的"创益"能力缺乏自信，势必借助于较易获取短期利益的促销。反过来，更多的促销广告将会提高消费者的价格敏感性，从而又影响对心灵诉求、对价值诉求的广告创意的"创益"力。如此，便可能形成恶性循环。如果企业无限制地利用促销，不仅广告创意事业会受到损害，消费者的利益其实也有受损的危险。不久前就听到一个女孩说，她在商品促销期间兴致冲天地买了一大堆名牌衣服，结果过了几天冷静下来一看，发现有一半是不合适自己的。然而当时为什么买呢？只是因为看到价格便宜。

也有观点认为，广告创意是在广告创意策略的指导下，围绕最重要的产品销售讯息，凭借直觉力和技能，利用所获取的各种创造元素进行筛选、提炼、组合、转化并加以原创性表现的过程。关于这个定义，有几个要点：

(1)广告创意策略是广告创意的指南。

(2)广告创意必须以传达最重要的产品销售讯息为核心。

(3)广告创意在某种程度上必须依靠直觉力。但是，广告创意也要有一定的技巧。创意中技巧要通过长期的学习和实践获得。

(4)各种创造元素来自于无意识的积累和有意识的学习。任何学科的知识，任何方面的经验都可能成为广告创意所需的创造元素。

(5)广告创意是一个动态的过程。

(6)广告创意应该是具有原创性的。

(7)广告创意含有表现的成分。

二、广告创意在广告活动中的重要性

1. 广告创意在整个广告活动中是不可缺少的重要环节。

广告创意工作通常在客户定向说明会之后开始。客户主管作为广告公司代表，在参加广告客户召开的定向说明会之后，向广告公司内部汇报定向说明会的内容，同时组建由市场营销、创意等部门组成的项目小组，进行综合性广告方案的策划，广告创意是综合性广告方案的关键一环。

通常所说的广告创意是狭义的广告创意。狭义的广告创意通常和广告表现联系在一起。用形象一点的说法，我们可以说，广告创意就像是广告作品的灵魂，广告表现是广告作品的肉体。广告作品是可以看得见的，而广告创意则是在视觉形象和以及各种符号背后的思想。视觉形象和以及各种符号是广告创意的外显，它们构成了广告作品。

广义的广告创意可以体现在整个广告活动中。它可以包括媒体创意、促销创意、公关创意，等等。在实际操作中，其实广告创意的思想往往渗透整个广告活动。值得注意的是，随着近年来企业对促销重视程度的提高，越来越多的广告创意其实演变为一种促销创意。对促销的日益看重，其好与坏一直处在争论中。众多的学者和实践者从不同的角度、不同的立场对这一现象提出了不同的看法。但是，毋庸置疑的是，这种趋势的确对广告创意人产生了影响。

不论是狭义的广告创意还是广义的广告创意，有一种广告创意被人们称为"大创意"。所谓的"大创意"是指广告创意的核心策略在横向和纵向上都具有延展性。

2. 广告创意在广告中的作用

广告创意的作用何在？许多人会对此提出疑问。我们已经知道，广告是一种信息传播活动，然而，传播效果如何却是一个变量。不论从哪个角度检视，广告创意都是影响传播效果这一变量的重要因素。

广告创意必须使广告客户的信息有效地发送出去，而且仅仅发送出去还不够，广告创意还必须使信息的接收者乐于接受信息。只有完成这种任务，广告才有可能影响消费者的认知、偏好以及具体的购买行为。

广告创意人员置身于广告客户和消费者之间。广告创意人员必须基于广告客户的产品和服务，从消费者的角度进行思考。哈尔斯特宾思说："广告创意者是这样一种人：他们对事实进行加工，将其化为一种创意构思，注入感情，让感情打动大众，促使大众去购买。"打动大众的方法有多种，既可以利用感性诉求，又可以利用理性诉求。因此，哈氏的这种看法却有偏颇之处，广告创意的作用是"打动大众，促使大众去购买"的说法则非常准确地揭示了广告创意的任务。

3. 广告创意要经过一个策略发展过程

在开始广告创意之前，必须明确广告任务，发展销售信息。如果广告销售信息不明确，或者没有提供消费者明显的利益，或者无法解决潜在消费者遇到的问题，则这样的广告几乎不可能成功。

发展销售信息是广告创意的必经之路。然而，发展出销售信息却并不等于广告创意的必定成功。但是，发展有效的、有利的销售信息是广告创意成功不可缺少的保证之一。没有一个公式可以帮助你产生奇妙的创意，但是，却有一套科学有效的、系统的方法来帮助我们发展有效的销售信息。这些有用的销售信息运用于广告，成为向消费者传达的广告信息。

4. 广告创意前的基本思考

如果想产生有用的广告创意，广告创意人必须对营销原理有所了解，同时，必须从传播的角度去思考问题。广告创意人不一定要是营销专家或是传播学者，但是必须了解自己的消费者，了解自己的广告要对谁说话。广告创意人不一定要能说会道，但是必须懂得传播沟通。如果广告创意人不能实现有效的传播沟通，广告是不可能成功的。

广告创意人一定要对需要做广告的产品或服务作充分的了解。如果是适合自己使用的个人消费品，广告创意人要尽量去尝试使用广告的产品或服务，去体验消费者使用商品或服务的真实感受。这一点说起来简单，做起来却实在不易。

　　广告创意人同时也要分析竞争对手的情况，了解他们的产品或服务有何优点和缺点，了解竞争对手的广告是如何做的。这样，才能给自己的创意找一个恰当的方向，选择一种合适的策略，或是正面对抗，或是侧翼进攻，或是另辟蹊径。

　　广告创意人在筛选提取销售信息时，必须考虑如果消费者看到这项或那项销售信息时，会有什么反应和行动。同时，广告创意人应思考消费者为什么会有这样或那样的反应和行动。目标消费者在看了广告后，是不是开始喜欢这个产品了呢？他们会去商场买这个产品吗？他们会直接通过广告邮购吗？他们看了这则网络广告后会立即在网上订购吗？广告创意人应该尽量把可能出现的情况预先想到，并从中作出最好的选择。

　　广告创意人还应该想一想广告预算的多少。商业广告是一种付费的传播。广告创意人必须在广告预算限定的范围内开展创意，否则，广告创意是无法得以实现的。尤其是电视广告的制作花费巨大，动辄几十万、几百万，广告创意者必须对自己的创意要花多少钱有个估计。广告预算是对广告创意人在金钱方面的限制，并不是对创意的限制。很少的预算下同样可能产生好的创意。

　　总之，广告创意人在创意之前必须多多考虑各种因素，尽量全面地掌握各方面的材料。当然，各种材料并不一定是靠个人获得的，它们往往是全体广告策划人员共同分析整理出来的，而且通常都经过客户的审核。

三、创意指导性清单

　　当经过调查研究，广告策略已经制定之后，如果你是广告创意人员，你就必须反复咀嚼广告策略的分析过程，然后在前面广告策略文本基础上拟订一份创意指导性清单。因为广告策略和创意策略常常是一个概念，所以有时广告策略文本本身就包含创意指导性清单，但是，你最好花点时间再细致地整理一遍。

　　大多数著名广告公司在长期的实践中都发展出发展创意策略的程序或方法，有的还制定了相对固定的策略发展格式。

　　为什么他们要制定发展创意策略的程序或方法，甚至是看起来很死板的格式呢？这主要有以下几个原因：

　　第一，一套相对稳定的发展创意策略的程序或方法，能够为广告创意提供指导，发挥指南作用，广告创意就有可能沿正确的方向进行。

　　第二，一套相对稳定的发展创意策略的程序或方法，能够使参加广告创意的人员和相关人员在目标市场、销售信息等方面达成共识。

第三，一套相对稳定的发展创意策略的程序或方法，可以使广告创意人员以全面的观点看问题，同时保证广告信息是从消费者的角度出发，而不是从广告主的角度发展出来。

第四，一套相对稳定的发展创意策略的程序或方法，可以为广告活动的展开和控制提供蓝本，同时也有利于在实施过程中最迅速地对问题加以调整。因为，最精细的计划也不可能面面俱到，十全十美，更何况市场和人心皆处于流变之中。

典型创意指导清单的内容如下：

(1)关键事实。在这一部分中，要从消费者的观点把一切有关产品、市场、竞争、用途等资料整理出来，加以系统的陈述。关键之处是要发现是什么原因使消费者不购买本产品或选择本服务，或者发现是什么原因使消费者转换了品牌。在这里，一定要确认可以使广告能够解决的问题是什么，必须提取出一个也是唯一需要加以解决的问题，并且，这一问题应该以消费者的观点陈述，而不要以广告主想当然的立场出发。

(2)首要的营销问题。在这一部分中，要以营销的角度出发，以营销者的观点加以陈述。这个营销问题可能是产品认知问题、一个市场上的问题、一个竞争上的问题，但是它一定要是广告可以施加影响的问题。有些问题是广告无法解决的。一定要明确广告可以做什么，不可以做什么。

(3)广告目的。在这一部分，要将期望广告对目标消费者发生的影响作一个简明的描述。通常，广告目的是改变知名度、偏好度、信服度等传播方面的效果。比如，"在未来三个月内提高某某产品的知名度"就是一个广告目的。

(4)广告目标。广告目标是广告目的的量化。比如，"在未来三个月内使某某产品的知名度达到百分之多少"就是一个广告目标。

(5)创意策略。创意策略要考虑以下几个方面。

第一，确认目标市场。描述目标市场要尽量仔细、尽量完整。

● 目标市场规模：应该描述一下目标市场大概有多少人。

● 地理特征和地域性特征：不仅仅要描述目标市场居住或长期活动于什么地方，比如哪个省、哪个市，还要说明那个地方的具体细节，比如一级城市或三级城市等，描述得越具体越好。因为，这些信息对于创意人员的思考可能具有巨大的帮助。

● 目标市场的季节性差异：不同的季节会对消费产生不同的影响，有些产品的消费受季节性影响很大。而且，由于我国地域宽广，跨越多个气候区，因此即使在同一个季节，各地的气候状况也不同，目标市场也存在着差异。这个因素广告创意人员必须加以考虑。

- 人口统计学资料：包括年龄、性别、收入、婚姻状况、教育程度，等等。
- 心理特征：包括气质、个性等等因素的描述。
- 媒体接触特点：可以通过列表的形式把消费者所接触的媒体列出来。这些媒体是消费者接触的媒体，不是媒体计划一定要加以使用的媒体。媒体接触的特点可以细致到具体的媒体种类、电视广播的时段甚至是具体的版面属性或节目。媒体接触的频次也是应该加以描述的因素。
- 消费行为特点：包括对消费者的购买习惯、使用频次等的描述。

第二，定位或区隔。在这一部分中，不是要把属于这一种类的每一种产品或品牌都列出来，而是要为了广告创意而确认本产品或品牌所要竞争的市场区隔或范围。广告创意人必须要清楚地知道竞争对手给消费者的承诺是什么，以便于清楚地说明本品牌或产品有什么独特之处，才能为本产品或品牌在市场和消费者心目中找到属于自己的位置。

第三，承诺。通常是把产品或服务能为消费者提供的最为重要的利益用简练和明白的一句话加以表述。一个广告承诺应该注意以下几点：

- 承诺必须提供消费者利益或能够解决消费者的问题。
- 承诺所提供的利益或所解决的问题对于消费者来说必须是重要的，并且是潜在消费者所欲求的。
- 承诺必须是和产品或品牌相融合。
- 如果广告采用竞争策略，承诺一定要具有明确的竞争性。

第二节 几种经典创意法

在现代广告运作体制中，广告策划成为主体，创意居于中心，是广告的生命和灵魂。

一、广告创意观念

广告创意观，即是对广告创意的基本观念，是如何看待广告的核心观念，是进行广告创意的指导思想。自 20 世纪以来的创意理论流派大体上可以归纳为"艺术派"、"科学派"和主张广告是科学与艺术相结合的"混血儿派"。它们之间既有显著差异，又有共同点，并且是随着现代的变革和营销、传播的发展又有所演变和超越。

1."艺术派"广告创意观

艺术派强调广告的艺术性和情感作用，伯恩巴克是这一派公认的代表人物，其观念集中体现于"创意指南"。李奥·贝纳是芝加哥学派的领袖，他的"戏剧性"观念具有重大影响。

(1)伯恩巴克与 ROI 理论。伯恩巴克被视为"艺术派"的代表人物和旗手。美国广告史学家 S.福克斯这样评价伯恩巴克："在一定程度上，可以说他是自己时代最有创造力的广告人。他对 20 世纪 60 年代创意革命的贡献可以说比别的任何人都要多。"

伯恩巴克的创意理论，是针对 20 世纪 60 年代广告过分追求科学调查、遵循过多的广告规则而导致广告千篇一律的弊端中提出的。他的基本理念为：广告的本质是艺术。他的格言是："怎样说"比"说什么"更重要。他对此解释："如果你没有吸引力使人来看你这页广告。那么，不管你在广告中说了些什么，都是浪费金钱。"伯恩巴克的创意观集中体现在 ROI 理论中，他认为：一个好的广告必须具有三大特性，即相关性、原创力与冲击力。

①相关性。相关性是指广告必须与商品、消费者、竞争者相关。伯恩巴克说："如果我要给谁忠告的话，那就是在他开始工作之前要彻底地了解他要做广告的商品，广告并不能为一个商品创造出优势，它只能传达它。"又说："你一定要把了解关联到消费者的需要上面，并不是说有想象力的作品就是聪明的创作了。"找出商品最能满足消费者需要的利益点，这是相关性的要旨。这种利益点可以分为理性利益点和感性利益点。

相关性内涵很丰富，按照广告创意相关对象的不同，可分为与产品的相关性、与消费者的相关性、与竞争者的相关性；按广告创意相关方式的不同又分为直接性相关与间接性相关；按广告创意相关诱导的不同又分为感性相关与理性相关。

②原创力。原创力是指在广告创意上突破常规，与众不同，想人之所未想，发人之所未发。一句话：与众不同。伯恩巴克创作的一则汽车广告中，不说"这是一辆诚实的车子"，而是突破常规说这是一部"不合格的车"。通常的广告都是"自卖自夸"，突然冒出一个"自说坏话"的广告，读者哪能不好奇。当人们不由自主地看过广告文案之后，"诚实"的说辞就深入他们的内心。

原创力为广告注入了生命，原创力是广告的灵魂。富于原创力的广告，才能够直达目标受众的心灵，为消费者提供惊喜。当然，要与别人不同，首先必须知道别人是怎么说的，并较好地预见别人还会怎么做。其次是切入点和表现方式要有创新，要能激起受众的共鸣，否则难避为创意而创意的窘境。

③冲击力。冲击力是与相关性、原创力密切关联、相互贯通的。冲击力即是广告产生的冲击、震撼消费者心灵的魅力。伯恩巴克说："法则是由艺术家打破的；令人难忘的作品永远不可能脱胎于一种模式。"具有冲击力的广告佳作，必然是出人意料、原创力强、与目标消费者利益相关、容易激发共鸣的作品。例如，仁和可立克投放的两则感冒药电视广告采用了故事式场景的手法，把"不得了啦"的惊呼声作为感冒患者心理状态的夸张表达形式，然后由作为代言人的知名演员镇定自若地推出产品，前后场景对比分明，冲击力强。

(2)李奥·贝纳与"戏剧性"理论。李奥·贝纳被誉为美国20世纪60年代广告创意革命的旗手和代表人物之一，是芝加哥广告学派的创始人及领袖。他所代表的芝加哥学派在广告创意上的特征是强调"与生俱来的戏剧性"。

李奥·贝纳说："在我们的基本观念之一，是每一商品中的所谓'与生俱来的戏剧性'，我们最重要的任务是把它发掘出来加以利用。""每件商品都有戏剧化的一面，当务之急就是要替商品发掘其特点，然后令商品戏剧化地成为广告里的英雄。"万宝路香烟广告是"戏剧性"理论的经典案例。万宝路原本被定位为女性香烟，由于市场容量有限，销售量一直上不去。李奥·贝纳大胆对其进行"变形手术"，把原来定位为"女士香烟"的万宝路重新定位为"男子汉香烟"，并在新的广告中借用美国牛仔把男性描绘成"粗犷"的形象，成为世界广告史上的杰作。可见，要发现商品"与生俱来的戏剧性"，关键是需要深切了解该商品，需要深刻把握消费者的消费动机与底蕴。所谓商品的戏剧性，即是商品恰好能满足人们某些欲望的特性，"能够使人们发生兴趣的魔力"。万宝路牛仔的魔力，其实来自于他在情感和心理上满足了人们成为真正男子汉的欲望。

李奥·贝纳认为，真诚、自然、温情是表现"戏剧性"的主要途径，"受信任"、"使人感到温暖"是消费者接受广告的重要因素。戏剧性应该自然而然地表现出来，而不必依靠投机取巧、刻意雕琢、牵强的联想等手段来表现。他说："我不认为你一定要做得像他们所谓'不合常规'才是趣味。一个真正有趣味的广告是因为它本身非常珍罕才'不合常规'不落俗套。"

综上所述，"艺术派"广告创意强调情感在广告中的特殊重要性，强调广告的趣味性和冲击力，重视消费者的感觉和心灵。被后人视为推情派高手的伯恩巴克，在他的"创意指南"和创作的名篇中体现了以上的原则；奉行"戏剧性"理论的李奥·贝纳和他的那些源自内心情感的佳作，同样表现了以上的创意观。

2. "科学派"广告创意观

(1)瑞夫斯与USP理论。瑞夫斯是美国杰出的创意大师、科学派的代表人物，其著作《实效的广告——USP》影响巨大。他针对当时广告界过分迷信"原创性"和排斥法则的弊病，尖锐地批评广告缺乏理论基础，倡导"广告迈向专业化"，强调科学原则和"实效"。他创造的USP理论是建立在长期深入的科学调查基础之上，对广告实践具有重大指导意义。

USP即"独特的销售主张"，是有关理想销售概念的一个理论，瑞夫斯认为它能让广告活动发挥出实效，是使广告获得成功的秘诀。其本意是指：

①每个广告都必须向消费者提出一个销售主张。该主张必须向消费者明确指出，该产品具体的特殊功效和利益。

②该主张具有独特性，是竞争者不能或未曾提出的。

③该主张必须具有很强的说服力，足以吸引广大消费者前去购买。通过瑞夫斯的代表作——M&M巧克力豆广告，可以直观地了解USP广告的特点。M&M巧克力豆用糖衣包裹，这在当时的美国是唯一的，瑞夫斯抓住这个特点创作了一个电视广告片，画面是两只手，画外音："哪只手里有M&M巧克力豆？不是这只脏手，而是这只干净的手。因为，M&M巧克力只融在口，不融在手。"广告一出，产品名声大振，以至于M&M公司得新建两个厂才能满足飞增的需求。这则广告成功的秘诀是：把产品独特性明确表述为与消费者需要相一致的利益点。

USP对产品的独特性要求很高，这在产品高度同质化的当代似乎很容易使广告创意面临僵局。怎样应付产品同质化的挑战？瑞夫斯认为方法有三：①改进产品和服务，无论产品的内质、外形、包装和服务的改进，都可以为形成USP创造条件；②发现并说明过去没有被提到的产品特性；③说明大家忽略的东西。有一个成功案例可以为后一条作注。广告大师霍普金斯为喜力滋(Soblitz)啤酒提炼USP时强调了任何一家啤酒厂都有而为其他广告所忽略的工序：啤酒瓶是经过蒸汽消毒的。由于诉求点针对着消费者保护健康的利益，喜力滋广告使产品销量一跃而为美国第一。

从上述案例中可以明确看出：广告以区别于竞争对手，满足广泛消费者所需的实际利益为广告的独特主题或独特的诉求重点，并以此为策略增强广告对受众的说服和号召力，从而直接实现广告对商品的促销目的，是 USP 的实质。

（2）奥格威与"品牌形象论"

奥格威被称为"广告怪杰"，在全球广告界负有盛名。他被列为 20 世纪 60 年代美国广告"创意革命"的三大旗手之一，是"最伟大的广告撰稿人"。1963 年，品牌形象经由奥格威的名著《一个广告人的自白》而风行，1984 年出版的《奥格威谈广告》对品牌形象理论又有发展和完善。奥格威的品牌形象论的基本要点为：

①品牌和品牌的相似点越多，选择品牌的理智考虑就越少；为塑造品牌服务是广告最主要的目标，品牌形象是创作具有销售力广告的一个必要手段。比如，各种品牌的威士忌、香烟、啤酒、洗涤剂等之间没有什么显著差别，这时，为品牌树立一种突出的形象，就可以为厂商在市场获得较大的占有率和利润。

②形象指的是品牌个性。最终决定品牌市场地位的是品牌总体上的性格，而不是产品间微不足道的差异。个性鲜明的品牌形象，才能让目标消费者心动和行动。例如在哈撒威衬衫广告中，那位戴眼罩的英俊男士给人以浪漫、独特的感觉，哈撒威品牌的与众不同的个性自然进入了消费者的心中。

③品牌形象要反映购买者的自我意象。例如啤酒、香烟和汽车等用来表现自我的产品。如果广告做得低俗，便会影响销售，因为谁也不想让别人看到自己使用低格调的产品。消费者购买时追求的是"实质利益＋心理利益"。

④每一则广告都是对品牌的长程投资，品牌形象是一种长期的战略。因此，广告应保持一贯的风格与形象。广告应尽力去维护一个好的品牌形象，使之不断地成长丰满。这反映出品牌资产累积的思想。

⑤影响品牌形象的因素有很多，它的名称、包装、价格，广告的风格、赞助、投放市场的时间长短等。这已反映出了在 20 世纪 80 年代末才正式提出的"整合传播"思想。奥格威亲身感受到 Jack Daniel's 品牌威士忌的标签与广告在创造一种"真心诚意"的形象，而他的高价格策略也让他相信它一定比较好。

3."混血儿派"广告创意观

"混血儿派"主张广告既包含科学又包含艺术，广告是科学与艺术的结晶。卢泰宏教授以广告创意是"戴着枷锁跳舞"的生动比喻，表述了这种综合创意观。这也是当今国内外流行的创意观。它体现于定位理论、CI 理论和品牌认同理论中。

（1）定位理论是由美国著名营销专家里斯和屈特在 20 世纪 70 年代提出的，并集中反映在他们的著作《定位：为你的心志而战》中，这是一本关于传播沟通的教科书。1996 年，屈特整理了 25 年来的工作经验，写出《新定位》一书，更与时代贴近，但其核心思想仍源自早年提出的定位论。

定位理论的含义与原则。里斯和屈特认为："定位是在我们传播信息过多的社会中，认真处理怎样使他人听到信息等种种问题的主要思考部分。"他们对定位下的定义是："……定位并不是要你对产品做什么事……定位是你对未来的潜在顾客心志所下的功夫……也就是把产品定位在你未来潜在顾客的心中。"定位，就是让产品占领消费者心志中的空隙。

在里斯和屈特看来，定位的基本原则并不是去塑造新奇的东西，而是去操纵人们心中原来的想法，打开联想之结，目的是要在顾客心目中占据有利的位置。定位的重点不在产品，而是洞悉消费者内心的想法。

《新定位》列举当前消费者的五大思考模式。

模式一，消费者只能接收有限的信息。在信息爆炸时代，消费者会按照个人的经验、喜好或情绪，选择接收相关信息。因此，能引起兴趣的产品种类，就拥有进入消费者记忆的先天优势。

模式二，消费者好简烦杂。消费者需要简明扼要的信息。信息简化就是集中力量将一个重点清楚地打入消费者心中，破除消费者痛恨复杂的心理屏障。

模式三，消费者缺乏安全感。由于缺乏安全感，消费者会买跟别人一样的东西，免除花冤枉钱或被朋友批评的危险。

模式四，消费者对品牌的印象不会轻易改变。虽然一般认为新品牌有新鲜感，但消费者真正能记到脑子里的，还是耳熟能详的东西。

模式五，消费者的想法容易失去焦点。虽然盛行一时的多元化扩张生产线增加了品牌多元性，却使消费者模糊了原有的品牌印象。

定位理论的精华可以概括为一句话：发现消费者的需要并满足消费者的需要。定位，必须真正了解消费者，从消费者的角度来看产品和广告。

（2）CI 理论。企业识别（Corporate Identity，简称 CI），是指一系列符号的组合，这些符号标示着一个企业希望公众如何认识它。CI 由理念识别（MI）、行为识别（BI）和视觉识别（VI）三部分组成。企业理念必须转化在行为和视觉设计中，才能使符号的意义与形式统一，创造出企业形象的独特性和同一性。

公司导入 CI 战略后，对广告提出了新的要求和主张，即形成了广告创意观中的 CI 论。该理论的基本要点是：

第一，强调广告的内容应保持统一性，这种统一性是由 CI 总战略所规定的。广告应注重沟通过程的延续性，应注重持续为品牌增值。

第二，广告应着眼塑造公司品牌形象。单一产品品牌形象应服从和服务公司品牌形象，并成为其重要的有机组成部分。

二、广告创意的原则

原则，即是从无数事实中提炼、概括出的人类智慧结晶，是一种明确的并且可以永存和共享的"客观知识"。广告创意原则的提炼和积累，是人类广告活动进步的体现，也是发展广告教育、造就后备广告人才的必然要求。了解和掌握广告创意原则，是我们在广告活动中少走弯路和取得实效的重要途径。

1. 广告创意的科学性原则

在新的时代，科学技术为我们提供了更优越的创意手段和条件，也对我们提出了更新更高的要求。广告创意的科学性原则，主要包含两方面内容。

(1)广告创意应以科学调查为基础，了解相关的自然、人文科学知识。广告创意应从消费者出发，以调查研究为基础，了解相关的自然科学、人文科学，这是众多广告大师为我们留下的宝贵经验。

伯恩巴克作为"艺术派"旗手，奉劝别人不要相信广告是科学，而他在为大众汽车创制广告前，还是对产品和消费者进行了深入的考察，认定这是一种实惠、诚实、价格便宜、性能可靠的车子。在深入考察的基础上，伯恩巴克创制了一系列广告文上值得大书特写的广告。他还毫不迟疑地运用科学的调查，以验证他的广告产生的效果。由此可见，"艺术派"也并不否定科学调查和违背广告规律。

瑞夫斯在《实效的广告——USP》一书中，尖锐地批评广告缺乏理论基础，只处于随意性很大的经验状态，力主广告必须以科学原则去"创造世界"。瑞夫斯在该书中强调："实效"不等于"有效"。只要广告信息被人看到了，引起人们的注意，就可判为"有效"。但是，只有最终吸引人们来购买广告商品，才算有"实效"。创意的成功与否，"实效"是判断的基础。因此，怎样创作"实效"的广告及怎样评估"实效"，就成了瑞夫斯创意哲学的问题所在。与它相对应的是事实、数据、原则、法则；它的方法是测试、审核、调查；它的工具是统计、图表、数字；它的标准是量度的指标，诸如"广告渗透率""吸引使用率"等等。

瑞夫斯坚信广告的科学性，但并不是把原则和感觉截然分开，而是认为原则与感觉应相互作用、相互渗透。他说："当你必须面临二者必居其一的时候，最好的目标还是把感觉融入诉求中去"，"数字上二加二等于四，可是在本文的意义中，它可以达到六、八直至十。"

被广告大师伯恩巴克视为自己的广告偶像的詹姆斯·韦伯·扬，却与"艺术派"的创意观并不相同。他更重视广告的科学性，重视对消费者的深入调查和了解。韦伯·扬的信条是：生产创意，正如同生产福特汽车那么肯定，人的心志也遵照一个作业方面的技术。这个作业技术是能够学得到并受控制的。他的方法是：博闻强记，努力地收集、积累资料；分析、重组各种相互关系；按人的观察体验人们的欲求、希望、品味、癖好、渴望及其风俗与禁忌，从哲学、人类学、社会学、心理学以及经济学的高度去理解人生；通过研究实际的案例来领会创意的要旨。

在当今，科学性体现于创意和广告运动的每个环节。不仅仅是创意策略，而且在媒体的混合使用上，科学性的调查工作的重要性也被业界广泛认可。

（2）广告创意者应了解新科技，学习和运用相关的科技成果。美国广告专家威廉·阿伦斯在《当代广告学》（2000 第七版）的前言中强调："近年来，广告技巧有了极大的变化。比如，就在刚刚过去的十年中，计算机革新了以往的广告策划、设计、制作以及排期的方法，而新的数字及互联媒介的问世，也引起了广告界的另一场创意革命。"阿伦斯为了突出当今广告的科学性，突出说明科技与广告的结合，"在第七版特别新开辟了一个栏目：科技点滴。各章均有这个栏目，话题涉及无线通信、演示技术、电子预印技术、高分辨率电视、媒体策划软件、直接营销技术，等等"。

在新世纪中，科技与广告的结合日益紧密，并在营销和广告活动的很多方面得到表现。例如，直接营销中就大量运用到计算机营销，由于数据库营销在增加销量上已经显示出了自己的成本效益威力，因而成为发展最快的一种营销方法，增加了直接营销所包含的技术含量。

我国现代广告起步较晚，与美国等广告发达国家相比较，在科学调查和科技与广告结合方面都存在较大的差距，因此，强调广告的科学性具有重要的现实意义。

2. 广告创意的艺术性原则

道德、艺术、科学是人类文化中的三大支柱。任何一件有生命力的广告佳作，都必然具有某种触动人心、给受众带来美感或愉悦的艺术魅力。广告艺术性原则就是让广告具有感染消费者的魅力而达到有效沟通的创意原则。

在2000年亚太广告节中，WOWOW日本卫星频道的广告《奔跑的女人》获最佳影视广告奖。

这则广告的情节，是一个青年女子为赶回家看"WOWOW"频道的节目，一路奔跑着，不断超过别人的经历。奔跑中她与一个跑步的外国老头摔在一起，站起来，两人的鞋子换了个儿，她跑得更快了，而外国老头却穿上了高跟鞋，滑稽地继续跑。她拐过街角，跑入马拉松比赛的队伍，竟然跑在最前面，收看比赛的观众不知道这个没穿运动服的姑娘是谁。桥上，男友正在等她，看她跑过来，张开双臂。她也伸出手臂，然而由于跑得太快，却把男友摔倒在地。小餐馆里，一个小朋友正要吹灭生日蜡烛，却被奔跑的风吹灭了，小朋友一脸惊讶和尴尬。

这则广告在把握好与消费者沟通点的基础上，充分发挥了艺术想象力，以夸张幽默等手法，去巧妙表现观众对WOWOW卫星频道的感受，所以给人留下了极深刻的印象。

3. 广告创意的创新性原则

现代广告可谓集科学性与艺术性于一身。人在物质和精神上的需求是艺术发展的原动力，而科学与艺术的生命又正是在不断创新中服务于人的物质和精神需求。针对人开展的广告活动，离不开创新性与实效性。

广告创意的创新性就是原创性。它来自创意人对生活的观察与思考，以及更多的阅读、更广的视野、更深的人文素养、更多的生活体验。创意人累积了深厚的思想，才有可能形成一个深入浅出的观念。而创新就是在生活中预知并不断发掘消费者的心理需求，或洞察到他的潜在想法。这样，我们就有了创新的和表现创新的机会。

4. 广告实效原则

广告创意的实效性原则，就是要用尽可能绝妙的创意与消费者沟通，通过广告活动取得实实在在的效益，达到预定的广告目的。哗众取宠或耸人听闻的广告，与开拓市场、销售产品的广告创意实效性原则是相背离的。

5. 广告伦理道德原则

广告实效既包含经济利益，还包括社会效益。如果仅仅考虑广告主的经济利益而忽略社会效益，乃至违反广告道德，同样不符合创意的实效性原则。

我们在追求广告实效的过程中，理应具有相应的社会责任感，绝不能忽略或违背广告道德。阿伦斯指出,虚假和误导广告以及由此而造成的危害始于不道德的判断,因此,了解伦理困惑与道德沦丧之间的差别是很有必要的。

道德良知和社会责任感是新时代广告人的起码要求和必备素质,在不断创新的过程中追求广告的经济、社会实效,是新时代对创意者的呼唤。

三、广告创意的产生过程

1. 创意一般过程

创意表面上看是"眉头一皱,计上心来"的灵感,实际上却是"十月怀胎,一朝分娩"的产物。加拿大内分泌专家、应力说的创始人 G·赛利尔认为,创造是一个复杂的思维过程。其过程就好像人类的生殖过程一样要经过以下七个阶段。

(1)恋爱或情欲。指创造者对知识的强烈兴趣、热情和欲望,以及对真理的追求。

(2)受精。指创造者的创造潜力必须用具体事实和知识来"受精",否则其智慧依然是"无生殖力"的。

(3)怀孕。指创造者孕育着新思想。其间经历了无意识孕育的漫长过程,也即十月怀胎的全过程。

(4)产前阵痛。当全新思想完全发育成熟时,创造者感到有一种不舒服,一种"答案即将临近"的独特感受。

(5)分娩。分娩指新思想的诞生,即创意的清晰出现。

(6)查看和检验。像查看初生婴儿一样,使新思想接受逻辑和实验的检验。

(7)生活。新思想被确认之后,开始存活下来,并可能被广泛使用。

塞利尔的比喻非常形象地表明,创造或创意确实存在一定程序的阶段性,存在着一个漫长的过程。从这个过程来认识创意,就可以认清创意的来龙去脉,把握创意的发展规律。

关于创意的发展过程,有多种说法。有美国当代著名创造工程学家、创造学奠基人奥斯本的三阶段论(寻找事实—寻找构思—寻找答案)、英国心理学家 G.沃勒斯提出的四阶段论(准备期—酝酿期—豁朗期—验证期),还有前苏联学者加内夫提出的五阶段论(提出问题—努力解决—潜伏—顿语—验证),以及塞利尔的七阶段论。尽管各阶段论都各有特点,但都反映出创造是一个过程,而不是一个"片段",就如同一口气吃了六个大饼的饿汉。饱足感是六个饼累积后的心理状态而不是第六个饼的功劳。创意的过程论对我们分析和认识广告创意的产生有极大的帮助和借鉴作用。

2. 广告创意的过程

当代著名的广告大师韦伯·扬认为：广告创意的产生如同生产福特汽车那么肯定，创意并非一刹那的灵光乍现，而是经过了一个复杂而曲折的过程。靠广告人脑中的各种知识和阅历累积而成，是通过一连串看不见、摸不着的心理过程制造出来的。为了科学地阐述广告创意的过程，他把它划分为五个阶段：①收集原始资料；②用心智去仔细检查这些资料；③深思熟虑，让许多重要的事物在有意识的心智之外去作综合；④实际产生创意；⑤发展、评估创意，使之能够实际运用。韦伯·扬的创意五部曲已获得广告界的广泛认可。下面我们具体介绍广告创意的这五个步骤。

(1)收集资料。收集资料是广告创意的前提准备阶段，也是广告创意的第一阶段。这一阶段的核心是为广告创意收集、整理、分析信息、事实和材料。按照韦伯·扬的观点，广告创意需要收集的资料有两部分：特定资料和一般资料。特定资料指那些与创意密切相关的产品、服务、消费者及竞争者等方面的资料。这是广告创意的主要依据，创意者必须对特定资料进行全面而深刻的认识，才有可能发现产品或服务与目标消费者之间存在的某种特殊的关联性，这样才能导致创意的产生。许多人天真地认为，创意就是一种毫无缘由、不可捉摸的灵光闪现。任何人为的准备，都是对创意的一种桎梏，这是一种非常普遍的错误认识。俄罗斯著名音乐家柴可夫斯基说得好："灵感——这是一个不喜欢拜访懒汉的客人。"灵感的出现都是在长期的艰苦的资料储备和思想酝酿之后，灵感绝不会在一个对创意对象一无所知的懒汉身上"从天而降"。广告创意绝不是无中生有，而是对现有的特定资料进行重新组合的过程。不掌握特定资料，创意就成了无本之木，无源之水。

资料是指那些一切令你感兴趣的日常琐事，也即指创意者个人必须具备的知识和信息。这是人们进行创造的基本条件。不论你进行什么创意，都绝不会超出你的知识范畴。广告创意的过程，实际上就是创意者运用个人的一切知识和信息去重新组合和使用的过程。可以说广告创意者的知识结构和信息储备直接影响着广告创意的质量。

收集资料，用广告大师乔治·葛里宾的话说就是"广泛地分享人生"和"广泛地阅读"。说白了就是要做生活的有心人，随时注意观察生活、体验生活，并把观察的新信息，体验到的新感觉，收集和记录下来，以备创意的厚积薄发之用。

(2)分析资料。在广告创意的前期准备阶段资料搜集完成之后，便进入了广告创意的后期准备阶段——分析研究阶段。在这一阶段，主要是对收集来的一大堆资料进行分析、归纳和整理，从中找出商品或服务最有特色的地方，即找出广告的诉求点，然后再进一步找出最能吸引消费者的地方，以确定广告的主要诉求点，即定位点，这样，广告创意的基本概念就比较清晰了。

对资料的分析研究一般要经过如下步骤：

其一，列出广告商品与同类商品都具有的共同属性。

其二，分别列出广告商品和竞争商品的优势、劣势，通过对比分析广告商品的竞争优势。

其三，列出广告商品的竞争优势带给消费者的种种便利，即诉求点。

其四，找出消费者最关心、最迫切需要的要求，即定位点，找到了定位点，也就找到了广告创意的突破口。

（3）酝酿阶段。酝酿阶段即广告创意的潜伏阶段。经过长时间的绞尽脑汁的苦思冥想之后，还没有找到满意的创意，这时候不如丢开广告概念，松弛一下紧绷的神经，去做一些轻松愉快的事情，比如睡觉、听音乐、上厕所、散步，等等。说不定什么时候，灵感就会突然闪现在脑际，从而产生创意。

化学家门捷列夫为了发现元素周期，连续两天三夜不停地排列组合，却仍未解决问题，他疲劳至极，竟趴在桌子上不知不觉地睡着了，在梦中，竟然把元素周期排出来了，他醒后马上把梦中的元素周期表写下，后来经过核实，只有一个元素排错了位置，其他都正确，他就这样首创了元素周期表。数学家高斯为了求证一个数学定理，经反复思考、研究，始终未能解决。一天，他准备出去旅游（思想放松了），一只脚刚踏上马车时，突然灵感降临，难解的结一下子就解开了。后来他在回忆时说："像闪电一样，一下子解开了。我自己也说不清楚是什么导线把我原先的知识和使我成功的东西连接起来了。"

（4）顿悟阶段。这是广告创意的产生阶段，即灵感闪现阶段。创意的出现往往是"踏破铁鞋无觅处，得来全不费功夫"。经过长期酝酿，思考之后，一旦得到某些事物的刺激或触发，脑子中建立的凌乱的、间断的、暂时的联系，就会如同电路接通那样突然大放光明，使人恍然大悟，茅塞顿开。

灵感的一个显著特点就是从不"预约"和"打招呼"，说来就来，说走就走，来不可遏去不可留，稍纵即逝。正如大诗人苏东坡所说的"作诗火急追亡逋，情景失后难摹"。灵感的这种突发性要求我们，当灵感突然降临时，应立即捕捉住，并记录在案。爱因斯坦有一次在朋友家中交谈，突然灵感闪现，他急忙找纸，一时没找着，竟迫不及待地在朋友家的新桌布上写了起来。

广告的创意准备、酝酿和顿悟三个阶段，正如王国维先生评论做学问的三种境界："'昨夜西风凋碧树，独上高楼，望尽天涯路'，此第一境也；'衣带渐宽终不悔，为伊消得人憔悴'，此第二境界也；'众里寻他千百度，蓦然回首，那人却在灯火阑珊处'，此第三境界也。"经此三境，广告创意并没有完成，它还必须经过第四境，即小心求证阶段。

（5）验证阶段。验证阶段就是发展广告创意的阶段。创意刚刚出现时，常常是模糊、粗糙和支离破碎的，它往往只是一种十分粗糙的雏形，一道十分微弱的"曙光"，其中往往含有不尽合理的部分，因此还需要下一番功夫仔细推敲和进行必要的调查和完善。验证时可以将新生的创意交与其他广告同仁审阅评议，使之不断完善，不断成熟。

例如，大卫·奥格威非常热衷于与别人商讨他的创意。他为劳斯莱斯汽车创作广告时，写了 26 个不同的标题，请 6 位同仁来审议，最后再选出最好的——这辆新劳斯莱斯时速 60 英里时，最大闹声是车上的电子时钟。写好文章之后，他又找出三四位文案人员来评论，反复修改后才定稿。

通过对广告创意过程的了解，我们就可以解开创意的神秘面纱，认清创意的"庐山真面目"，把握创意的发展规律，从而创造出"实效"的广告。

六、广告创意策略

广告创意与广告策略密切相关，广告运动的成功开展，离不开优秀的策略和创意。策略与创意的关系，就如一枚硬币的两面，本是密不可分的。其间的差异在于广告策略偏重于科学的理性思考，广告创意偏重于艺术的感人魅力。真正伟大的创意都蕴涵着正确的策略，真正符合广告运动规律的策略同样包含着好的创意，或可推演出好的创意。

发展策略是一个漫长、沉闷的推理及发现的过程，没有什么捷径可走。然而策略如果没有对其最重要的部分——消费者加以透彻考虑的话，这个策略只能是浪费时间和金钱，即使有一个杰出的创意作品也挽救不了策略的失败。反之，如果你找出来一个理论上非常合理的策略，却用一种呆板、平庸的方式去执行，同样也是浪费时间和金钱。广告目标能否实现，在很大程度上取决于广告策略与广告创意及其两者的配合。

广告创意是为将有关产品的信息通过传播媒介达到目标消费者的一种创造性活动，因此广告创意策略必须研究消费者、研究产品，寻出二者能够沟通的契合点，形成广告信息，然后选择合适的传播媒介，将广告信息有效地传播给消费者。所以，目标消费者、广告产品、广告信息和传播媒介四个方面就成为广告创意策略的组成部分(见图5-1)。

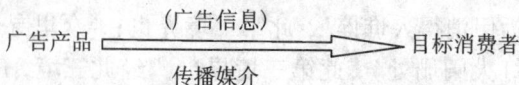

```
　　　　　　　　　　　(广告信息)
广告产品 ═══════════════════════════> 目标消费者
　　　　　　　　　　　传播媒介
```

图5-1　广告创意构成图

　　广告创意虽然最终以一定的广告信息来体现,但是要使这个信息有效,就必须考虑创意策略的几个构成要素。

　　1. 目标消费者

　　目标消费者就是广告将要面对的特定族群。广告主必须了解谁是产品的最终用户,谁购买产品,谁影响购买决策。这就是消费者分析和消费者细分的重要性所在。例如,台湾"旺旺"小食品主要是少年儿童食用,但购买者大多是年轻的父母,因此,企业也针对年轻的家长投放了不少广告。

　　深刻了解目标消费者的行为与思考过程,是制定有效策略的出发点和依据。假设你推广某品牌阿司匹林镇痛剂,你首先要对消费者的生活、工作、娱乐进行细致的观察。例如:消费者的压力是来自于工作、社交场合还是家事?他的焦虑起于要赴重要的晚宴或作业务报告时,还是在华丽的商场购物时?他是如何使用阿司匹林的?一次服用多少?一天服用几次?消费者比较依赖产品本身还是购买地点?消费者受哪些要素影响较深?是新闻报道、口碑、家庭还是产品价格?

　　把握消费者的购买诱因,找出与本产品联系最直接的那个诱因或产品利益点,是创意策略最重要的因素。

　　2. 广告产品

　　创意策略必须思考和研究广告将如何表现产品,这是产品分析的重要性所在。但是,我们常将注意力集中在产品的成分上,却很少从产品中挖掘更深的新颖性及存在于产品中的惊奇,这往往会妨碍创意的思考。我们应该考虑消费者的感觉,探求成分以外的资讯,寻找能够影响产品认知的惊奇。产品概念包含着顾客从产品或服务中得到的全部价值,应该看重思考产品的差别化概念。乐百氏纯净水与其他名牌纯净水在质量上没有多少差异,但是它提出的"27层净化"却容易让顾客产生信任感,这一产品概念使乐百氏纯净水有别于同类产品,从而凸现出其品牌个性。

　　消费者对不同类型的产品有不同的关心度(高/低)和关心度类型(思考/

感觉），不同的产品需要不同的广告加以配合。近年来，美国学者和罗德通过研究发现人们可以同时既有思维投入，又有感觉投入，于是，他们开发出了一种先进的金罗（Kim Lord）坐标（如图5-2）。这个坐标方格表现了消费者对不同产品做出购买决策时的方式和投入程度。购买某些物品，如电脑、轿车、住房等，要求消费者个人认知和情感上都要有大量的投入；对于其他类产品，如洗涤剂，在这两个轴上的投入都比较低。有时，企业的广告战略是使方格内的产品变成一个轴上投入较高的产品。产品在方格中的位置可以显示产品的购买方式（认识—感觉—行动或感觉—认识—行动）和撰写广告文案应该采用的方式（更偏重于情感或偏于理性）。

情感投入（感觉）

	低	高
认知投入（思考） 高	大学 录像机 汽油	汽车 香波 润肤露
认知投入（思考） 低	洗涤剂 卫生纸	贺卡 比萨饼 面包

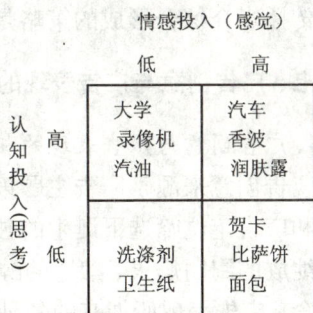

图5-2　坐标方格

3.广告信息

广告主计划在广告中所说的内容，以及通过文字或非文字来表达这个内容的方式便构成了广告信息。文案、美术和制作元素的组合形成信息，而组合这些元素的方法是无穷无尽的。

在广告信息中，每一种品牌与服务都必须以一种源于消费者需求的特殊销售主张来呈现新的定位，能清楚地定义该品牌及其对消费者的承诺。这个销售主张必须提供足够的想象空间，足以让消费者感到惊讶，同时不流于沉闷。如果这一销售主张执行良好，其效益将是非常显著的。

广告信息最忌平庸乏味，只有新颖独到、能打动消费者的广告信息才是成功的广告信息表达。

4.传播媒介

传播媒介是指可以用于传递广告主信息的所有载体，包括传统媒介，例如报纸、电视、广播、杂志、路牌；新兴媒介，例如电脑在线服务、互联网。

在当今这个过度传播的社会里，在可供选择的媒介异常丰富的环境中，如何构思和巧妙选择适当的传播渠道，使广告信息在适当的时机、适当的场合传递给适当的受众，乃是创意组合策略的又一关键因素。

当今，人们一般是通过某种媒介与品牌产生关系的，因此，广告公司必须先搞清楚目标消费者在何时、何地、在什么条件下、以什么方式接触品牌最好、最有效，才能为创作人员确定方向。目标消费者、广告产品、广告信息与传播媒介综合形成的策略是引导优秀创意产生的明灯。

七、广告创意与广告表现的关系

1. 广告创意与广告表现的相互依存

广告创意来源于广告主题策略，是无数次的创意火花在严格的市场策略目标和广告定位筛选下诞生的独特的想象力结晶。而广告表现则是运用创意结晶绽放的绚丽焰火、酿造的醇香美酒。没有准确、独特而"直指人心"的创意概念，广告表现所拥有的各种艺术手段和媒体技术只能产生包装华丽却平淡无味的装饰品，使一切铺陈变得哗众取宠；失去优秀的再创造的配合，缺乏专业水准的创意执行能力，也会使原本精彩的广告创意在转化为具体媒体语言时变得支离破碎或面目全非。

在广告传播活动中，广告创意与广告表现二者是相互依赖、相依相存的，而且两个环节之间往往也没有非常严格的界限，因为不考虑媒体实现的创意是无法放飞的风筝，而不懂得尊重既定创意、任意发展的表现作业则完全成为失去准星的枪，击中目标的可能性会大大降低。

具体说来，广告创意与广告表现的依存关系主要体现在两个方面：

（1）广告创意概念能否成为独具魅力的精品，有待于通过广告表现阶段的再创造借以延展和验证，脱离了既定的预算和可行的技术条件，创意环节就很难在表现环节上得到完美的执行。广告创意可以由于不同的广告表现水准和表现重点而被塑造成多种面貌，如果一个富于原创、角度独特的创意不能通过广告表现阶段产生增值性，就基本上属于创意执行失败。广告表现阶段所承担的主要责任，就是为既定的创意概念创造出具有说服力和具有个性的具体形象。

出色创意被不到位的表现方式所埋没的例子其实不在少数，有时广告的表现水平不低，但分寸的把握失调也同样会降低创意的价值。正如前面说到的，常见的现象是，为了最大限度地使一个好创意发挥作用，同一主题的系列作品越来越多。这种系列作品的副作用是，创作人员发掘表现力的努力会被减弱，每件作品容易出现力度不够的问题。

（2）对于广告表现阶段的作业人员来说，能否得到有价值、有魅力的创意概念，是作业能否成功的大前提。一个出色的创意概念，会激发出广告表现阶段的再创造热情，使广告作品锦上添花。如果没有出色的创意作为资源，广告表现所做的工作是把平庸的诉求加以渲染。牵强的再创造可能会导致广告主题漂移，产生适得其反的作用。

2. 广告创意与广告表现的相互作用

广告创意与广告表现的相互作用，体现在广告创意与广告表现的互动关系及其相互影响上。广告创意对广告表现具有推动和引导作用，广告表现对广告创意具有很强的反作用影响，二者之间形成了作用与反作用的关系。

(1)广告创意对广告表现的制约。广告创意留给广告表现的空间越大、表现角度越独特，广告表现就越能传神地物化广告创意。反过来讲，如果广告创意只是将某一明星装扮成品牌的代言人，广告表现的人物就可能只剩下如何把明星表现得最漂亮或者最滑稽了。

在创意的既定约束下，广告表现要为创意找到最佳的表现语言，营造最有魅力的氛围，还应该对丰富的艺术表现形式进行准确选择，使广告创意得到最单纯、最简洁的诉求途径。这种将创意加以提纯的思考过程，很可能包含着无数的尝试和失败，但如果成功，广告作品就会产生强大的亲和力和竞争力，成为一段时期内广为人知而又难以超越的佳作。

脍炙人口的以色列航空公司的广告，以"从12月23日起，大西洋将缩小20%"的惊人承诺作为创意概念，本身就具备良好的排他性和强烈的说服力。简洁有力的创意概念，催生了完美的同样也是简洁有力的广告表现成果——被撕去1/5面积的海洋照片。正是这一视觉冲击力强、意味深长的视觉表现，把广告创意变成了任何人都能理解、交口称赞的广告佳作：图与文高度吻合、广告形象与主题密切相关，至今被奉为广告创意与表现的经典作品。

出色的广告创意概念，往往能从司空见惯的广告表现手段中发现新的价值，赋予老题材、旧元素全新的寓意和全新的审美价值。这样一来，创意就促进了广告表现的提升，给广告表现开辟了新的视野。

(2)广告表现对广告创意的影响。广告是否能形成劝服力——不仅满足受众的好奇心，还要促使大众产生行动，在很大程度上取决于广告的表现力。广告表现对广告创意的影响体现在以下三个方面：

①广告表现使用的手段直接影响广告创意的说服力。

②广告表现所选取的表现视角关系到创意的排他性。如果能够成功地找到阐释创意的独特视角和视觉元素，就可以使广告创意的排他性得以确立，使人感觉到创意的巧妙，产生"就是这一个"的独特价值。

③广告表现的作业水准能够为广告创意增值。

生活中所见到的广告，由于经费预算、广告诉求的限制，绝大部分都属于简单的告知性信息，富有特色以全原创力的作品数量有限。但也有许多创意平凡的作品在广告表现阶段得到了良好的执行，例如把平淡无奇的饮料罐拍摄得非常新鲜、逼真，或者把画面上的模特塑造得楚楚动人，就会使看似平常的作品能吸引受众的目光并且产生理性的销售力。这表明高水准的广告表现技术尽管不能使平庸的创意生辉，但仍然能使广告的注意值增加并且形成记忆。

八、广告创意的创造技法

创造技法和创造性思维之间存在着相互依存、互相促进的关系。创造性思维是创造技法的前提和基础，创造技法是创造性思维的表现形式，又是开发创意的有效手段；创造性思维为产生创意打通了道路，创造技法则为创意提供了有效的工具和手段。两者的关系如同钓鱼，要钓鱼，首先要找到有鱼的地方，其次还要准备钓鱼的工具，如鱼竿、鱼钩、鱼食等。创造性思维就如同鱼区，创造技法就如同钓具，两者必须有机地配合起来，才能钓到大鱼——精彩的创意。因此，为了探索提高广告创意的技能，有必要了解并掌握基本的创造技法。

自1941年奥斯本发明了世界上第一种创造技法——智力激励法以来，现已发明了300多种创造技法，在这里我们只介绍一些最常用、最著名的创造技法。

1. 头脑风暴法

头脑风暴法是美国BBDO广告公司负责人奥斯本（Alex. F. Osborn）于1938年首创的，英文为"brainstorming"，又称"脑力激荡法"、"智力激励法"。它是指组织一批专家、学者、创意人员和其他人员，召开一种特殊的会议，使与会人员围绕一个明确的会议议题，共同思索，互相启发和激励，填补彼此的知识和经验的空隙，从而引发创造性设想的连锁反应，以产生众多的创造性设想。这种方法简易、有效，因而运用十分广泛。头脑风暴法一般可分为三个步骤进行。

（1）确定议题。动脑会议不是制定广告战略或决策，而是产生具体的广告创意。因此，会议议题应尽量明确、单一，议题越小越好。比如，设计一句广告口号、构筑一条企业理念、命名一种新的产品，等等，越是简单具体，越易于产生创意。

会议主持者最好能提前两天将题目通知与会者，预先思考、准备。与会人数以10~12人最为理想，主持者是会议成功的关键，他必须幽默风趣，能够控制全局，为与会者创造一个轻松又充满竞争的氛围。

（2）脑力激荡。这是整个智力激励法的核心，也是产生创造性设想的阶段。激荡时间一般在半小时至 1 小时之间。在脑力激荡时，必须遵循以下四条基本原则：

①自由畅想原则。要求与会者大胆敞开思维，排除一切障碍，无所顾虑地胡思乱想，异想天开，想法越新越奇越好。

②延迟批评原则。这是极为关键的一条原则，即动脑会议期间不允许提出任何怀疑和反驳意见，无论是心理还是语言上都不能批判否定自己，当然更不能批判否定别人。违反了延迟批评原则，自由畅想便失去了保证。

③结合改善原则。即鼓励在别人的构思上衍生新的构想。只有这样，才可能引发群体思维的链式反应，产生激励效果。

④以量生质原则。没有数量就没有质量，构想越多，获得好构想的可能性就越高。因此，构想不论好坏，一律认真记录下来，最好当时就记录在黑板上。

（3）筛选评估。动脑会议上的设想虽然很多，但可能质量并不很高，有的想法平淡，具有雷同性；有的甚至荒诞离奇，不具有可行性。这时就需要进行筛选工作。比如，按科学性、实用性、可行性和经济效益等多个指标来综合评价，分门别类，去粗取精，最后选出一两个相对甚优方案。此时，绝妙的创意就基本完成了。如果创意还不太完善或者不太理想，可进行第二次智力激荡，直到满意为止，一般隔两三天再激荡一次效果较好。

头脑风暴法虽然具有时间短、见效快的优点，但也有很多的局限性。比如，广告创意受与会者知识、经验深度和广度、创造性思维能力等方面的制约。一些喜欢沉思并颇具创造力的人难以发挥优势。严禁批评的原则给构想的筛选和评估带来一定困难，等等。为此，人们又对此法进行改进，提出了头脑风暴法的两种变形：默写式头脑风暴法和卡片式头脑风暴法。

2. 默写式头脑风暴法

这是前西德的荷立肯，根据德意志民族习惯于沉思的性格，设计的一种以"默写"代替"发言"的脑力激荡法。因规定每次会议由 6 人参加，要求每人每次提出 3 个设想以 5 分钟为时间单元，故而又叫"635 法"。

举行"635"法会议时，先由主持人宣布议题（广告创意目标），解答疑问，然后发给每人几张"设想卡片"，每张卡片上标有"1、2、3"号码，号码之间留有较大的空白，以便其他人能补充填写新的设想。

在第一个 5 分钟里，每人针对议题填写 3 个设想，然后把卡片传给右邻；在下一个 5 分钟里，每一个人可以从别人所填的 3 个设想中得到启发，再填上 3 个设想。这样经过半个小时可传递 6 次，产生 108 个设想。这种方法的优点是它不会出现因争着发言而压抑灵感、遗漏设想的情况，缺点是缺乏激烈的讨论氛围。

3.卡片式头脑风暴法

此方法又分为 CBS 法、NSS 法两种。

CBS 法可分为下面四个阶段：

(1)会前准备阶段。明确会议主题，确定 3～8 人参加，每人发卡片 50 张，桌上另放卡片备用，会议时间大约 1 小时。

(2)独奏阶段。会议最初 5 分钟，由与会者各自在卡片上演写设想，一卡一个设想。

(3)共振阶段。与会者依次宣读设想(一人只宣读一张)，宣读后，其他人可提出质询，也可将有启发性的新设想填入卡片。

(4)商讨阶段。最后 20 分钟，让与会者相互交流和探讨各自提出的设想，从中再诱发新的设想。

此法的优点是参加者准备充分，允许质询、提问，又有利于相互启发和激励。

NSS 法基本与 CBS 法相同，唯一不同的是规定每人必须提出 5 个以上设想。

4.检核表法

为了有效地把握创意的目标和方向，促进创造性思考，"头脑风暴法"的创始人奥斯本于 1964 年又提出了检核表法。

所谓检核表法，就是用一张一览表对需要解决的问题一条一条地进行核计，从各个角度诱发多种创造性设想。检核表法简单易行，通用性强，并且包含了多种创造技法，因而有"创造法之母"之称。

检核表通常从以下九方面进行检核。

(1)转化，即这件东西能不能做其他的用途？或者稍微改变一下，是否还有其他的用途？

(2)适应，有别的东西像这件东西吗？是否可以从这个东西想出其他的东西？

(3)改变，改变原来的形状、颜色、气味、形式等，会产生什么结果？还有其他的改变方法吗？这一条是开发新产品、新款式的重要途径。比如服装行业天天在款式、面料、颜色、制作方法等方面花样翻新；瓜子在味道、颜色上加以改变，因而开发出酱油瓜子、奶油瓜子、辣味瓜子、怪味、混合味等多种瓜子。

（4）放大，包括尺寸的扩大、时间的延长、附件的添加、分量的增加、强度的提高、杂质的添加，等等。例如，洗衣机从单缸到双缸，从半自动到全自动，从低波轮到高波轮，从家用小尺寸到工业大尺寸。

（5）缩小，把一件东西变小、浓缩、袖珍化，或是放低、变短、省略，会有什么结果呢？这能使人产生许多想象。例如"迷你型"收音机、超微缩胶卷的产生，都是缩小的结果。

（6）替代法，有没有别的东西可以代替这件东西？有其他成分、其他材料、其他过程或其他方法可以代替吗？例如，镀金代替黄金，从而产生了镀金项链、镀金手表等等商品，物美价廉。

（7）重组法，零件互换、部件互换、因果互换、程序互换，会产生什么结果呢？例如，在时装创新上，把口袋装在袖子上、上臂部位、臀部等。

（8）颠倒法，正反互换怎样？反过来怎样？互换位置怎样？例如，火箭是探空用的，有人就颠倒一下，发明了探地火箭，它可以钻入很深的地下，探索地球深处的奥秘。

（9）组合法，把这件东西和其他东西组合起来怎样？例如，我们常常用的橡皮头铅笔，就是把铅笔和橡皮组合起来，使人感到方便。

为了使检核表法更加通俗化，人们逐渐改造，提炼出12个"一"的"和田技法"：

①加一加。加高、加厚、加多、组合，等等。

②减一减。减轻、减少、省略，等等。

③扩一扩。放大、扩大、提高功效，等等。

④变一变。变形状、颜色、气味、音响、次序，等等。

⑤缩一缩。压缩、缩小、微型化。

⑥联一联。原因和结果有何联系，把某些东西联系起来。

⑦改一改。改缺点、改不便、不足之处。

⑧学一学。模仿形状、结构、方法，学习先进。

⑨代一代。用别的材料代替，用别的方法代替。

⑩搬一搬。移作他用。

⑪反一反。能否颠倒一下。

⑫定一定。定个界限、标准，能提高工作效率。

如果把这12个"一"的顺序进行核对和思考，就能从中得到启发，诱发人们的创造性设想。

5.联想法

就是由甲事物想到乙事物的心理过程。具体地说，就是借助想象，把相似的、相连的、相对的、相关的或者某一点上有相通之处的事物，选取其沟通点加以联结，就是联想法。联想是广告创意中的黏合剂，它把两个看起来是毫不相干的事物联系在一起，从而产生新的构想。

联想法是一种"有意而为之"的创造技法。一般地说，联想表现为以下四种情形。

(1)接近联想。特定时间和空间上的接近而形成的联想。比如，由傍晚联想到下班，由鸡舍联想到农田等。又如法国的依云矿泉水就成功利用了儿童的可人形象——它用儿童的特征来类比产品，其关联性很能突出产品的特质和功用。具体说来，它是用婴儿的纯洁无瑕引起丰富联想来类比水质的纯净健康。

(2)类似联想。在性质、形状和内容上相似的事物容易发生联想。比如由记者联想到公关人员，由汽车联想到火车。类似联想可以化抽象为想象，使人们更清楚地把握事物的特征。例如，鸡蛋与传呼机本无联系，但一机两用、虚拟传呼给消费者提供的利益承诺就是"生与熟，决定了我们的来电关系"，通过性质的相似性，化腐朽为神奇。广告在"生与熟"上着力，以生熟鸡蛋比喻，当然形象。

(3)对比联想。在性质上或特点上相反的事物容易发生联想。比如由"黑"想到"白"，由"水"想到"火"，由自私想到宽容，由燥热想到清凉。许多冰箱广告、饮料广告、洗涤用品、化妆品广告都是采用对比联想展开创意。例如，MCI长途电话服务公司做过这样一幅广告：

一对夫妇刚到美国电话电报公司，给千里之外的儿子打完电话，母亲双手一摊，眼泪汪汪地问："你知道我们打这个长途电话花了多少钱吗？"

这则广告就是用对比联想法告诉人们：MCI公司的电话价格公道合理。比美国电话电报公司便宜得多，请接受我们公司的服务吧！

(4)因果联想。在逻辑上有因果关系的事物容易发生联想。比如从成功联想到能干，从畅销联想到质量好、功能全。这是广告创意中最常采用的一种方法。比如"全国驰名商标"、"出口销量第一"、"最受消费者喜爱产品"、"金奖、银奖"、"省优、部优"、"总统用的是派克"、"我只用力士"（国际著名影星）。这些充满诱惑力的语言，很自然地引发出消费者的因果联想"既然如此，一定不错"，"既然不错，何妨一试呢？"广告目的由此达成。

6.组合法

组合法就是将原来的旧元素进行巧妙结合、重组或配制以获得具有统一整体功能的创造成果的创意方法。

创造学家认为，组合是创造性思维的本质特征，世界上一切东西都可能存在着某种相关性。通过巧妙的组合，便可以产生无穷的创意。我们所生存的这个纷繁复杂的物质世界，也无非是 100 多种元素，200 多种基本粒子的不同排列组合。打一个形象的比喻，元素的重组过程就好像是转动的万花筒，每转动一下，万花筒的碎片就会发生新的组合，产生无穷无尽、变幻莫测的全新图案。人的思维活动，也如同转动万花筒，人的大脑就像一个能产生无数图案的万花筒。如果你能够将头脑中固有的旧信息不停地转动，重新排列组合，便会有新的发现、新的创造。

组合法主要有以下四种类型：

（1）立体附加。这种组合就是在产品原有的特性中补充或增加新的内容。比如，现在许多洗衣粉广告，讲的"干净"比较多，碧浪洗衣粉的广告创意是"为你解开手洗束缚"。它用三种形式进行了表现。中国古代的刑具、西方的手铐、牢房的栅栏。它把衣服与之相结合就产生了神奇的效果——思想与行动方面的改变。这个系列广告告诉我们洗衣粉不但能洗净衣物，而且还能带给我们自由。

（2）异类组合。两种或两种以上的不同类型的思想或概念的组合，以及不同的物质产品的组合，都属于异类组合。例如，手表与手链，日历与收音机。

异类组合的特点是组合对象（思想或物品）原来互不相干，也无主次关系；参与组合时，双方从意义、原则、功能等的某一方面或多方面互相渗透，整体变化显著。

比如，松下音响和索尼音响的异类组合广告，表现重点就是通过荒诞手段造成一种豪迈壮阔的艺术形象和壮丽的美学风格，使受众产生一种联想，从而在心目中树立起索尼、松下音响的产品形象：纯真、自然和原声效果。企业形象：高大、奇伟和富有生命力。

（3）同物组合。即若干相同事物的组合，如"母子灯""双拉锁"，等等。同物组合的特点：组合对象是两个或两个以上的同一事物。组合后其基本原理和结构没有发生根本性变化，但产生的新功能、发生的新意义，则是事物单独存在时所没有的。

例如，国外有一种昂贵而高质的劳温堡啤酒，在广告宣传中要突出这种高质、昂贵的品质，如果用"劳温堡啤酒——超级品质"这样的标题，就很平常普通。如果能将劳温堡和另一种象征高品质，又被广泛认可的东西，如香槟酒组合起来，便产生了非凡的创意。

（4）重新组合。重新组合简称重组，即在事物的不同层次上分解原来的组合，然后以新的意图重新组合。组合的特点是组合在一件事物上进行，组合过程后会增加新的东西，主要是改变了事物各组成部分间的相互关系。比如搭积木、转魔方就是一种重新组合。

卢布里德姆润肤液用鳄鱼与皮肤重新组合的手法表现其优良的品质，广告中，女郎的皮肤光滑润泽，与之相对照的是一只大鳄鱼，如此暗示该润肤液的功效可谓独具匠心，广告语也很简洁，上句"卢布里德姆润肤液保持长久的湿润"，下句"因为你的基本要求是保护皮肤"。

九、广告创意评价标准

对广告创意进行评价，是使创意更趋完善的重要手段，也是促使广告收到预期效果的关键措施。广告创意的评价就好比是一个过滤器，它能够过滤掉低劣的、平庸的创意，而让优秀的、有价值的得以通过和执行，使其充分体现广告战略和广告主题，并使用于广告表现的图文富有活力，从而提升广告传播的效果。

1.创意评价时间

创意活动是一个过程，创意作品本身的完成，并不意味着创意活动的结束。一个创意诞生以后，在执行前需要测定；执行过程中，又要依环境、条件的变化而作出相应的调整；执行后，还需要对创意活动进行全面的总结。依据创意活动的发展过程及其规律，我们将创意评价的意义分为几个方面来以阐述。

（1）创意过程中评价性思考。创意过程中的评价性思考是一种前瞻性的评价。创意人员开始着手进行广告创意。他们需要思考创意的切入点、创意的主题、创意的表现等诸多问题。然而，在诸多问题中，有一个方面的问题是必不可少的，那就是有关该创意的评价性思考，也就是说，尽管该创意还没有成形，或者说还没有影子，有关创意的评价性思考就已存在。

评价性思考往往制约着创意的方向。一个创意应该达到什么标准，能否达到，通过什么诉求才能更好地达到广告目的，在创意过程中，创意者应有鲜明的目的指向。创意过程中的评价性思考始终就像一根指挥棒，充分调动创意中的多种元素，使其按照同一个目标和谐、统一地运作。如果创意过程中没有评价性思考的话，那么创意活动就会出现"南辕北辙"的情况，甚至会犯"差之毫厘，失之千里"的错误。

正是由于创意过程中评价性思考的存在，创意人员才能更明确创意的宗旨和目的，才能够将创意这个手段更好地服务于其目的，并且在创意活动中不断地纠偏。一个创意刚刚出现，可能是不完整的、不清晰的，需要对其进一步发展和完善，而评价性思考则在创意完善过程中起着催化剂的作用，不断地催生着更好、更新、更有创造性的创意出现。

（2）创意执行前评价。创意执行前的评价是整个创意评价活动中的关键环节。经过创意人员的集体智慧和艰辛努力后，一个创意作品完成了，下一步的工作是将创意付诸执行。然而，在付诸执行前，能不能担保这个已完成的创意是优秀的创意呢？能不能担保在执行后获得预期的效果呢？这是一个令人担忧的问题，如果该创意是低劣的，在执行后将给整个广告运动带来灾难性的后果。因此，对已完成的创意作品进行评价就显得十分重要了。这种评价等于对已完成的创意再次进行审验，以便确保其良好或优秀的程度，预防执行低劣的创意可能带来的不良后果。形象地说，创意执行前的评价好比是配电房里的"保险"，一旦创意低劣，"保险丝"中断，评价通过不了，创意便终止执行。

创意执行前的评价，不仅是对已完成的广告创意作品的评价，以便决定执行与否，而且还可以从多个方案中，经过比较、评判和取舍，筛选出最佳方案，以保证最新颖、最有创造性、最能吸引受众并直接达到目标消费者的创意作品得以通过，从而顺利付诸实施。

（3）广告活动中创意评价。广告活动中的创意评价是一种动态。对于创意人员来说，创意评价不仅仅是在完成创意作品之后才发生的，而是在整个广告活动中都应随时随地进行的评价性思考，从而检查创意作品能否发挥其效果和作用。

广告活动中的创意评价，是具有积极意义的。它可以在实践中进一步检验创意的可行性、有效性，验证创意作品是否发挥了其应有的效果，从而使得这一环节成为衡量创意作品的"试金石"。对于不能得到令人满意结果的创意作品，播出途中也可能停下来，将创意予以修改，有的甚至被废止而"另起炉灶"进行重新创意。

我们知道，事物总是不断变化的。广告活动也会因环境、条件甚至竞争对手策略的变化而变化，作为广告活动服务的创意手段也应由此而作出相应的调整。那么，对创意进行评价性思考更是理所当然的，它可以为如何调整创意提出一个可供参考的依据。

（4）广告活动后创意评价。广告活动后的创意评价更多的是一种总结性的评价。一个创意付诸执行后，乃至广告作品已经面世以后，创意人员为了从创意中得到参考借鉴，要对各个广告的创意进行评价；广告学研究者和广告人员从专业研究的角度或知识拓展的目的出发，也要进行创意评价；听者也可能出于兴趣对广告创意进行评价。因此，创意评价的意义不仅在于对一个创意做最后审验，而且还在于对一切广告创意的导向可能发生积累性影响。而这一切都有赖于广告活动后的创意评价。

广告创意的评价活动，是在一个较大范围内、较广的空间内进行的，它不仅在创意诞生前就应该有，创意形成以后包括执行过程中，甚至执行完成以后，都有一个评价性思考的问题。综合起来看，创意评价的意义是多方面的，其中主要体现在两点：其一，是保证创意能够使广告传播收到预期效果，或者说使广告传播的效果最大化地实现；其二，是为以后的其他创意活动积累经验和教训，提供参考和借鉴，以利于更好地提高广告创意的水平和有效性。

2. 创意评价原则

广告创意评价的标准问题是一个十分复杂的问题。对于如何建立创意评价标准，什么是科学的创意评价标准的问题，长期以来有许多不同的意见和看法，可谓"仁者见仁，智者见智"。

创意应具有相应的评价标准，其评价标准应遵循统一性、科学性和实用性等原则。

（1）评价标准统一性。从理论上讲，建立一个评价标准，并且能够得到大家的公认，对任何创意都可以适用，这是有可能的，然而在实际中却很难办到。因为每一个人在思想观念、知识结构、年龄、职业、习惯、心理状态、评价动机乃至兴趣爱好等各方面都存在差异，对同一个广告作品或广告创意会有不同的看法。因此，从人们的主观因素出发，不可能有统一的评价标准体系。

例如：加利福尼亚"李氏"（Lee）牛仔裤裁剪得体，具有原始的扣边，以保证正宗。它有一幅广告是一个年轻女郎穿着吊带衫和 Lee 牛仔裤，微闭着眼睛，手拿两个圆球似的瓜放在胸前。这则广告在美国获得了好评，但在我国许多人却可能不以为然或持批评的态度。

同样，在我国获得好评并取得切实效果的广告，在国际上有些也难以得到理解和认可，这一方面是因为国家民族间语言和人文的客观差异造成理解上的偏差，另一方面也因为广告创意的评价标准存在差异。

（2）评价标准科学性。一个评价标准体系要具备科学性，它必须是：

第一，体系内各项标准之间应有内在的联系，而不是零碎项的简单堆砌；

第二，该评价标准体系在整体上应该与广告创意活动的规律性相吻合，而不能离开创意活动的规律性另外拟订标准；

第三，该评价标准在使用时不会导致或引起知识上的或理解上的混乱；

第四，该评价标准使用起来是有效的，即用它去评价某个或某几个创意，能得出有意义的结果。

建立科学的评价标准体系，才能保证创意评价的客观、全面而又合理。

（3）评价标准实用性。一种标准应该是评价者能够把握的。如果标准太细太琐碎，不容易把握各项标准的覆盖范围界限，容易出现评价标准交叉使用的情况；反之，如果标准太粗大简略，则不容易得出明确的结果，对最优秀的创意和最低劣的创意来说，这两个极端的评价可能准确，而对大量的处于两极中间的创意的评价，则可能会得出同样的结果。这正如教师对学生试卷答案的评价，用百分制就非常琐细，用及格和不及格两等级制就太粗略。只有粗细适度的标准，对评价者的把握使用才有实用意义；也只有所制订的标准具有实际操作价值，才能在实际中得以运用，从而产生积极的意义和作用。

3. 广告创意评价一般标准

广告创意虽然没有具体的方程式，却要遵循一些共同的原则。

从传播学的角度看，创意的过程其实也就是编码的过程，广告作品是广告传播者对所要传播信息的一种编码。广告活动的传播效果如何，取决于受众对广告作品理解的程度如何。换句话说，广告活动要有效，广告作品就必须最大限度地利用受众解码，即广告作品的编码必须优秀。

什么样的编码最优秀，或者说什么样的创意是最成功的呢？从总体上讲，能够实现广告预期目标的，能够体现广告整体战略和策划意图的，也就是能够给广告主带来最终利益的创意就应该是优秀的创意。我们认为具体内容如下。

（1）创意的主题应符合总体营销战略和广告战略，即创意活动并不是漫无边际、无拘无束的，而是有直接的目标指向。如果创意的主题背离了总体战略的话，那么再好的创意作品也是徒劳的、无效的，其结果只会导致广告费的损失和浪费，投入越多，浪费越大。

（2）冲击力强，所谓冲击力，就是唤起受众注意的能力。这是一切广告作品获得成功的前提条件，一件广告作品如果不能引起人们的注意，就会立即淹没在广告的汪洋大海之中，毫无踪影。这就意味着这则广告失去了与受众接触的机会，从而也就从根本上失去了任何成功的可能。所以，不能一下子脱颖而出的广告作品即便信息再重要，对消费者再钟情，消费者注意不到也是枉然。广告首先要取得目标对象的注目和参与，为此广告作品必须具备在视觉、听觉以至心理上的冲击力，要能够让观众受到震撼，使他们注意到该广告作品的存在，否则一切都无从谈起。

研究实践表明，一条30秒钟的电视广告开头的5秒钟左右最为重要，因为在5秒钟内观众的注意力最为集中。如果观众的注意力没有在这段时间内被吸引过来，下面的内容再怎么精彩，观众的注意力也很难再集中起来，即使集中起来也很难将前后的内容串联起来。

是否具备冲击力对于电视广告作品来讲则更为重要，因为电视观众基本上都是在被动状态下观看广告的，再加上每条电视广告的时间又极为短暂，所以，如果不能在瞬间把观众的目光吸引到你的广告上来，广告创意与制作的一切努力就都是白费。有关调查表明，消费者每天通过大众媒介接触到的大量广告信息中，仅有5%是有意注意的，而其余的则是处于无意注意状态之下。其实只要稍微留心一些就会发现，观众一般都只关心自己喜欢的电视剧或综艺节目，而很少会有人专门等着收看电视广告，绝大部分观众都是快速地穿过"广告的丛林"。因此，如何能拦住他们叫一声"嗨，看我"就显得特别重要。

（3）创意新颖。简单地说，创意即点子、立意、构思，它是一件广告作品的灵魂。如果一条电视广告的开头只是靠声音或视觉的刺激把观众的注意力吸引过来，但是接下来却没有什么新招，没有好的点子，没有好的想法，总是老一套（例如洗发、护发用品总是事先告诉你一个"秘密"，然后就慢动作甩头发，或是什么连念三遍的顺口溜之类），观众还是会再次转移视线，继续干自己的事情。所以单凭开始几秒钟暂时把受众吸引过来是不能持久的，最主要的还是要靠巧妙的创意，让观众折服。例如：

英国中部商业银行的电视广告并没有直接吹嘘自己的银行多么强大，美元储备有多少、英镑储备有多少，而是通过小人国企图打败大人国这样一个人人皆知的故事从侧面表现了中部商业银行的实力，巧妙地将企业比喻为不可战胜的大人国。广告片开始的5秒钟营造了一个紧张、奇特的场面：成千上万的小人从耗子洞里冲出来，齐心合力地把一个熟睡的巨人缚住。当他们费尽九牛二虎之力把巨人捆住之后，巨人醒来睁开眼睛不费吹灰之力便挣断了绳索，小人国的人们望风而逃。

广告创意的高明之处在于，把银行与小人国这两个完全没有关系的事物巧妙地联系在一起，暗示巨人是不可战胜的，而那巨人则正是广告的主角——中部商业银行。这个创意极其形象地表达了中部商业银行实力的强大，令人信服。

(4)趣味性强。趣味性就是广告是否有趣、是否有意思，它决定着观众今后是否愿意再看这条广告。这条标准虽然很高，但是很重要。因为广告只有让人记住才能发挥作用，而要让人记住，一个重要的条件就是适当的重复，否则一般人是很难形成记忆的。而枯燥无味的东西反复出现时人们就会反感或躲避，所以广告必须有趣、好玩、耐看。如果一条广告能让人们在不知不觉中看过两遍以上，相信观众一定会记住这条广告。在电视文化泛滥的今天，遥控器是那么轻巧灵活，如果一则电视广告不能在情节上、画面上、音乐上、语言上、色彩上，给观众奉献一些有价值的东西，给观众留下一些可琢磨的闪光的东西，让观众每次都能保持那个兴奋点，观众就会没有印象，不买你的账，甚至会立即转换频道。

Scottex卫生纸的广告(小狗篇)，就是一条很有趣味性的广告。应该说这是一条难度相当大的广告，因为它所宣传的产品是厕所里所用的卫生纸。但是创作者却出人意料地选择了一个人见人爱的小宠物——小狗来担当主角，借小狗玩耍纸卷，将Scottex这种品牌手纸的吸水性、韧性与长度表现得淋漓尽致。画面中的小宠物，憨态可掬，趣味无穷，让人百看不厌。

(5)信息鲜明。广告信息能否准确到位，是衡量广告作品是否优秀的重要标准，因为传达信息是广告的根本价值所在。我们常见一些广告或威武雄壮或柔情蜜意，或展示俊男靓女，或云集大腕明星，但常常在云飞雾散之后却不知所云；是卖皮鞋还是卖袜子，是卖西装还是卖手表，让人难以分辨。

必须强调的是，广告为引人注意而采取的种种艺术手段和技巧绝不是目的，它们不能干扰主信息的传达，更不能喧宾夺主。

2003年上半年，新飞节能冰箱的电视广告引起很多消费者的注意，其"0.4度电"的新信息给人以深刻的印象。广告片一开始就提出了一个问题"0.4度只能——"，然后用十分夸张的手法列举了极小的电量在生活中的作用：一个男子用电动剃须刀刮胡须，只刮了半边脸；一个女子用电吹风吹头发，还有一半的湿发在滴水……最后主体出现，新飞节能冰箱只用0.4度电就能运行一整天。广告以高度夸张和鲜明对比来突出新飞冰箱的节能功效，信息集中简单。

我们所列举的几则优秀的电视广告案例都有一个共性，那就是都在开始的瞬间先声夺人，一下子抓住观众的注意力，引起观众的兴趣，然后再展开情节，但最后都准确无误地、不失时机地把所要传达的广告产品信息传达给观众。

(6)富有感染力。所谓感染力，就是广告唤起行动的能力。当然这是一项综合性的指标。这条标准看似抽象，但实际上是完全可以感受得到的。优秀的广告应当具备一种内在的力量，是一种持久的张力，能让人心动，给人一种鼓舞或激励。我们绝不能只满足于广告作品外在的表现形式，而应该注重挖掘与创造影响受众行动的力量。例如：

央视公益广告"洗脚篇"就很有感染力。一个五六岁的小男孩，看到自己的妈妈在帮她的妈妈洗着脚，随后小男孩踉踉跄跄地端着一盆满满的清水朝着母亲走来，边走边喊："妈妈，洗脚。"这纯真的童音，这动人的画面，怎能不给人以强烈的感染和心灵的震撼？

广告创意受创意人员心志因素的影响很大，因而使用以上标准评价创意，很难用数量关系精确地表示评价结果。即使在实验测试中，数量关系也只能表明某种趋势或某种限度。这种情况给把握标准带来一定的难度。在上述六条标准中，第一条标准是由广告策划者的主观认识而定，一般容易把握。其余五条标准则主要是由该创意在消费者意识中的影响来决定，因而评价者把握这些标准时，一定要有"沟通"观念、"承诺"观念，一定要用消费者的眼光来衡量。

第三节　几种常见广告类型的创作

一、创作平面广告

1. 创意视觉化

创作平面广告需要寻找视觉元素。如果要创作一个印刷广告，需要考虑：大标题应该在哪里呢？它要占据多大的地方呢？有时可能还需要一个副标题，还有正文。文案需要写多少字呢？文案并不仅仅是文字，它也是视觉性的元素，因为它占据空间。

2. 传统的布局

大家所熟悉的传统布局是竖长方形或横长方形。

许多广告专家批评这种布局没有创意。但是，最重要的是创意。

如果广告概念和文案是具有创意性的，那么没有一个有创意的创意总监会对布局有任何非议。无论你想怎样在布局上出新招，千万要记住，布局要服从创意。

3. 标题

印刷广告(包括报纸广告、杂志广告等)中，标题是一个很关键的因素。你的广告如果有一个好的标题，你的广告就有可能让人读下去。有时你还可能需要副标题。副标题的作用是进一步引起读者的注意，让他有读下去的兴趣。

在开始写标题和副标题之前，要根据创意想一想广告在完成后的大概样子，确定一下广告的基调和风格，考虑一下你需要写长文案还是短文案，采取哪种文体，使用何种文风。

4. 正文

一写出来标题，千万别以为大功告成了。如果你正文没有力量，标题也就会成为一个空中楼阁，成为一个空洞的噱头。翻阅了近年来《北京晚报》《新民晚报》《羊城晚报》等报纸上数千条的广告，许多广告的大标题犯了这个毛病。要克服这个毛病，一定要牢记创意是核心，而创意并不是要噱头。创意一定要潜在消费者意识到他们会得到利益。

文案是长好还是短好，广告人历来都各抒己见。文案长短并无规则，关键是要根据创意的需要而定。比如，针对受过较高层次教育的人，长文案，理性诉求往往是有效的，他们希望对事实作出自己的判断，有时甚至可以在长文案中列数优点之后把产品的缺点告诉他们。他们的理性会告诉他们万事无完美，有时缺点反而会成为使人确定购买的动力。因为，他们会认为，敢承认缺点的产品是自信的、诚实的产品，更何况这些缺点的确无足轻重。长文案往往可用于高卷入度的产品，如汽车、住房等。在实际写文案正文时，一定要投入，尽量使它有足够的卖点，并且尽量有趣，有告知性。

5. 正文中的小标题

如果打算写长文案，最好在文案中安排几个小标题来分割内容。广告不同于书本，有些书是需要人坐下来慢慢品读的，而人们花在广告上的时间比较少。小标题通常用粗黑字体，比正文字体稍大一点，但千万别让小标题看起来花里胡哨，否则它们反而会分散读者对你核心信息的注意力。

小标题有这样三个目的：

(1)它们可以抓住尽量多的潜在消费者。

(2)它们使正文看起来轻松易读，饶有趣味。一大片文字会使许多读者不愿看下去。

（3）它们可以调节读者在阅读中的阅读动力。它们使读者可以有选择地读文案，许多读者没有那么多时间去读所有的文字。

小标题应该是有连续的、有逻辑的安排，这并不是说小标题要枯燥，单调无味，相反，它们应具有和整体相符合的风格，为文案增光添彩。

6. 修改

鲁迅先生曾谈过文章修改的重要性。修改对于广告来说同样重要，删减常常是修改中最重要的工作。删减不是要删除任何重要的东西，它是一个浓缩和提炼的过程。删减，在某种意义上说是使广告卖点更有冲击力。

7. 文字和视觉性元素的配合

广告常常会需要插图或图片，就需要美工和艺术指导的配合。他们会用视觉性元素配合文字。

创意总监会把握文字和视觉性元素的协同工作。如果做不到这一点，艺术的成分往往会远离广告的传播任务。

8. 摄影师

制作好的广告照片你需要一个好的摄影师。每个摄影师都有各自的专长，有的擅长照人物，有的擅长拍物品和食品，有的擅长拍风景。艺术指导会选择一个好的摄影师。

我国的印刷广告许多都是偷懒结出的果子，许多广告图片直接取自图片库，更有粗糙者直接从杂志拷贝图片，所以许多广告的图片和文案看起来牵强附会，图不对文。

9. 户外广告

户外广告看起来简单，但往往是最难处理的媒体。使户外广告如此难做的原因是：受众把注意力集中在开车或集中在行路上，而非读广告上。而且汽车以高速掠过广告牌时，如果广告真的引起了司机的注意，它也只能持续两三秒钟。在如此短促的时间内通过平面传播一条有效的信息实在是种挑战。

户外广告可以是高速公路广告牌，公共汽车两边或出租车顶部的招牌，城市公共汽车行李架，火车月台上的招牌，地铁里的灯箱，等等。

10. 户外广告创作的规则

有些专家建议说，广告牌信息应该大得足以看见，而且使用尽可能少的文字。他们认为户外路牌广告最好不要超过九个字（指英文）。

户外广告最重要的是醒目和简洁，只有这样才可能有视觉冲击力。当然，不能缺少创意。

11．平面广告制作

平面广告的制作根据发布媒体的不同，制作工艺会有不同。制作工艺是一门专门的学问，你可以在相关的书籍中了解到。

二、广播广告创作

1．广播广告

广播广告借助声音来传播信息，但却要借助视觉来发挥广告作用。认识到这一点相当重要。

当受众听广播时，必须借助自己的想像力去创造画面，在自己的头脑中描绘听到的声音发出的环境，说话人的声音，等等画面。

不要低估想象力的能量，真实才能使声音发挥威力，使广播广告产生巨大的感染力和影响力。

2．声音的选择

声音选择是创作广播广告要做的重要工作。

声音的选择主要考虑以下几个因素：

(1)广告中人物的性别；

(2)广告中人物的年龄；

(3)广告中人物的职业；

(4)广告中人物的社会角色；

(5)广告中人物的口音；

(6)广告中人物的态度；

(7)广告中背景音效的选择；

(8)广告中的音乐。

背景中的音效和音乐的选择，可以使听者利用想象力想象时间、地点、环境，并把时间、地点等抽象的因素转化为具体的情景等形象化的因素，广播广告因此可以更具感染力。

3．选择长度

广播广告还要决定广告要多长。在广播中，除常用的 15 秒、30 秒的广告外，也可能有 60 秒的广告。

4．广播广告中文案时间的计划

广播广告必须精心考虑广播文案的长短，因为时间是有限的。下面是一些广播广告文案时间控制的技巧：

职业的播音员通常比未经专业训练的人大声读作品时读得慢得多。这一点广播广告创作人常常忽视。通常情况下，千万不要为广播广告写太长的文案。

播音员需要时间去表现广告中人物的性格，去加快或变慢语速来强调卖点。一个 60 秒的广播广告要诵读的文案不要超过 50 秒，30 秒广告不要超过 25 秒。如果广播广告中要使用音乐，要诵读的文案在 60 秒广告中，通常情况下不要超过 45 秒，30 秒广告不要超过 22 秒。广播广告中也要为音效安排出时间。

三、电视广告的创作

1. 电视的制作费

在中国，目前一条 30 秒的电视广告的平均制作费用大概在 35 万元，也就是说每一秒钟制作费要花 1.17 万元左右。所以，你最好让每一秒的广告都可以被看到被听到。否则，浪费实在是巨大的。

2. 故事板

故事板是一种意图的陈述，一种传达创意的途径。故事板对于电视就如同粗略的设计等待印刷，故事板不能从字面理解，因为它实际上不能做电视所做的事。它不能有运动，不能有歌声，因为它显示的是一系列无运动的镜头，它不能有连续的表演。

故事板帮助导演和项目经理等有关人员确切地表述创意。一旦他们同意了，就可以用故事板向客户解释你的创意。这从来就不容易，因为客户常常并没有经过对视觉语言使用方法的训练，很少有想象力，因此，故事板要清晰，使人信服，并且有趣。

3. 故事板应具备的内容

一个故事板通常应具备以下一些内容：

（1）想拍多少种场景？

（2）一共有多少场景？

（3）场景展示的顺序是什么？

（4）主要演员是哪些人？

（5）演员看起来会怎样？

（6）每个场景会有什么动作？

（7）每个场景多长时间？

（8）演员在荧屏上会说什么台词？

（9）画外音说些什么？

(10)每个场景需要什么音效?

(11)将会有什么样的音乐?

(12)将会在哪儿用到什么特技?

(13)跑龙套的角色有哪些?

4. 故事板的注意事项

故事板应该能完整有效地说明问题,不需要在旁边解释个没完没了。故事板除了能明确传达信息外,还应该看起来富有娱乐性。确保有制作手段可以实现故事板所表现的内容,不要天马行空。

5. 故事板的法律许可

在导演、经理和客户同意之后,故事板有时还要到客户公司的法律部门审核。保险起见,还可以送到广告审查机构让那儿的审查人员看看。

6. 故事板是拍摄的指南

故事板可以帮助制片公司了解需要多少花费来做这个广告。这使他们可以提出制片的价格。

制片公司预计他们的导演需要多少拍摄时间,哪些场景需要在当地看,哪些最好搭景。

制片公司还要包括剪辑的预算。他们要计算需要的设备的开支,导演要给你找的演员多少附加费用,设备装置、道具服装的开支,场地的费用,还有照明需要多少电力。他们还要计算需要多少人,并列出工资单,他们还要预计整个小组和制片公司、代理人、客户的早餐和午餐的费用。

7. 关键镜头板

有时会需要关键镜头板。这种故事板只显示一张图,这一张图就是整个视觉效果的关键。在这张图下,需要写上画面说明、声音说明、音效以及音乐的说明。

8. 工作故事板

工作故事板是最普遍的使用格式,它通常包含一些长方形的画框,这些画框是图片出现的地方。画框的旁边或下面是画面说明和文案,另一边是声音说明、音效以及音乐说明。

说明画面间变幻的用语通常有以下几个:

(1)切换(cut)。

(2)渐隐渐显或叫淡入淡出(dissolve/diss)。

(3)慢速渐隐渐显或叫慢速淡入淡出(slow diss)。

(4)快速渐隐渐显或叫快速淡入淡出(short diss),这也叫做软切换(soft

cut)。

9. 演示图片动画

有些客户要求广告公司制作演示图片动画来阐述广告创意。

10. 关于电视广告的创作

创作平面广告的许多原则对于电视广告同样适用。其中最主要的原则可能就是广告一定要简单。下面还有许多从实际工作中得出的经验。

好的电视广告一定要有好的构思,不要把希望压在制作手段和特技上。电视广告文案的工作在有了一个构思之后其实刚刚开始。这只是一条长路的开始。在开始制作之前多动脑筋,要让构思尽量富有冲击力和说服力。这样,可以充满信心和兴趣去完成以后的工作。

在开始创作之前,还应该弄清楚广告主愿意花多少制作费。这样创作力才能按"钱"方飞。可以通过客户经理去了解客户到底有多少制作费。

学会用视觉的手段解决问题。电视是视觉性的媒介,必须学会用视觉语言、视觉手段解决问题,尝试着不用语言进行诉求;不要向消费者唠唠叨叨。只用画面向他们讲故事。

让制作技巧为广告构思、广告创意服务。了解最新最好的制作手段、制作技巧。但是要为广告构思、广告创意寻找最合适的制作技巧。

学会在简单中寻找伟大。广告制作费少的时候,是检验创意能力的好机会。

如果能在电视上演示你的产品,就应该让事实说话。眼见为实,没有什么比亲眼看到的东西更让人信服了。

如果能在一秒钟之内让广告抓住观众的眼光,就不要用两秒钟。

一条电视广告最好从头到尾都富有娱乐性,在最后一秒钟仍然让观众圆睁双眼。电视广告有一个出人意料的结尾就够了,这是一种误解。好的广告应该让消费者百看不厌。

不要勉强电视广告看起来和印刷广告一样。其实,做到的是所有媒体上传达的信息一致,声音一致。注意,是一致,而不是一模一样。不同的媒介有时需要不同的表现手段。

要战略性地思考问题,电视广告应该有延续的潜力。

画面上正在表现的就不要再用语言来解释了。语言解释的东西应该给画面赋予额外的意义。

11. 关于电视广告的制片人和导演

如果要开始制作电视广告,创作组的第一件事是和广告代理公司的制片人接触。你把故事板给他看,解释广告内容,基调等情况。通过这次会面,创作人员和制片人会就挑选演员的细节问题、外景地、布景、服装、视觉效果、音乐设置和广告制作中的其他要素等问题达成清楚的共识。

制片人往往会推荐适合的导演和制片公司,并安排看一些导演的作品。关于这些作品,一定要仔细看,看灯光、摄影技巧,仔细评价、分析,等等。

导演各有所长,有善于拍人物的,也有善于拍美食的,但这并不意味着他们只会干其专长,事实上,他们都保证能做出几乎所有想要的效果来,但当然不可能和设想的一模一样。

导演通常会决定具体需要什么人,如摄影助手、灯光师、静物摄影员、化妆师、道具员,等等。

下面一些事项是需要关注的:

(1)尽量早地和制作人员接触。

(2)寻找合适的导演,开价高的不一定就好。

(3)每个导演都有自己的拍摄风格,都擅长某种题材的拍摄。

(4)像同客户解释创意一样,向导演阐述创意。

(5)向导演尽量描述想要看到的电视广告的样子以及演员的风格,电视广告的基调,等等。

12. 关于演员

广告节目演员的挑选工作,常常也颇为复杂,一般先有试镜,让候选者演一段台词什么的,若是导演觉得还不错,便会给他复试的机会。第二次挑选后,若是导演认为这个人非常有潜质,或十分能传达广告意图,便会敲定选他做该广告的演员。

为电视广告找一些可选择演员,要找那些能演的演员。

如果想用名人,确保他或她和产品利益点有关联。

13. 其他

不要忘了画外音、配音演员的选择。

选择配音员时,是考察文案的又一次机会。

14. 关于拍摄

拍摄前会议是很重要的。在正式开始制作广告前,有一件很重要的事,就是开一个制作前的筹备工作会,以确保这项工作的每一个参与者都对工作有非常清楚的概念。除了工作人员以外,客户代表应出席。广告代理公司这边,广告制片人,创作总监等重要人物也应参加。

如果开始拍摄了,广告创意人员要注意和广告制片人保持步调一致。

通过导演和演员说话。当不同意导演的时候要说出来，但是最好把导演拉到一边说。要尊重导演的专业角色。在拍摄时信息渠道应开放，准备应付变化。在拍摄前尽量完善脚本。

15. 关于后期制作

为广告寻找出最合适的剪辑师。

为广告选择合适的音乐，必要的时候请作曲家进行专门创作。

注意合成一定要精细和到位。

四、网络广告创作

网络广告是一种方兴未艾的广告形式。由于网络广告兼具平面广告和电波广告的特性，因此，理想状态下，平面广告和电波的创作方法应该同样适用于网络广告的创作。

但是，由于网络广告的被动性很明显，所以，它对注意力的吸引比平面广告和电波广告要更加困难。你可以想象一下，当打开电视，如果不马上去洗手间的话，电视广告绚丽的画面就会闯入受众眼睛，悦耳动听的声音就会闯入耳朵。在高闯入性的电视广告面前，受众反抗无力，甚至有时根本没有反抗。而报纸广告的闯入性虽然比电视广告要弱，但是，大版面、诱人的标题也会让把注意力慷慨奉送。

在网络上，情况却不一样，许多人都有明显回避广告的倾向，除非他们主动去搜索这方面的广告信息。

到目前为止，网络广告较难吸引注意力主要有两个原因：

（1）上网需要时间，而且需要付费（至少需要电话费或者上网费），时间成本和金钱成本都比较高。

（2）单幅网络的广告的面积有限，很容易被人视而不见。

网络广告创作的首要任务是吸引注意力，增加点击率。因此，在网络广告的创作中，设计的重要性增强了。但是，网络广告的创作仍然离不开两个要点：

（1）本身有吸引力的讯息。

（2）吸引人的设计。

现在正在出现许多新的增加点击率的办法。

随着网络的发展和人们对网络生活的熟悉和观念的演进，按客户喜好分类汇总的网上广告专页可能盛行。利用附加浏览点数把网络广告的浏览和电子购物的让利挂钩可能出现网络广告的促销效果。网络的发展可以用一日千里来形容，也许，下一秒钟的网络世界会和这一秒钟的网络世界面目全非。所以，也许掌握发展规律比记住简单的事实更为重要。网络广告的创作无可置疑地要接受发展规律的洗礼。

思考题

1. 广告创意是不可捉摸的灵光乍现，你同意这一说法吗？
2. 如何理解广告创意在广告策划中的意义？
3. 简述 USP 理论的要点。
4. 为什么说广告创意是科学性与艺术性的统一？
5. 头脑风暴法在思维方法上有什么特征？
6. 列举具体广告，并对其广告创意进行评价。

第六章　广告战略策划①

本章内容要点

广告战略是战略这一术语在广告中的运用。它是指一定时期内指导广告活动的带有企业全局性的宏观谋略，或者说，是一定时期内广告活动的指导思想和总体方案。

广告战略策划是对整个广告活动的指导思想和总体方案的运筹谋划和确定，具有全局性、指导性、对抗性、目标性、稳定性等特征。广告战略策划的制定要经过确定广告战略思想、明确广告战略目标、分析内外环境、确定广告战略任务、确定广告策略五个步骤。

主要术语

广告战略　目标受众　市场渗透　广告目标　品牌战略
附加价值

---

① http://www.cysz.com.cn/jp/ggcehua/jiaocai/index.htm

第一节 广告战略策划概述

广告活动是由各个具体的广告行为构成的。要使各个广告行为互相协调配合，产生共同的广告效应，达到预期的广告目标，就必须事先确立正确的广告战略。

广告战略策划是广告策划的中心，是决定广告活动成败的关键。一方面，广告战略是企业营销战略在广告活动中的体现；另一方面广告战略又是广告策划活动的纲领。它对推进广告程序策划、广告媒体策划、广告创意等都具有统帅的作用和指导意义。

一、广告战略策划的概念

1. 战略

这本是个军事术语，后来被其他领域借用了。《辞海》上解释说："泛指重大的，带有全局性和决定性的计谋。"

2. 广告战略

广告战略是战略这一术语在广告中的运用。是指一定时期内指导广告活动的带有企业全局性的宏观谋略，或者说，它是一定时期内广告活动的指导思想和总体方案。

3. 广告战略策划

广告战略策划是对整个广告活动的指导思想和总体方案的运筹谋划和确定。

二、广告战略策划的特征

1. 全局性

广告战略策划是对整个广告活动总的指导思想和总体方案的谋划、确定，当然具有明显的全局性。它体现在：

（1）服务于企业营销战略。广告战略是企业营销战略的一部分，它既要体现企业营销总体构思的战略意图，又要服从于企业营销战略，并创造性地为企业营销战略服务。

（2）着眼于广告活动的全部环节。广告战略作为对广告活动的整体规划和总体设计，本身就是一项系统工程。它研究广告活动在整体上应持什么态度，坚持什么原则，把握什么方向，统率广告活动的各个环节，贯穿始终。

因此，广告战略策划必须着眼于广告活动的全部环节。

2．指导性

在广告策划过程中，广告推进程序策划、广告媒体策划，都是操作性、实践性极强的环节，而广告战略策划所要解决的是整体广告策划的指导思想和方针的问题，它对广告策划的实践性环节提供了宏观指导，能使广告活动有的放矢，有章可循。

3．对抗性

广告是商品经济的产物。商品经济的显著特征之一就是竞争。因而广告战略策划必须考虑竞争因素，针对主要竞争对手的广告意图，制定出针对性强的抗衡对策。所谓"知己知彼"，体现的就是对抗性。

4．目标性

广告活动总是有着明确的目标。广告战略策划要解决广告活动中的主要矛盾，以保证广告目标的实现。因此，广告战略策划不能脱离广告目标这一中心。

5．稳定性

广告战略是在市场调查的基础上经过分析研究制定的，对整个广告活动具有牵一发而动全身的指导作用，在一定时期内具有相对的稳定性，没有充分的理由和迫不得已的原因，不能随意改变。

三、广告战略策划的程序

广告战略策划的程序一般包括：

1．确定广告战略思想

广告战略思想是广告活动的指南。比如日本的松下电器公司在中国市场上的广告活动，其广告目标是扩大松下电器在中国市场的占有率，为实现这一战略目标，他们以"长期渗透"的观念来确定广告战略思想。十余年来，不惜重金，通过长久有效的广告终于在中国消费者心中树立起了松下电器的品牌形象，使松下电器在中国拥有了21％的市场占有率，居日本电器行业之首。这与松下人广告战略思想中的长期渗透观念不无关系。

根据不同情况，可以确定不同的广告战略的思想观念对广告战略产生的影响也不同。常见影响广告战略的主要观念有：

（1）积极进取的观念。一般而言，持积极进取观念的广告战略策划者对广告的作用十分重视，持这种思想的企业大多在市场上尚未占有领导地位而处于二、三流的位置，但它却具有较强的竞争实力。因此，他们希望通过积极的广告宣传向处于领导地位的竞争对手发起进攻，扩大自己的影响，积极夺取市场领导者的地位。此外进取的思想也较多地出现于企业在推广新产品和开拓新市场的过程之中。

（2）高效集中的观念。持高效集中观念的广告战略策划者很重视广告的近期利益，在广告策划中，强调"集中优势兵力，打歼灭战"。以集中的广告投资和大规模的广告宣传，在某一市场上或某一时间段内形成绝对的广告竞争优势，以求在短期内集中奏效。

持这种观念的企业，一般具有较强的经济实力，能达到集中投资、及时见效的目的。

另外，有些产品生命周期较短，也迫使企业必须持高效集中的战略思想。

以高效集中思想为战略思想的广告策划风险较大，所以对广告战略策划的质量要求较高。

（3）长期渗透的观念。持长期渗透观念的广告战略策划者特别注重广告的长期效应，在广告战略中强调"持之以恒，潜移默化，逐步渗透"。持长期渗透观念的企业一般面临的市场竞争比较激烈，产品的生命周期较长，企业要在广告宣传上及时奏效困难很大，需要花费较长的时间付出较高的代价。所以企业往往采取长期渗透的战略，逐步建立企业目标市场上的竞争优势。

（4）稳健持重的观念。持稳健持重观念的广告战略策划者对广告的作用也比较重视，但在思想和行为上却体现为慎重，一般不轻易改变自己的战略方针。主要以维持企业的现有市场地位和既得利益为主要目标，很少有进一步扩张的要求。其战略姿态往往是防御型的，以抵御竞争对手的进攻为主。

持稳重观念的企业一般有两种：一种是已经处于市场领导地位的，因对使自己获得成功的传统手法充满信心而持之。另一种是受主、客观因素制约，一时无力开展积极竞争而不得已而为之。

（5）消极保守观念。持消极保守观念的广告战略策划者对广告的作用不很重视。在思想和行动上较为消极、被动，广告活动的主要目标在于推销产品，一旦销路打开就停止广告宣传。

持消极保守观念的企业要么是缺乏市场营销意识，不懂得广告战略作用的；要么是在市场上居于垄断地位或由于市场环境的原因（比如计划经济条件下）而缺少外在竞争压力的。

2. 明确广告战略目标

这是整个广告战略策划最重要的部分。

广告目标是指广告活动所要达到的预期目的，它规定着广告活动的总任务，决定着广告活动的发展方向。

3. 分析内外环境

(1)内部环境分析，主要是对产品和企业进行分析。对产品分析包括对产品本身、成本、价格、生命周期等方面予以分析：费用、特点、产量、性能、产品供求、产品方案、产品政策、新产品开发计划、产品规划、生产经营计划、产品品种之间的搭配和构成等。

(2)外部环境分析

①分析市场环境。主要分析市场分割情况、市场竞争情况、生产资料和消费品可供量、消费品购买力的组成情况、消费者对市场的基本期望和要求等。

对市场环境的分析，能为确定目标市场、制定成功的广告策略提供可靠的依据。

②分析消费者。主要分析消费者的风俗习惯、生活方式，不同类型的消费者的性别、年龄、职业、收入水平、购买能力，以及对产品、商标和广告的认识态度。

③分析竞争对手。主要是分析竞争对手的数目、信誉、优势、缺点及产品情况。要在众多竞争对手中找出最具威胁性的竞争对手，并对主要竞争对手的优缺点进行比较，避其长，攻其短。还要对竞争对手的质量、特点、数量、品种、规格、包装、价格服务方式了如指掌，使广告战略的确定更具有针对性。

通过对外部环境的分析，能找出其中的问题与机会，从而利用有利因素，克服不利因素，制定出正确的广告战略。

4. 确定广告战略任务

就是要具体明确广告的内容、广告受众、广告效果等项任务。

第一，确定广告内容。在一定时期(即解决"宣传什么"的问题)的广告活动中，要对广告内容加以选择，确定出主要内容。比如是以宣传企业为主，还是以宣传产品为主。如果以宣传产品为主，还要进一步确定是以宣传品牌为主、宣传质量为主，还是宣传功能为主。

另外，一定时期内的广告活动中，广告内容并非自始至终保持不变。可以根据不同发展阶段，确定不同的广告内容。比如：产品刚上市时，可以以宣传品牌为主；产品已为人所知后，可以改为以宣传功能为主；在市场竞争激烈时，则应以宣传质量或服务为主。

第二，确定目标受众，即解决"向谁宣传"的问题。广告目标受众是指广告的主要接受者。广告虽属"广而告之"的行为，但对企业来说，广告的效果并不体现在社会上不特指的所有人，而只体现在与其产品有关的部分受众身上，因而，广告策划人只有明确了广告宣传的目标受众，才能根据目标受众的社会心理特征来采用符合其关心点的广告策略，从而最大限度地贴近消费者的需求，提高广告宣传的实际效果。

第三，确定广告效果，即解决"宣传的效果如何"的问题。在广告战略思想中已经明确了广告的主要目标，但那是比较抽象的，在广告宏观战略的制定中应将此目标体现为一系列衡量广告效果的量化指标，如销售额增长的百分比、市场占有率的提高幅度、企业形象的衡量指标等等，有了这样的量化指标体系，才可能对广告的战略效果进行评估，才能将广告战略付诸实施。

5. 确定广告策略

广告策略是广告过程中具体环节的运筹和谋划，是实现广告战略的措施和手段。

第一，多样性——在广告活动中，广告战略只有一种；广告策略则是多种多样的，广告活动的各个环节都含有相应的广告策略。

第二，针对性——广告策略要针对不同的产品、不同的消费者、不同的媒体、不同的广告活动环节来策划，具有较强的针对性。

第三，灵活性——广告策划人参照的背景条件、媒介差异不同，可以灵活地选用不同的广告策略，同时，还可以根据变化了的情况作相应的策略调整，以保证广告战略的实施。

第四，具体性——广告策略是实现广告战略的手段、方式，侧重于广告活动的具体环节，因而具有具体性。

第二节　广告目标策划

广告目标的设定是广告策划过程中最重要的步骤之一，广告活动的其他基本要素，如广告策略的选择、广告媒体的组合、广告预算等，都要基于广告目标来展开。

广告目标是指广告活动所要达到的预期目标。广告目标规定着广告活动的总任务，决定着广告活动发展的方向。广告目标也是企业营销策略的一个组成部分。为使广告目标这一概念有一个清楚的表述，有必要区别广告目标、营销目标、广告效果三者。

1.广告目标与营销目标

广告目标与营销目标既有联系又有区别。联系是广告目标与营销目标都要增加企业产品的销售量，提高产品的市场占有率，增加企业的盈利。营销目标是企业市场活动所要达到的总体要求，一般包括市场开拓目标、利润目标、销售增长率目标和市场占有率目标等。广告目标就是要促成企业营销目标的实现。区别是：①产品广告本身并不能直接达到销售目的，而只是促销的一种手段。广告可以提高产品的知名度，树立品牌形象，推动产品销售，以促成营销目标的实现。②营销目标的实现受到产品质量、价格、销售渠道、市场条件等等诸多因素的制约，广告目标只是影响营销目标的多种因素中的一种。③广告对企业营销目标的影响是长期的。营销目标一般以某一时期(比如一年)的营销情况作为检测标准，而广告不但可以推动某一特定时期营销目标的实现，而且还可以提升企业品牌形象的知名度，对营销目标的实现具有长期性的、迁延性的影响。

2.广告目标与广告效果

广告目标与广告效果既有联系，也有区别。

(1)联系，主要表现为两者都是以促进产品销售和广告信息的传播为其基本内容。制定广告目标，是为了增加企业产品销售，提高产品的知名度，而这正是衡量广告效果优劣的基本准则。

(2)区别在于广告目标是企业活动的预期目的，而广告效果则是广告活动实际达到了的目的。由于广告活动中各种因素的影响，广告效果可能超过广告目标，也有可能达不到广告目标，即广告效果与广告目标可以是一致的，也可以是不一致的。

3.广告目标类型

从广告内容的角度来分，广告目标可分为以下五种类型：

(1)创牌广告目标。一般旨在提高消费者对产品的知名度、理解度和品牌商标的记忆度，通过对产品的性能、特点、用途的宣传介绍，使消费者产生初步的认识和需求，建立对产品及其品牌的印象。此类广告并不急于促销，而在于推出新产品，创立品牌，劝导广告受众产生尝试新产品的心理，并逐渐接受新产品。

(2)保牌广告目标。保牌广告目标在于维持、维护消费者已经建立起来的对广告产品的消费习惯和偏爱，进一步加深消费者对该产品的好感和信心，从而确保已有的产品市场。在广告宣传中，此类广告一般采取连续广告形式，着重劝说和诱导消费者保持对产品已有的认识和形象，形成消费者对产品的购买习惯。如可口可乐和百事可乐，作为两大名牌产品而继续在饮料市场上进行系列广告宣传，就是为实现保牌广告目标而采取的举措。

（3）竞争广告目标。在于提高产品的市场竞争能力，广告的诉求重点在于宣传本企业产品与竞争产品的差异，特别是突出本产品的优异之处，并努力转变消费者对竞争产品的偏爱态度，促使广告受众转而购买和使用本企业的广告产品。台湾著名广告学家樊志育曾经打过一个生动的比方："做广告，不要只把马儿牵到河边。"意思是说，做广告不是只把消费者指到商店就算了，还要让消费者指名购买广告商品，这才达到了广告的目的。比如我国彩电市场上海信环保电视的系列广告，就是海信公司针对其产品极具竞争力的低辐射特点，为达到竞争广告目标而推出的。

（4）形象广告目标。在于争取社会公众对本企业或产品的正确全面的了解，提高企业整体的知名度和美誉度，树立良好的企业形象。此类广告的诉求重点是有关企业形象的一切信息，如价值观念、经营方针、服务宗旨、管理水平等企业理念；员工素质、服务态度、社会活动等企业行为；企业名称、商标、商品品牌等企业视觉，以此来赢得社会各界对本企业的了解、好感、信赖与合作。如恒源祥 1996 年春节推出的电视广告，在澳洲大草原上用 4000 头绵羊奔跑组成"恒源祥"三个字，气势磅礴，创意单纯而震撼，体现了恒源祥公司在毛线行业中作为"龙头老大"所具有的形象和实力。

（5）广告效果目标。广告目标是指广告活动所要达到的效果指标。按广告效果划分，广告目标又可分为：

①广告销售效果目标。广告销售效果目标是指广告活动所要达到的促销指标，主要包括。利润增长率、销售增长率、市场占有率等内容。如天和制药公司 1996 年为其产品"天和骨通"确定的广告销售效果目标为："在 18 个月内达到在北京、天津及广东、浙江、广西、河北等省的主要城市，本产品在医院和药店使用率超过 50%，总的销售收入是 1750 万元或更多。"一般说来，广告销售效果目标的制定要有一定的科学性，因为企业营销活动要受多种因素的制约，广告并非决定因素。

②广告传播效果目标。广告传播效果目标是指广告活动所要达到的心理指标，主要包括广告受众对广告信息的收视率、阅读率及注意、理解、记忆、反应等内容。还以"天和制药公司"的"天和骨通"为例，其确定的广告传播效果目标为："在主要城市中 40 岁以上患者的品牌认知度超过 50%。"一般说来，广告传播效果目标应具体、明确，要有时间要求和数字说明。

广告目标的类型是多种多样的，企业应根据自身的具体情况来确定。在广告目标多元化的情况下，企业要分清哪些是主要目标与次要目标，哪些是长远目标与近期目标，以便于拟定广告计划。

第三节　广告战略设计

广告战略设计，就是设计众多广告战略方案，并从中选择最能体现广告战略思想，符合广告产品及企业的实际，适应市场营销需要的广告战略方案。根据一般的广告战略策划经验，可供选择的广告战略主要有以下几种。

一、从市场角度设计广告战略

1. 目标市场战略

目标战略是企业把广告宣传的重点集中在目标市场上的一种广告战略。根据市场学理论，市场本身是一个抽象概念，目标市场是对市场的具体细分，即以消费者为对象，依照消费者的欲望和需求的差异性，把市场划分为若干个消费者群体，每一个消费者群体便是一个细分市场。企业产品最适合哪个群体消费者，这个消费群体，便是该产品的"目标市场"。针对目标市场设计的广告战略，便是目标市场战略。

2. 市场渗透广告战略

市场渗透广告战略是一种站稳、巩固原有市场，并采取稳扎稳打的方式，逐渐开辟新市场的广告战略。主要包括两方面内容：

（1）尽可能挖掘原有老顾主的购买潜力。稳定原有的消费者，保持老顾主购买老产品的数量。这些消费者对老产品的性能比较了解和信赖，在一定条件下形成了习惯购买行为，要想办法力争让原有的消费者更多地购买原有产品。

（2）在稳定原有市场占有的基础上，大力发展、利用原有的产品及市场去争取更多的消费者，开辟新的市场。从同行业竞争对手的市场范围内把消费者争取过来。这就要求广告策划人尽可能突出广告产品的独特优势，做好老产品更新与新产品开发的宣传，争取潜在的消费者，把产品卖给新客户，努力使潜在的消费者变为现实的消费者。

海达表的广告曾成功地运用过这种战略，它在上市时，选择重庆和哈尔滨作为市场渗透的目标市场，进行重点广告宣传，产生了较好的宣传效果。然后，又利用在重庆市场造成的宣传优势，将海达表的广告宣传向周边的云、贵、川市场渗透。利用在哈尔滨市场造成的宣传优势，将海达表的广告宣传到东北三省等市场，从而达到了利用老客户老市场去开辟新市场争取新客户的目的。

一般跨地区、跨国经营的商品可考虑采用这种广告战略。一是它能最大限度地合理使用广告资金，二是它能利用成熟市场对新市场的号召力，使商品在跨市场间的流动更合理，而且能减少促销成本。

3. 市场开发广告战略

市场开发广告战略是指在原有的市场基础上，巩固其产品在原有市场的占有率，同时将未改变的原有产品打入新市场的广告战略。这一战略的实质是向市场广度进军。采取市场开发战略的企业，通常是老产品在原有的市场上趋于饱和状态。例如日本电器公司在中国的营销战略，就是使日本国内业已饱和的电器消费市场的产品转向中国市场，开发了中国这一新市场。

二、从内容角度设计广告战略

1. 企业广告战略

企业广告战略是提高企业知名度、树立企业形象、宣传企业信誉为主要内容的广告战略。

一般说来，企业广告战略的重点不是直接宣传其产品，而是通过对企业的规模、业绩、历史、实力、精神等特点的宣传来提高企业的知名度和美誉度。

提高企业知名度的广告战略要注重广告受众对企业的初识度、清晰度和记忆度。

提高企业美誉度的广告战略要注重广告受众对企业的认识度、品牌识别度和市场忠诚度。侧重于消费者对企业的好感和信任，在消费者心目中树立企业的良好形象，从而对企业产品的销售起到间接的推动与促进作用。例如广州白云山制药厂，每年将总产值的百分之十用做广告活动，不仅频频在报纸、电视上亮相，而且还独家赞助举办"白云杯"国际足球赛，赞助《羊城晚报》的"佳作评选"活动等，使企业名声大振，美誉度大增，白云山制药厂的药品也畅销全国。

2. 产品广告战略

产品广告战略是以推销产品为目的，向消费者提供产品信息，劝说消费者购买其产品的广告战略。一般说来，产品广告战略的重点是宣传该产品独有的特点、功能以及给消费者带来的好处、利益点。

（1）品牌战略，这里首先予以说明的是，品牌和产品之间有一个重要的区别：产品是带有功能性目的的，所有的品牌都是产品，但是，并非所有的产品都是品牌。

品牌是能为消费者提供其认为值得购买的功能利益和附加价值的产品。

附加价值是品牌定义中最重要的部分。所有最重要的附加价值是非功能性的。詹姆斯·韦伯·扬把它简明扼要地描述为："通过广告在产品的有形价值上附加的无形价值。"比如一套衣服，作为一种产品，它的功能性利益是保暖、遮盖。雅戈尔西服，它除了具有保暖、遮盖的功能性利益外，它同时还附加了"成功"及一定的社会地位等非功能性利益，从而使雅戈尔成了一种品牌。

因此，附加价值源于使用此品牌的各种人的主观心理感受。而品牌大多由广告培育而成。因而，在广告策划中采用品牌战略就大有成功的可能。

奥格威说："每一则广告都是对品牌形象的长期投资。"这也就是说，品牌形象是广告多次反复地将某一产品与某个意象、某种个性和象征长期联系在一起所产生的心理效应，这可以算是广告策划中采用品牌战略的依据。

(2)差别战略，就是在广告活动中侧重宣传广告产品的特别之处，强调产品差别的广告战略。

采用这种广告战略可以从广告产品与同类产品的差别入手进行宣传。如果产品质优，则可侧重强调产品的质量优势；产品独特，可侧重宣传产品的与众不同；产品新潮可侧重宣传产品体现时尚潮流；还可以通过宣传产品在原料上、设计上、性能上、价格上的变化来劝说消费者购买，从而占领市场。

(3)系列战略，就是在广告活动中将产品组合成系列来进行宣传的广告战略。采用这种广告战略，必须从整体协调的角度考虑问题，要有计划地将产品组合成一个系列来进行广告宣传，使各种产品之间的广告宣传互相配合，起到相得益彰的效果。这种战略，多采用广告形式相对稳定、广告内容不断变化的宣传手段。

例如，某企业生产出了统一商标品牌的系列美容护肤品，做广告时就可能采用产品系列广告战略。在第一则广告中将全部系列产品同时推出，第二则广告只推出一两件做重点宣传。以此类推，逐则推出各种产品，直到最后一刻，再回过头来进行一次大组合，将全部系列产品推出。如此循环往复既可利用媒体有限的空间来充分展示系列产品的全貌，又可以保持有限空间的单纯性来突出单一产品。

三、从时间角度设计广告战略

1. 长期广告战略

长期广告是指为期两年以上所实施的广告。

长期广告战略是指对广告内容所做的两年以上时间宣传的广告战略。其着眼点不是现在，而是未来。

例如，天津手表厂对某项体育活动提供赞助。对推销其产品海鸥表不会产生近期效果，但从长远来看，对提高海鸥表的知名度，对树立企业和产品形象具有长远意义，有利于企业的生存和发展。这就是采取了立足于未来的长期广告战略。一般说来。长期广告战略不但着眼于开拓市场，打开产品销路，而且还着眼于提高产品的知名度，树立企业的良好形象。因而，长期广告战略要注重全局性、系统性和深远性，强调广告目标的长期性和连贯性。

2. 中期广告战略

中期广告，也称年度广告，是指为期一年的时间所实施的广告。中期广告战略，是指对广告内容作为期一年的广告宣传的广告战略。

采用这种广告战略，要在计划时间之内，反复针对目标市场传递广告信息，持续地加深消费者对商品或企业的印象，保持消费者头脑中的记忆度，努力发掘潜在市场，提高商品知名度，促使消费者重复购买。一般说来，中期广告战略通常作用于时间性、季节性不强的产品。采用中期广告战略要注意产品的实际销售效果，同时也应兼顾品牌的知名度。还要考虑到一年时间内广告频度的安排。力求适当有变化，疏密有致。

3. 短期广告战略

短期广告，是一年内按季度月份所实施的广告。

短期广告战略是指在有限的市场上，在较短的时间内推销某一产品的广告战略。一般说来，短期广告战略适用于新产品或时令性较强的产品。

新产品刚入市场时，要对准目标市场进行短期突击性的广告宣传。它有利于集中优势抢占上风，在短期内迅速造成浩大声势，扩大广告影响，收到迅速提高商品销售额的效果。如台湾三阳公司野狼125摩托车在上市之前的一个月之内，就集中进行短期的"轰炸性"悬念广告，告知消费者一种新型摩托车即将上市，收到奇好的促销效果。

一些季节性、节假日性强的商品也适合采用短期广告战略。如季节性较强的电风扇、羽绒服、取暖器等商品随季节变化的规律，适时开展短期广告宣传活动。时机的选择要适当，过早会造成广告费的浪费，过迟延误时机而直接影响商品的销售。最好在销售旺季即将来临时就逐步推出广告，为旺季销售做好外在准备和心理准备。一旦销售旺季到来，广告宣传就迅速推向高潮。旺季一过，广告活动就可以结束。

四、从空间范围角度设计广告战略

1. 特定区域广告战略

特定区域广告，是指对某一特定区域范畴内所做的广告。

特定区域广告战略，是根据广告宣传所针对的特定区域的情况，对该区域的广告活动做统筹规划的广告战略。广告宣传可能根据不同地区的不同特点制定不同的广告战略。如电视机广告，在经济发达地区，可以宣传其功能齐全、款式新颖、辐射低、有利健康等信息；在经济欠发达地区，则应突出其物美价廉、经久耐用等信息。

2. 全球广告战略

全球广告是指以国际市场作为目标市场的广告。

全球广告战略是以世界市场为目标市场对广告活动所作的世界范围内的全局性的统筹谋划的广告战略。一般说来，全球性广告战略谋划深远、考虑全面，注重广告口号、广告风格、广告表现手法的一致性，以期在世界范围内塑造一个统一的产品形象或企业形象。如美国百事可乐，统一配方、统一品味、统一规格瓶装。在广告宣传上，强调"新一代的选择"以统一的主题在世界各地与可口可乐抗衡。同时在广告宣传中还统一标识、统一口号，形成了一个统一的品牌形象，表现出了广告战略的宏观性和深远性。

五、从发挥优势角度设计广告战略

1. 集中广告战略

集中广告战略是选择产品优势或市场优势集中宣传的广告战略。

采用这种广告战略，广告宣传要选择产品占有率高的广告战略区集中宣传产品的质量、价格、良好的售后服务等优于同类产品，以争取使用同类产品的用户转而使用自己的广告产品，先突破这一点，取得市场优势，步步为营，蚕食市场，将原有20多家老产品"嫁接"到新市场上去，进而向市场进军。这种战略花钱少见效快。

2. 整体广告战略

整体广告战略是将企业形象与产品形象作为一个统一整体进行宣传的一种广告战略。

在广告内容上，既宣传产品，也宣传企业；在广告范围上，是全方位的广告宣传；从广告媒体上看，则采用多种媒体组合搭配的方式；从宣传层次上看，则是建立多种宣传渠道，形成多层次宣传网。

整体广告战略常用在新产品的导入期和成长初期，它有利于各种媒介宣传统一的广告内容，迅速提高产品和企业的知名度，以达到创品牌的目的。

整体广告战略还适用于有实力的企业产品的成长后期和衰退期。因为企业的社会生命周期长于产品的市场生命周期。消费者对产品和企业都有了解后，企业的产品即使进入衰退期，企业也可以利用消费者对本企业产品的信任而赢得消费者等待本企业新一代产品问世的耐心。消费者的这种耐心对于企业经营或销售来说，是至关重要的。它为产品的更新和改进提供了必要的时间。整体战略的意义之于老产品衰退期、新产品尚未问世之际有重要意义。但整体广告战略计划需巨额广告资金，一般中小企业难以承受。广告策划人应依据广告主的实力予以采用。

六、从消费者心理角度设计广告战略

1. 广告诱导心理战略

广告诱导心理战略是抓住消费者潜在的心理需求，通过某种承诺，使消费者接受广告宣传的观念，自然地诱发出一种强烈购买欲望的广告战略。

如洗衣机，一般是由家里的女性使用的，小天鹅"爱妻号"洗衣机则抓住了丈夫体贴、怜爱妻子的心理做广告诱导丈夫们购买。而"威力洗衣机——献给母亲的爱"这则电视广告，是从儿女体贴母亲洗衣的辛苦，满足了儿女们孝敬母亲的心理需求。这两种产品的广告就采用了广告诱导心理战略。

2. 广告迎合心理战略

广告迎合心理战略是根据消费者不同性别、年龄、文化程度、收入水平、工作性质，在广告中迎合不同消费者的需求的一种广告战略。

例如服装广告，在经济发达地区，消费者注重的是质地、款式、个性。那么，广告就要迎合消费者的这种心理需求，如彬彬西服广告、琴曼西服广告。"彬彬西服，不在太潇洒""琴曼西服衬衫尽显男士风度"。在经济落后的地区，消费者注重的则是价格低廉、保暖、凉爽性、结实耐穿，那么广告宣传也要迎合消费者的这种心理。

采用迎合消费者心理需求的广告战略，关键就是要弄清消费者最关心的是产品的哪方面的内容，广告就应去突出宣传产品在这方面的特点和相关信息。

3. 广告猎奇心理战略

广告猎奇心理战略是在广告中采用新奇的媒体、新颖的形式、独具特点的内容等特殊的手法，使消费者产生强烈的好奇心，从而引发购买欲望的广告心理战略。

例如：1993 年美国航空航天局发明了一种最新的"太空广告"，即利用火箭和飞行器发射广告，登广告者只需付 50 美元，即可在火箭体表买下 1.77 米长的广告区。这种媒体材料新、形式奇，给人以全新的刺激。

采用这种心理战略关键在于用新奇的手法引起消费者的注意，但也要讲究分寸，新奇也离奇，记住过于刁钻、怪异的事物，其怪异程度如果超出了人们的接受能力，是不会引起人们的好感的，相反会使人们产生排斥心理。

七、从传播范围渠道的角度设计广告战略

1. 全方位战略

全方位战略即不做地域选择，而尽可能地在最广大的范围内多方位、多角度地让广告"四处开花"，辐射面大，就可能取得"东方不亮西方亮"的效果。这种战略适合于资金雄厚、产品面向全国的大企业。

2. 多层次战略

多层次战略是指采用从地方到中央的多种宣传渠道，形成全国性或地方性的宣传网络。采用这种战略，既可以利用多种媒体进行宣传，又可以利用人员推销进行宣传，体现出广告宣传的多层次性。

八、从媒体角度设计广告战略

1. 多媒体战略

多媒体战略指选择多种广告媒体同时做广告，花钱虽多，但传播范围广，覆盖面大，效果非常好。资金雄厚的企业多采用多媒体广告战略。如力士香皂在媒体运用上就采用了多媒体广告战略，采用电视媒体中妇女爱看的节目段做广告，选择广播电台、《家庭》、《现代生活》杂志为媒介做广告，多种媒体组合宣传，传播范围广，效果好。

2. 单一媒体战略

单一媒体战略是指只用一种媒体做广告的广告战略。采用这一战略，花钱不多，有一定的效果，但特别要注意媒体的选择。要在资金允许的范围内根据广告产品的性能、特点、消费者的媒体接受情况，选择具有权威性、针对性、覆盖面广、收听率、收视率或阅读率高的媒体。比如汽车和其他自动

化机器的制造商和杂货商多采用印刷广告。化妆品、食品、药品用电视广告效果最好。当然选择何种媒体做广告取决于广告主的广告预算和支付能力以及产品的特点和市场范围。

九、从进攻性角度设计广告战略

1. 进攻型战略

进攻型战略是以竞争对手或市场某一目标为出发点，通过广告宣传，在广告的覆盖面、促销力、信任度及产品的公众知名度、市场占有率等方面要超过主要竞争对手。这是一种赶超性进攻战略。一些能够左右市场的大公司，经常运用大量的广告来保持产品或企业的知名度、市场占有率，即使产品畅销，也不间断地做广告。

2. 防守型战略

防守型战略是指在广告活动中以防御对手为主的广告战略。由于受主观客观因素制约，不愿进攻或没有进攻实力的企业，就应防御，以免被竞争对手击败。这种战略在广告宣传上处于守势，只求保持原有的销售市场的知名度，不求开发潜在市场。

企业确定营销战略目标时，通常也划拨了与之相应的广告活动资金，并规定了在广告实施阶段内从事广告活动所需要的经费总额、使用范围及使用方法。

思考题

1. 简述广告战略的含义。
2. 如何体现广告战略策划的全局性特征？
3. 简述广告战略策划的五个步骤。
4. 试比较广告目标与营销目标之异同。
5 什么是品牌战略？为什么在广告战略策划中要采用品牌战略？
6. 与挑战者相比，市场领先者更会采用何种广告战略？

第七章　广告策略策划

本章内容要点

　　广告策略是广告策划者在广告信息传播过程中，为实现广告战略目标所采取的具体手段与方法。广告策略主要包括广告表现策略、广告推进策略、广告实施策略。

　　广告表现在整个广告活动中处于承上启下的地位，是实现广告目标的中心环节。用语言和非语言形式把广告创意反映在广告作品中的诉求方式即称为广告表现策略。创意在广告表现策略中具有非常重要的作用。

主 要 术 语

　　广告表现　广告策略　理性诉求　感性诉求　销售促进　公共关系　AIDMA 模型　广告频率

第一节 广告表现策略

一、广告表现的意义

1. 广告表现是实现广告目标的中心环节

广告表现是整个广告活动的一个转折点，它前面的工作多为科学的调查、分析、提出方案、创意、构思，后面的工作是将这些在创作人员头脑中的创意转化成看得见、听得到，甚至是摸得着的、嗅得出的实实在在的广告作品，并将这个作品传达给目标市场的消费者。因此，我们说广告表现在整个广告活动中处于承上启下的地位，是实现广告目标的中心环节。

2. 广告表现反映了创作人员的基本素质

广告创作人员的水平高低，可以从他的广告作品中一目了然。好的创作人员在创作广告作品时能充分理解广告战略的目标、方针，准确地抓住诉求重点。而水平差的设计人员，其广告作品没有魅力，不能引起消费者的注意。

3. 广告表现的好坏决定着消费者对产品的评价

消费者是从广告作品中认识广告商品的。波利兹的说法，广告机能有"说服性原理"和"亲近性原理"两种。"说服性原理"指一般情况而言，"亲近性原理"指已知的东西比未知的东西能使人抱有更大的信任感的一种假说，消费者看到其不了解特性的两种广告商品时，无疑是要选择其中对广告作品有亲近感的商品去购买。所以，即使是只喊出品牌名称的广告，假如能让消费者觉得亲切可信，这种广告同样有助于产品的推销。

二、广告表现手段

广告表现最终结果是广告作品，表现作品的手法虽五花八门、千奇百怪，但表现作品手段只有语言手段和非语言手段两种。

1. 语言手段

语言分为有声语言和无声语言两种。

（1）有声语言是指声音如广播歌曲、广告中的对话、旁白等。它是电信媒体的主要表现手段，更是广播媒体的表现手段。广播媒体的广告信息几乎都是用有声语言传达的。

（2）无声语言是指符号化语言，即文字，它是平面广告信息的主要承担者，如报纸、杂志、路牌等广告文字部分占有相当大的比例。

2. 非语言手段

非语言手段也可分为两种：有声非语言手段即音响，它烘托渲染强化广告表现，是电子媒体广告不可缺少的部分；无声非语言手段包括姿态和物态。

姿态即行动或体态，消费者可以从广告作品中人的面部表情、四肢姿态躯干动作上来接受广告信息。

物态指广告作品中出现的构图、色彩及其他一些有形实体传达的广告含义。

3. 表现技巧的经验准则

各种非语言技巧的经验判断如下：

(1) 会说话的手

①把手背贴在脸颊上——表示可爱的明朗的。

②把手心贴在脸颊上——表示暗淡的。

③把手背放在额头上——表示淘气包儿。

④把手心放在额头上——表示头疼和烦恼。

⑤把手背放在胸部——表示反抗和否定。

⑥把手心放在胸部——表示喜悦希望感激。

(2) 运动的特性

①从左向右动的商品——轻快。

②从左上向右下动的商品——美丽富有情趣。

③从右向左动的商品——给人以反抗的强烈印象。

④从右上向左下动的又停在那里的商品——有力量有说服力。

⑤向直上动的商品——有力，印象强烈。

⑥向后退的商品——感到稳定、沉静。

⑦接近的商品——感到兴奋。

(3) 商品的取法和视线

①拿着小巧的东西、可爱的东西和贵重品的时候，把商品拿到脸旁或前面(爱情表现)。

②拿着大东西和长东西的时候，把那个线和身体的线在面部交叉。

③厨具等实用品，表示要用力拿(结实耐用的表现)。

④在拿不动的东西旁站立时，要表现商品。

⑤不乱动鼻子、手、手指(注目度的集中)。

⑥演员的视线也一样，要只看拿着的商品和镜头。

⑦开始时一边讲寒暄话，一边凝视听众、观众（镜头）。其次边凝视商品边出示商品，然后再将目光投向听众、观众，然后谨慎地结束寒暄。

⑧视线要明确地看着那个东西。

⑨把商品放在右手或右手心上，稳定一下之后，再轻轻地加上左手指。

⑩有时面带着微笑。

（4）人体造型的角度和形象

①钝角——除表示笑之外，还表示宽容、安乐、成熟、亲近。

②锐角——除表示有活力外，还表示紧张、拒绝、活力的动态、年轻不成熟。

③直角——除表示缺乏变化外，还表示男子汉气概、强壮、意志。

④水平线——表示平安和安乐。

⑤直线——表示紧张感和严肃。

⑥斜线——表示活动和活力。

（5）人体创造的姿态和形象

①S 形姿态——表现女性优雅、成熟、深思、哀愁。

②C 形姿态——表现女性的年轻、活泼、不礼貌、不成熟、诙谐、可爱。

③I 形姿态——表现紧张、威严、严肃、缺乏变化。

三、广告表现策略

用语言和非语言形式把广告创意反映在广告作品中的诉求方式即称为广告表现策略。常见的有三种：

1. 理性广告表现策略

理性广告表现策略是指直接向消费者实事求是地说明产品的功能、特点、好处等，让接受广告信息的消费者进行理性的思考，做出合乎逻辑的判断、推理、选择。有时这种广告表现策略也称为伦理型或逻辑型广告表现策略。

例如，《成都晚报》为刊登的"顺华"抽油烟机的广告，就是典型的理性诉求。这篇广告是这样写的。

标题：A——就是第一！

内容：国家 A 级名牌"顺华"抽油烟机，总比别的牌子贵一点，工厂努力降低成本，但无法办到，因为只有把油烟抽干净才是最重要的。

这种诚实、坦率的广告，运用的就是理性诉求广告表现策略，它对想买抽油烟机、想要将油烟抽干净的消费者具有极强的说服力。

根据不同的分类标准，可把理性广告表现策略分为不同的类别。

(1)根据理性诉求的侧重点不同，可将其分为一面理性诉求和两面理性诉求。

①一面理性诉求——指只向消费者介绍本企业产品的优点，其他方面不予提及，这是大多数广告宣传所喜欢采用的策略。

②两面理性诉求——是指既宣传本企业产品的优点，同时也指出其微不足道的缺陷。例如所举的"顺华"抽油烟机的诉求，优点：把油烟抽干净，A名牌；缺点：价格总比别的牌子产品贵一点。再如，德国金色汽车的广告"该车外形一直保持不变，所以在外观上很丑陋，但其性能一直在改进，所以其性能是绝对优良的"，如实道出自己产品的优缺点，获得了人们的好感。还如，英国某公司电刀广告："我公司的电刀十分锋利，经久耐用。缺点是易生锈，用后需擦干保存，才能久放。"既宣传了本公司电刀的锋利无比、耐久性好的优点，也说出易生锈，保存需特别擦干不甚便利的缺点，实话实说，有理智，有效果。

从这些案例中我们不难发现，两面理性诉求比一面理性诉求的诉求难度要大，因而一般应慎重使用。传播学家霍兰研究一面理性诉求与两面理性诉求的差异，他得出的结论是：

①两面理性诉求对于受教育程度高的受众有效而态度改变。

②对方案的见解，最初持反对意见的人，由于两面诉求而态度改变。

由此可见，广告方案中两面诉求比一面诉求更易获得成功。

(2)根据理性诉求的方式，可将其分为鼓励诉求和恐怖诉求。

①鼓励诉求又称不正向诉求，是指在广告方案中使用肯定的语气告之消费者选用此商品的正确性，有时此种文字采用鼓励形式出现在广告方案中，如：无锡厨房设备厂在《江苏日报》和《人民日报》上做的一则广告就巧妙地采用了鼓励诉求策略。广告正文这样写道：在目前市场上，您能找出燃烧性比我厂更先进的烧油燃气灶，本厂奖励桑塔纳轿车一辆。在理性诉求的广告中，正面诉求即鼓励性诉求是使用频率很高的一种。

②恐怖诉求是指利用人们怕生病、衰老、死亡等恐惧心理，提醒消费者购买或使用某种商品可能消除某种不利，从而有益健康的广告表现策略。如：两面针牙膏的电视广告就利用人们对病菌危害人体健康的恐惧心理，在广告宣传中诉称：只要使用"两面针牙膏"就可以消除病菌。

可见，恐怖诉求的有效性依赖于消费者对广告主的信任程度和对身体健康的关心程度。

（3）根据理性诉求的表达方式，可分为直接诉求和间接诉求。

①直接诉求——顾名思义，即直截了当地叙述诉求点，毫不拐弯儿地表示说服的意图。可以正向诉求，也可以正话反说，如"救救蟑螂，别买新配方的雷达"，这是杀虫剂新配方雷达的广告正话反说，言外之意买新配方雷达蟑螂就没救了，这种诉求表达方式是最经济的，主要强化消费者对广告产品已有的态度，或主要用于广告结论的理由需说明。

②间接诉求——与直接诉求相对而言，是指拐弯儿地婉转地表示说服意图，它的作用是可以促使消费者改变原有的态度，比较隐蔽的刺激广告都属间接诉求之列。隐蔽的刺激广告在现实中用得极少，就 1957 年维里卡的一个实验广告而言，在电影院里，电影放映到高潮时，以认识界限值极为低下的 1/3000 秒的短时间内，可口可乐的销售额增加了 57.7%，玉米膨酥的销售额增加 18.1%。

（4）根据理性诉求广告方案的结构，可分为先后法诉求和详略法诉求。

①先后法——是指在广告创作时，把主要的诉求信息放在开头部分，结尾时再用不同的语言予以重复，而在中部分则进行要点解说。

②详略法——是指按照广告诉求的重要性、新颖性具体地予以删减、排序。

总之，理性诉求策略适合于广告内容复杂难懂的产业用户及高档耐用消费品的广告诉求，利于理解和方便记忆的特点，使这种广告表现策略深受理智型消费者的认可和欢迎。

2. 感性广告表现策略

感性广告表现策略是指依靠图像、音乐、文字的技巧诱导消费者的情绪，使其产生购买欲望的广告表现形式。例如，雀巢咖啡的电视广告就较多地采用诉求于消费者的情感的创意手法：丈夫出差归来，一杯咖啡送温暖；朋友欢聚一堂，共享咖啡叙友情；情人依依相对，同饮咖啡诉恋情，一句"味道好极了"在不同场景、气氛烘托之下，使人们感受到的不仅仅是咖啡的味道，而且还有家庭的温馨、朋友的热情和恋人的爱情。

感性表现策略容易引人注目，但使用时需注意，只有在品牌特性很难明显地用语言表述或广告主不喜欢表现时，诉之于情才会有效，否则就会显得很牵强、做作，让消费者倒胃口。

感性表现策略的手法主要来源于日常生活中最易激发人们情感的生活细节。具体可分为以下几种类型：

（1）生活片段型，是指模拟某一类似真实生活中的场面，表现两人谈论或使用商品的情况，以此来证明商品给消费者带来的好处。如"彼阳牦牛骨髓壮骨粉"的电视广告中，就利用几位中老年人对话的场面，一唱一和，经过对话，使观众了解到了该产品的功效。

（2）歌曲型，就是利用广告歌曲的形式传达广告主题。

例如："燕舞"牌收录机的广播、电视广告"燕舞，燕舞，一曲歌来一片情"；"奥地利"饲料"相信我吧，相信有快乐感觉"；"步步高"电器的电视广告（李连杰唱）"付出总有回报，说到不如做到，要做就做最好"等，均使用了广告歌曲的表达形式。

歌曲型广告主要以歌曲的音乐来表现广告主题，这种方式很容易引起消费者情绪和情感上的共鸣。优秀的广告歌曲不仅能引发消费者的好感，加深对广告的印象，而且还能变成这种品牌的标志，使人们一听到这种音乐或广告歌曲就能联想到这种品牌的商品，因而在现代广告表现手法中歌曲型广告是最受人欢迎的广告表现形式。

（3）解决难题型，是指广告主把消费者经常碰到的难题用夸张的手法展现出来，然后出现广告产品的形象或介绍产品的特点，以此帮助消费者解决难题。比如，小白兔儿童高级牙膏的电视广告就是以解决难题为诉求点的。画面上先展现的是一只小白兔在吃萝卜前感到牙痛的痛苦表情，告知人们它遇到了难题，接着，画面转到它刷牙后消除了牙细菌的小白兔，在痛痛快快地啃吃萝卜的场景，说明它牙痛的难题得到了解决。

（4）演出型，即将广告编成一个节目，以此增添娱乐性，从而获得观众的注目。演出型广告由于表现题材固有的情绪形象的形成而带来改变品牌形象的效果，这一表现手法除采用喜剧小品形式外，还可用漫画、音乐、故事等其他灵活多变的形式。

（5）幽默型，即用幽默的人物或幽默的情节表现广告内容，完成产品或服务诉求的形式。

幽默诉求能使广告内容生动有趣，俏皮轻松，因而很受消费者的欢迎。如一则以蚊子为主角的广告动画片就很成功，让人什么时候想起来，什么时候都忍不住发笑。这个广告片长约一分钟，是在1982年第五届萨格勒布动画电影节上播放的，它的构思十分巧妙，银幕上出现两只用黑纸条画出来的漫画蚊子，造型简单，表情夸张。右面的蚊子手里拿着手枪，恶狠狠地威逼左面的蚊子，逼得它胆战心惊，一副窝囊相。右面的蚊子更加得寸进尺，逼上前去，突然，左面的蚊子拿出一只装DDT的药瓶，冷不防向右面的蚊子

"哧"地喷出去，只见右边的蚊子立即直挺挺地倒下去了。于是，左面的蚊子神气活现地向观众介绍 DDT 如何如何地好，各大药店均有销售之类的话。介绍完毕，它下意识地向自己"哧"地喷了一下，于是它也直挺挺地倒下去了，看到这里，观众大笑不止，广告的目的达到了，又给人们带来了欢乐。

3. 情理交融的广告表现策略

情理是指在广告宣传中既给消费者讲"理"又同消费者谈"情"，即常说的"晓之以理，动之以情"，情理俱备。

实际上，纯粹的理性诉求或纯粹的感性诉求的广告所占的比例是相当少的，绝大多数广告表现都是情理交融的，所不同的是有的侧重于理，有的侧重于情，归类的时候，就把偏重于理的归为了理性诉求，把偏重于情的归为了情感诉求。具有代表性、典型性的情理交融的广告，一般方案和情景比较长，如日本东芝株式会社的广播广告：

（女声独唱）TOSHIBA——时代的东芝。

（男声独唱）新时代的东芝，来源于生活，不断创造出紧跟时代的新产品。

平面方形的 FSA 荧光屏彩色电视机，视角清晰，画面鲜艳，还配备红外线遥控装置，全家团聚，共享节目，其乐无穷。

竭诚服务的精神，超群的技术能力，宏伟的奋斗目标，东芝永远贡献于新时代。

（女声独唱）TOSHIBA——新时代的东芝。

这则广播广告仅用不到 1 分钟的时间，但容量很大。前后用女声独唱渲染气氛诉之于情，中间大段的解说词诉之于理。由于语言富有节奏感和韵律美，因而文案虽长，但听起来并不使人感到枯燥无味，广告歌曲还起到了强化商标意识的作用，记住品牌名称是这则广告的真正创作意图。

第二节　广告推进策略

一、广告市场策略

假如某一广告主想让"自己产品遍天下"，想让所有的人都成为自己产品的消费者，这种想法无可厚非。但是，如果他不仅仅是这样想，而且去从事将其想法变成现实的行为，那么，他的这种做法却是十分荒唐的。当然绝不可能实现。那么，广告主该如何开展业务活动呢？关键就是要确定目标市场。只有正确地选择了目标市场，广告主才能有针对性地根据目标市场消费者的心理去生产和销售消费者需要的商品，才能把广告信息通过不同的媒体传播给目标市场的消费者。

广告市场策略往往是根据市场细分所规定的营销策略来制定的。常见的广告市场策略有三种：无差别广告策略、差别化广告策略、集中（密集）市场广告策略。

1. 无差别化广告策略

当广告主认为各个细分市场的具体情况大致相同，即各细分市场为同质市场时，就可以采用无差别化的广告策略。

所谓无差别化广告策略，是指企业生产一种产品，采用一种定价，使用相同的经营渠道，在同一时间内，运用各种媒体组合，向同一个大的目标市场，去做相同的主题的广告诉求。

无差别化广告策略，容易给消费者留下深刻的印象，迅速提高产品知名度，同时大大降低广告成本，这是因为单一产品、相同色彩、相同广告反复重复的缘故。例如，柳州牙膏厂推出"两面针"中草药牙膏时就采用了无差别广告策略，该厂只生产一种品牌、一种口味、一种包装的牙膏，而且采用同一主题的广告宣传。

值得注意的是，这种策略只适用于少数供不应求的产品，或产品引入期与成长期以及没有竞争对手或竞争对手软弱的时期。随着生产力的发展，消费水平的提高，无差别化广告策略已满足不了消费者的需求了。近年来，大多数企业开始放弃这种策略而转向差别化广告策略了。

2. 差别化广告策略

差别化广告策略是指广告主在不同的细分市场上，根据目标市场的不同要求，设计不同的产品，制订不同的价格，使用不同的营销渠道，运用多种媒体组合，做不同的内容的广告诉求，以满足不同消费者的需求。

差别化广告策略能增加消费者对商品的信赖程度，更好地满足不同消费者的不同需求，有利于增加产品的销售量，提高市场占有率。例如，美国的福特汽车公司，19年来，只生产一种黑色的T型车。而它的竞争对手美国通用汽车公司，却在差别化广告策略指导下，推出了高级豪华的富翁型"凯迪拉克"牌汽车、中档的"奥尔兹·莫比尔"牌汽车、低档的"雪佛莱"牌汽车。推向市场后，使通用汽车公司的市场占有率一下升为第一，打败了老牌的福特，成为美国最大的汽车公司。

差别化广告策略适用于进入成长期或成熟期后期的产品。这时，竞争激烈，各目标市场要求有不同的广告表现及广告发布。这种策略的缺点是：①增加了成本。因为要用不同的广告媒体和广告设计进入各个细分的目标市场，必然会使成本提高。②有时，对市场过于细分后，反而达不到预期的利润目标。

3. 集中市场广告策略

集中市场广告策略就是广告主选择一个或几个小市场，制订相应的销售广告计划，广告主的目标是在较小的目标市场中占有较大的份额。集中广告策略有利于了解较小的细分市场中消费者的需求，并有针对性地开展广告宣传活动，使广告能在该市场赢得特殊荣誉。

这种策略适用于资金有限的中小企业，缺点是：广告主对单一市场依赖过大，一旦目标市场消费者改变了需求或有强大的竞争者进入市场时，就会影响广告效果，甚至导致亏损。

二、广告促销策略

广告促销策略是为配合市场营销，促进某商品或劳务的销售，激发短期的购买动机而采取的各种销售促进（sales promotion）的广告策略（也简称 SP 广告策略）。

它的最大特点是：广告中告之消费者更多的附加利益，如赠品、抽奖机会等，以促使消费者马上购买。

广告促销策略包括折价、馈赠、对象、文艺、公共关系等促销手段的运用，其活动类型有四种。

1. 对消费者

促销广告对消费者主要是认知、理解、适用、购买、再购买。通常的做法有：

（1）折价广告是一种奖励性广告，告知消费者该商品正以低于正常的定价出售。在促销活动中，折价广告应用最为广泛，不论是广告主，还是消费者，都乐于接受。主要方式有：①特价出卖，如清仓大甩卖、节庆大优惠、每日特价等。②折扣优惠。③加量优惠，增加商品的数量或容量却不相应抬高售价，这是一种变相的折扣促销方式。此种方法对精打细算的消费者很有用。④以旧换新，折价优惠，目的是刺激消费者，抢夺市场占有率，常有意想不到的效果。以家用电器为主，其他日用品也可以使用。

（2）兑奖广告，是许诺消费者购买某商品后，可获得物质或现金奖励的一种广告。常用的方式有瓶盖兑奖（如银鹭桂圆八宝粥，易拉罐上的拉环）

"刮刮乐"(如内蒙古华北酒厂的小老窖酒,每个酒瓶上挂有一张兑奖卡和一张幸运卡)抽奖、猜奖等。

(3)馈赠商品广告,购买商品即能获得赠品,这对消费者来说是最直接、最实际、最有效的利益。各商店均可应用此种策略引诱购买。常用的方法有:同商品一起赠送(如一瓶酒中,同时配送一套酒杯),由零销点另外赠送,如美程化妆品商行。

(4)免费送样品广告。当新产品发售时,以样品赠送可较快获得消费者的认同。日用品和食品都适合采用这种方法。使用的方法有:定点分送、广告截角赠送、零售点分送、逐步投递等。

(5)文艺广告也是一种常用促销手段,常用方法有:有奖征集歌词、摄影比赛、赞助广告文艺节目的制作、设立消费者专场联谊会等。

(6)公共关系,把公益广告活动和广告结合起来的一种促销手段,通过关心公益活动、开放参观等形式争取消费者的信赖,树立企业形象。

2. 对销售业者

对销售业者主要是提高进货意愿,使他们大量进货,并向顾客优先销售。

(1)共同广告,不论是印刷媒体或是电子媒体,都与经销者共同广告,同时提供售点广告(POP)及陈列用具,必要时派遣人员示范强化销售,提高销售量。

(2)进货优惠广告,对一定时间内进货者或特定时间内进货交押金者,提供到期优惠折扣,加强企业与销售业者之间的关系。

3. 对推销员

促销(SP)广告对推销员主要是让他们了解广告活动的目的、促销活动的内容,以便统一意志灌输销售知识,激发促销意愿,主要做法是,让推销员对商品特性的再认识,了解促销整体计划,明确奖励办法等。

4. 联合式促销

为制造销售声势,吸引更多消费者的关注,经协商,许多非竞争厂商联合提供优惠服务,广告彼此呼应,此种促销方式就是联合式促销,在现代商战中,这种方式经常运用,尤其是在节假日。

三、广告心理策略

广告作为一种信息传递方式,首先作用于消费者的感官,通过视、听器官对广告信息的选择、判断,引发消费者的兴趣,产生购买欲望,形成消费行为。研究广告传播过程中消费者心理活动的特征和规律，对广告课题如何设计，增强其表现力和吸引力，以及如何选择传播媒体，确定发布的数量，从而以最少的资本投入获得最佳的传播效果，都具有积极的现实作用。

1. 消费者的心理活动

广告影响消费者的途径主要是通过心理暗示，激发消费者的注意力，从而实现广告主的诉求，也就是说，消费者接受外界的广告信息的刺激，其心理反应呈动态分布的特点，包括：

（1）感知过程——是商品信息直接作用于消费者的感官，从而引发消费者心理反应的初始阶段。这是形成消费行为的基础。

（2）情感过程——它反映着消费者对广告信息的评定和信任与否，往往通过神态、表情、语气等行为表现出来，是消费者对商品要求多重属性的体现。情感过程是导致购买行为的催化剂。

（3）意识过程——这是消费者对广告信息进行整理、筛选、取舍的结果，它包括消费者对商品的记忆、态度和信念等内容，它反映着消费者行为的目的性，是感知的提升，又调节着情绪的演化。

值得注意的是，在接受外界广告信息刺激后，消费者的这一动态心理反应过程并非总是一贯连通的，而是在任何环节上都可能阻断信息传播，影响广告的传播效果。

2. 广告的心理功效

广告的心理功效，就是通过说服的形式，使广告受众相信广告信息的真实性，并且按照广告主的预定意图，购买某种商品或劳务。

广告的说服，是通过广告诉求，即广告信息促使消费者从认识到购买的心理过程来实现的。

消费者购买商品的心理过程通常用 AIDMA 表示。

Attention	注意	知觉阶段
Interest	兴趣	探索阶段
Desire	欲望	评估阶段
Memory	记忆	记忆阶段
Action	行动	购买阶段

我们掌握消费者购买商品的心理过程并不是要让你记住这过程本身的名称，而在于通过对这一心理过程的了解，去寻找符合这一心理过程的广告策略，使你所策划的广告能够引起注意，激发兴趣，产生欲望，加深记忆，导致购买。但是，究竟怎样才能达到上述所说的引起注意、激发兴趣、产生欲望、

加深记忆、导致购买呢？这不可能用简单的表述能说清楚，但需要总结前人经验或供借鉴前人的经验。

第三节　广告实施策略

广告实施策略是广告推进程序的最后阶段，它包括广告媒体策略、广告系列策略、广告差别策略、广告刊播策略、变相广告策略等，其中广告媒体策略我们已在前一章中介绍过了，下面介绍其他几种实施策略。

一、广告的差别策略

广告的差别策略就是指在一定时间内，针对不同的营销手段，着重对产品、劳务及企业形象寻找不同于他人的特点，然后通过一切传播手段充分显示该特点的一种广告策略。

1. 产品差别广告策略

产品差别广告策略是同类产品，也存在着功能、品质、价格、品种、包装及售后服务等诸多方面的差别。产品差别广告策略的目的就是要努力发现存在于产品间的差别，将它充分反映在广告作品中，让消费者一目了然地看清自己产品优点及带给消费者的实惠，加深消费者对广告产品的印象。

2. 劳务差别广告策略

劳务差别即劳动力的素质即人的素质方面的差别，主要体现在劳务的知识水平、专业技能及操作的熟练程度上，而且，劳务差别直接制约着产品内在质量、花色品种、包装、售后服务等方面的差别，在可能的情况下，劳务差别应是广告作品中一个需要重视的诉求信息，比如：在广告中着意宣传企业职工的知识水平、上岗前培训等信息，就是对劳务差别这一广告差别策略的具体运用。

3. 企业差别广告策略

企业差别广告策略是指能代表企业特色，反映企业水平的各种差别，包括广告设备等"硬件"差别和技术、管理水平、服务措施、环境等"软件"差别。

强调这些差别的目的在于给企业定位，树立起别具一格的企业形象，赢得消费者的好感与信赖。

例如：1996 年 8 月 4 日在《长江日报》第 4 版上刊登的法国贝克啤酒广告就运用了企业差别广告策略，方案中强调"贝克啤酒起源于 16 世纪法国古城布莱梅，以优秀的酿酒技术，薪火相传颂至今——"。企业的差别体现在建厂历史悠久、小巧玲珑、技术独特。实践中，运用企业差别广告策略的实例中，还有突出"中外合资"、引进……生产流水线，实例……管理，花园式厂房等，不胜枚举。

二、广告的系列策略

广告的系列策略就是指在广告刊播期限内，有计划地连续刊播一系列设计风格统一、内容相关联的广告，以强化消费者对广告的印象，增加对购买力的引诱。

1. 品牌系列广告策略

品牌系列广告策略是利用品牌的特性为同一系列产品进行"品牌定位"的配套组合系列推出。

例如："金利来"的西服、衬衫、领带、皮鞋、箱包等是属于同一品牌的系列产品。可以将全部系列产品一起推出，以强调品牌的整体性，也可以一种或两种组合推出，直到系列完毕再全部推出，既充分展示产品全貌，又能够突出单一产品个性，广告传播效果好。

2. 主题系列广告策略

主题系列是指在发布广告时，按各个时期营销要求，推出同一设计风格而主题不断变换的广告，以适应不同消费者的心理需求。

例如"半球"产品在 1992 年 5 月 25 日—6 月 21 日期间在浙江市场上进行的广告活动就采用了主题系列广告策略，首先选用报纸，做报纸广告以"特殊礼物"为主题，刊登三期"半球填色游戏"广告，吸引消费者的注意。然后，选用电视，做电视广告以"半球夏之风"商标知识文艺晚会为主题，邀请在报纸上参加"填色游戏"的 100 名嘉宾出席，进一步引起消费者的更大关注。最后，再选用报纸印刷招贴画，主题转为"商品广告宣传"。历时近一个月的主题系列广告成就辉煌，不仅使半球产品销量猛增，而且使半球品牌更深入人心。

3. 形式系列广告策略

形式系列是指在广告刊登期间内，有计划地连续推出形式相同但内容各异的系列广告的策略。

例如：红桃 K 集团的"红楼梦"系列报纸广告；1995 年 5 月，红桃 K 集团在《湖北日报》上以同样大的版面，同样的布局格调，同样的《红楼梦》小说中主人公的语言风格，连续登了十几则介绍红桃 K 饮品特点、功能的系列广告，其标题、文稿、商品厂家名称的位置都固定不变，变动的只是广告的标题和方案的内容，这一系列广告清新而富有刺激性，令人难忘。

4. 功能系列广告策略

功能系列是指从不同的角度连续发布数则广告，以强调商品的不同功效，该策略适用于多功能产品广告宣传或系列产品的宣传。优点：便于突出商品的优势，易于消费者记忆。

例如：某企业生产多种产品，且多种产品功效差别较大，如果用一个广告去宣传，势必扰乱受众的视、听，难以留下印象，而功能系列广告策略恰好可以解决这一难题。策划人可以给每个品种的产品各自设计一个独特的广告，用以强调各产品的个性功效，而在广告方案中用篇幅和企业产品将各广告加以统一，形成系列。这样，既可以使消费者分别认识不同产品的各自功效，又可加深对企业的整体印象。

三、变相广告策略

变相广告策略是指企业不直接利用媒体发布广告，而是采用间接形式去达到宣传企业和产品的目的。

主要方式有新闻报道、报告文学、商品信息发布会、专题演讲会、赞助文艺活动和体育比赛、赞助媒体和同类节目制作、参与社会公益事业、向受灾地区捐赠款物、示范表演、赠送纪念品等。

严格意义上说，变相广告策略属于社会公共关系活动而不是商品广告。但它有意无意地传播了企业和产品的信息，并使人们在接受这些信息时处于愉快的、信任的心情中，避免了人们在接受广告时的排斥、厌恶及不信任，达到了"不是广告胜似广告"的目的，是最理想的广告。

例如："孩儿宝"（Hasbro）公司中国战略，就是十分典型地运用变相广告策略而取得成功的范例。该公司是美国玩具行业的巨无霸，它生产的"变形金刚"在美国赚了 13 亿美元后，从 1986 年开始滞销。经过调查发现了玩具市场的"新大陆"——中国，3 亿多儿童多为独生子女，中国的父母对孩子又多是溺爱型，舍得花钱为孩子"智力投资"。依据这一调查所得的资料分析，可以说，把公司产品"变形金刚"的广告做到中国各大媒体上，不失为一上佳策略。但是，"孩儿宝"公司却没有采用直接花钱去做广告的策略，而是硬吊中国孩子的胃口，采用"变相广告策略"，将一套名为《变形金刚》的动画系列片无偿送给中国广州、上海去播放。《变形金刚》动画片，这其实就等于给"孩儿相宝"公司的变形金刚产品做了免费广告，这种策略确实很高明，儿童节目里放的《变形金刚》节目立即风靡了全国，什么"威振天""擎天柱"，一时间成了中国孩子们的偶像，几乎没有人不知道动画片中的变形金刚。眼看时机成熟了，"孩儿宝"公司才将"变形金刚"玩具大规模投入中国市场，顿时供不应求。就这样，"孩儿宝"公司几乎没花什么广告费却在中国拥有了成千上万的"变形金刚"忠实者。从这个案例中，我们不难体会到变相广告"不是广告胜似广告"的真谛了！

四、广告刊播策略

广告刊播策略主要指发布的时间和频率。

1. 发布时间

发布时间即广告刊播时机，分为集中刊播和分散刊播。

（1）集中刊播，又可分为在固定时间集中刊播和在变动时间集中刊播。

①固定时间的集中刊播。对于季节性商品，如空调机、羽绒服、驱蚊器等淡旺季明显的商品，销售旺季，也是广告发布的最佳时机。但是，由于受广告效果滞后性的影响，季节性商品的广告应集中在旺季前刊播。

对于非季节性商品，如洗衣粉、电视机之类的四季通用的商品，可以进行周期性的集中刊播。

②变动时间的集中刊播。主要针对这样两种情况：其一，季节外实行集中刊播以期形成新的消费习惯，这时的竞争品牌广告量少，集中刊播易收到最大效果，一旦成功，就可以开辟新的市场。其二，在新产品上市时要实行一定时间的集中刊播，以利于产品知名度的提高。

（2）分散刊播。分散刊播主要用在非季节商品的刊播中。有人曾用集中刊播和分散刊播的方法对同一品牌商品进行调查试验，结果表明：

①在同样接触次数的情况下，集中刊播比分散刊播广告记忆速度快。

②不接触广告时，集中刊播的广告忘却也快，接触次数增多，忘却就减慢。

③广告目标若以短期记忆为主，集中刊播更有效，若以广告期间中的平均记忆为主，分散刊播更有效。

2. 发布频率

发布频率是指单位时间内广告发布的次数。频度、时机通常是配合使用的，如旺季来临前、新产品投放市场前、展销会开始前的时机里，同时也强调高频率。而在其他情况下，则以维持低频率为主，只强调到达率。

广告在一天中的刊播频率是根据消费者的生活时间确定的，"快乐香港"

上市时，对每一地区每一家商业广播电台，安排了每天 36 次插播，使得凡是
收听广播的人，没有一个人不深深注意到这首歌曲广告。

思考题

1. 广告市场策略有哪几种类型？
2. 举例说明广告表现策略。
3. 为什么说广告表现是实现广告目标的中心环节？
4. 广告诉求方式对广告创意有什么影响？
5. 试比较广告市场策略三种常见策略之异同。
6. 运用促销是否有利于品牌形象建设？
7. 试结合具体案例说明消费者行为如何影响广告策略。

第八章 广告媒体策划

本章内容要点

广告媒体是指广告主将其信息传播给受众的工具，是生产者和消费者之间的中介物。

传统的三大媒体报纸、广播、电视又称为大众媒体。学术界对大众媒体已经做了大量的研究，并得出许多重要理论，主要的有：魔弹效果论、议程设置理论、沉默的螺旋理论、培养理论、使用与满足模式、有限效果论、强大效果论等。

所谓媒介组合，是指以一种媒介为主，以其他媒介配合使用，或选取多种媒介，分布使用广告费的媒介使用方法。

媒体策划需要注意：预算控制、传播效果控制、公共关系控制。

媒体价值可以分为量和质两个方面。媒体价值的很大一部分，是可以按照一定尺度进行量化的，但也有一部分是无法进行量化的。那些属于媒体价值质的方面需要进行质的分析。

主 要 术 语

广告媒体 数字媒体 目标消费者 千人点击成本 沉默的螺旋 媒介策略 媒体细分 媒介目标 媒介选择 媒介组合 媒体排期 媒体价值 收视表现

第一节　广告媒体概说

广告媒体是指广告主将其信息传播给受众的工具，是生产者和消费者之间的中介物。信息必须借助媒体，配合以图片、文字、色彩三种最有力量的传播符号互相补充说明，以视觉为接受基础。

按感官来区分广告媒体，可分为三大类：视觉媒体、听觉媒体和视听两用媒体。各种媒体都有自己的特点，互相取长补短。

一、视觉媒体

最悠久的是印刷媒体，也是传播最迅速和最广泛的，以报纸、杂志为最。

（1）报纸媒体。广告媒体组合中比较偏好的媒体。发行方面：发行普遍及时，发行地点明确，便于选择。读者广泛，分层面，适应性强，时效性强。编排方面：广告和新闻在一起，提高效力。广告改稿与截稿方便。内容方面：新闻准确受到读者信任，没有阅读时间限制。政府、社团利用报纸刊登公告，提高广告的地位与价值。印刷方面：印刷优良逼真，可以保存。

（2）杂志媒体。视觉中第二。功能：有效时间长，印刷精美，广告编排紧凑整齐，篇幅无限制，可以保存。

（3）其他小型视觉媒体。小册子、函件等印刷媒体。

（4）户外媒体。户外媒体包括售点广告（POP）、霓虹灯、车厢、包装、路牌、灯箱、气球等。其功能是增强企业印象，老少易懂，设计独特新颖，地点广泛。缺点：受所在现场的限制。

二、听觉媒体

（1）广播媒体。技术上突破，采取市场导向式的商业化经营方式，及时在所有地点的变动播出。最突出的一点是音色优美，再现"原音"。功能：最快，最广，设备简单，文化程度低的地区，效果特佳。背景用悦耳的音乐，播出和收听不受时间、空间限制。还可通过电话直播，直接与观众交流。

（2）录音带媒体。特点是详细说明商品。不受时间限制，可以保存。音乐与广告间隔播出，广告有音乐性。

（3）电话媒体。向消费者直接诉求或提供某些服务：天气、消息、音乐、鸟叫。其功能（与函件相似）：特定人物为对象，减少浪费，亲切感。不受空间限制，制作简单。对预期消费者作反复诉求，并及时了解、反映。对象范围和人数可掌握。

三、视听两用媒体

（1）电视媒体最受欢迎的。功能：形声兼备，深入家庭；高度娱乐性；强制性广告效力。平均购买力高；声像并茂，情理兼备，吸引力强。

（2）电影媒体，早期广告幻灯，后广告影片。功能：同时同地一次性掌握多数观众；注意力集中；强迫诉求，强制性说服力。

（3）表演性媒体即实地操作表演。

（4）网络等其他新技术媒体。

第二节　　传播媒体的发展

一、从口语媒体到数字媒体

回顾人类历史上曾经出现的各种媒体形式大体可分为三类：口语媒体、文字媒体和数字媒体。各种媒体形式的出现都是和一定的社会历史条件相关联的。

在各种媒体中，出现最早，也是应用最广泛的就是口语媒体，在文字出现以前人们就开始用口语媒体进行交流并传递信息，时至今日口语媒体依然是人与人之间最主要的交流方式。口语媒体虽然具有方便快捷等诸多优点，但也有许多不足之处，比如作者和听众都必须实际存在，并及时做出反应；易于消失、不便保存、不便于传递，等等。

正是为了克服这些不足，随着生产力的发展，人类创造了文字。文字的出现是一个漫长的过程。在不同的文明当中，它出现的时间也不同。但可以肯定的是文字的出现为人类社会带来了许多的便利。比如文字媒体的作者和读者都不必实际出现，它可以在人与人之间传阅，并且是可见的、永久的。

但是由于种种原因，不论是口语媒体还是文字媒体，它们的表现力都是十分有限的。随着计算机的出现，一种集合了多种媒体优势，更为直观和快捷且不受时间和空间影响的全新的数字媒体很快出现在人们面前，这就是多媒体技术。多媒体技术与以往的各种媒体相比有着显而易见的优势，首先多媒体集合了文字、图形、图片、动画、声音、视频等多种媒体，可以将各种信息以最便捷、直观的形式传达给受众；其次在多媒体技术中作者与读者虚拟存在，在技术条件允许的情况下可以进行有限的交互性交流，读者可以根据自己的需要有选择性地了解信息，作者也可以有限地响应读者的反应；再次，多媒体技术使人们可以更为方便地获取所需的信息，足不出户便可得到自己想要的信息。数字多媒体从出现起就凭借其介质多样性、技术手段多样性和过程交互性等优势征服了广大的受众，轰动了全世界。

二、传统媒体广告与网络广告的比较

如果按时间顺序划分媒体类型，可以把媒体分为传统媒体（电视、广播、报纸等）和新媒体（网络、手机等）。这里以网络广告为新媒体的代表，从广告对象、广告发布、媒体收费、效果评定等方面将其与传统媒体做对比。

1. 广告对象

广告对象是依据消费者的需求偏好、购买行为和购买习惯的差异性，按照一定的细分标准，把整体市场划分为若干个需求与愿望各不相同的消费者群。电视、广播、报纸等传统媒体，其某一时段节目或某一栏目可能是针对特定消费者的，但就整个媒体而言，其对象几乎是全民性的，包括了各个年龄、各个文化水平、各个收入标准、各个生活层次的消费者。而网络由于其对操作者物资设备的要求，其对操作者文化水平的要求，其对操作者经济收入的要求，天然地对广大消费者做了第一层次的市场细分，从全体消费者中分离出了"网民"这一具有某些共同特质的消费者群。

2. 广告发布

传统广告发布主要是通过广告代理制实现的，即由广告主委托广告公司实施广告计划，广告媒介通过广告公司来承揽广告业务。广告公司同时作为广告客户的代理人和广告媒体的代理人提供双向的服务。而在网络上发布广告对广告主来说有更大的自主权，既可以自行发布又可以通过广告代理商发布。

3. 媒体收费

电视、广播、报纸等传统媒体广告的计费方式是建立在收视、收听率或发行量阅读率的基础之上以 CPM 为单位计算的。广告费用 = CPM × 媒体接触人数（收视率或发行量）/1000。受传统媒体计费方式的影响，大部分网络媒体服务商沿用了这种模式，以广告图形在用户端计算机上被显示 1000 次为基准计费。CPM 计费方式虽然是由传统媒体移植到网络上的，但在网络上它却发挥了较在传统媒体上更大的作用和效力。传统媒体无法对实际接触广告信息的人数做详细准确的统计。无论第三方的调查统计工作如何公正、详尽，最后得到的媒体收视率、阅读率也只是近似值。而网络媒体可以精确地

计算广告被读者看到的次数。与网络服务商偏爱的 CPM 计费方式相比，广告主更喜欢网络广告的另一计费模式 CPC（Cost Per One Thousand Click-Through，千人点击成本）。它是以广告图形被点击并连接到相关网址或详细内容页面 1000 次为基准的计费模式。这种方式能更好地反映广告是否真正吸引消费者的注意力并引起其购买欲；广告是否真正产生效果。因此尽管费用较 CPM 为高，仍成为最受广告主欢迎的网络广告收费模式。

4. 效果评定

传统媒体广告效果的测评一般是通过邀请部分消费者和专家座谈评价，或调查视听率、发行量，或统计销售业绩分析销售效果。在实施过程中，由于时间性不强（往往需要上月的时间）、主观性影响（调查者和被调查者主观感受的差异及相互影响）、技术失误造成的误差、人力物力所限样本小等原因，广告效果评定结果往往和真实情况相差很远。网络广告效果测评由于技术上的优势，有效克服了传统媒体以上不足，表现在：

（1）更及时。网络的交互性使得消费者可以在浏览访问广告点时直接在线提意见反馈信息。广告主可以立即了解到广告信息的传播效果和消费者的看法。

（2）更客观。网络广告效果测评不需要人员参与访问，避免了调查者个人主观意向对被调查者产生影响。因而得到的反馈结果更符合消费者本身的感受，信息更可靠更客观。

（3）更广泛。网络广告效果测评成本低，耗费人力物力少，能够在网上大面积展开，参与调查的样本数量大，测评结果的正确性与准确性大大提高。

第三节 媒体的功能——有关大众媒体的理论

传统的三大媒体报纸、广播、电视又称为大众媒体，因为它们都是单向传播的媒体，信息的接收方是广大民众。目前的广告传播依然是以大众媒体为主，了解大众媒体的特性、功能、效果以及其和受众的关系，对广告策划是有一定帮助的。学术界对大众媒体已经做了大量的研究，并得出许多理论成果。

一、魔弹效果论

伯罗称之为"皮下注射论"。它是一种认定大众传播具有强大威力、能够左右公众的态度和行为的观点。这种观点认为，受众就像射击场里一个固定不动的靶子或医生面前的一位昏迷的病人，完全处于消极被动的地位，只要枪口对准靶子，针头扎准人体部位，子弹和注射液就会迅速地产生出神奇效果。如施拉姆所说它可以把"各种各样的思想、感情、知识或动机从一个人的头脑里几乎不知不觉地灌输到另一个人的头脑里"。因此，这种观点认为：受众的性格并不重要，重要的是讯息；讯息直接改变态度，而态度变化即等于行为的变化。

二、议程设置理论

议程设置是指媒体有意无意地建构公共讨论与关注的话题。这一思想是政治学家伯纳德·科恩首先提出来的，科恩认为，媒体在使人们怎么想这一点上很难奏效，但在使人们想什么这点上却十分有效。议程设置理论的主要含义是：大众媒体加大对某些问题的报道量或突出报道某些问题，能影响受众对这些问题重要性的认知。

三、沉默的螺旋理论

该理论是诺利－纽曼于提出的，她认为：大众传播媒介在影响公众意见的方面有强大的效果，她把舆论生成中起重要作用的因素称为"沉默的螺旋"：个人意见的表明是一个社会心理过程，个人在表明观点前要对周围的意见环境进行观察，当发现自己属于"多数"或"优势"意见时，便倾向于积极大胆地表明自己的观点，当发现自己属于"少数"或"劣势"意见时，一般就会屈于环境压力而转向"沉默"或者附和。意见的表明和"沉默"的扩散是一个螺旋式的社会传播过程，一方的沉默造成另一方的意见增势，受群体压力而改变态度的人越来越多，使得优势意见越来越强，迫使更多持不同意见的人继续保持沉默或者既而转变态度追随支配意见。媒介通过营造意见环境来制约影响舆论，大众传媒以三种方式影响沉默的螺旋：①对何种意见是主导意见形成印象；②对何种意见正在增强形成印象；③对何种意见可以公开发表而不会遭到孤立形成印象。综上可见——对人们确定多数人的意见是什么，大众传媒起重要的作用。

四、培养理论

也称培养分析或教化分析、涵化分析。格伯纳等人认为，在现代社会传播媒介提示的"象征性现实"对人们认识和理解现实世界发挥着巨大的影响。

由于传播媒介的某些倾向性，人们在心目中描绘的"主观现实"与实际存在的客观现实之间发生着很大的偏离。同时，这种影响不是短期的，而是一个长期的、潜移默化的、培养的过程，它在不知不觉当中制约着人们的现实观。培养分析的核心观点：传播内容具有特定的价值和意识形态倾向，这些倾向通常不是以说教而是以"报道事实"、"提供娱乐"的形式传达给受众的；它们形成人们的现实观、社会观于潜移默化之中。

五、使用与满足模式

E.卡茨首先提出该理论。他将媒介接触行为概括为一个"社会因素—心理因素—媒介期待—媒介接触—需求满足"的因果连锁过程，提出了"使用与满足"过程的基本模式。后人补充和发展，综合提出"使用与满足"的过程。人们接触、使用传媒的目的都是为了满足自己的需要，这种需求和社会因素、个人的心理因素有关。人们接触和使用传媒有两个条件：①接触媒介的可能性；②媒介印象即受众对媒介满足需求的评价，这种媒介印象或评价是在过去媒介接触使用经验基础上形成的。受众选择特定的媒介和内容开始使用，接触使用后的结果有两种：一种是满足需求，一种是未满足。无论满足与否，都将影响到以后的媒介选择使用行为，人们根据满足结果来修正既有的媒介印象，不同程度上改变着对媒介的期待。

六、有限效果论

大众传播通常不是效果产生的必要和充分原因，它只不过是众多的中介因素之一，而且只有在各种中间环节的连锁关系中并且通过这种关系从而发挥作用。大众传播最明显的倾向不是引起受众态度的改变，而是对他们既有的态度的强化，即便是在这种强化过程中，大众传播也并不作为唯一的因素单独起作用。大众传播对人们的态度改变产生效果需要两个条件：一是其他中介因素不起作用；二是其他中介因素本身也在促进人们态度的改变，受到某些心理、生理因素的制约，还受到媒介本身的条件以及舆论环境等因素的影响。这些观点极力强调了大众传播影响的无力性和效果的有限性。

七、强大效果论

魔弹效果论是早期强大效果论的代表。20世纪80年代后，强大效果论再次强调大众传播有巨大的效果，但是与魔弹效果论不同，它从受众出发探讨媒介间接、潜在、长期的影响，同时将传播过程置于整个社会政治经济环境中进行多元化的宏观分析。

第四节　广告媒介策略

媒介策略的目的是构思、分析和巧妙地选择适当的传播渠道，使广告信息能在适当时机、适当的场合传递给适当的受众。这涉及诸多问题，如：我们应在何处发布广告？（哪个国家？哪个地区或市内哪几个地方？）我们应采用哪些媒介载体？我们应在何时集中投放广告？我们应采用什么频率发布广告？我们的媒介广告是否有和其他传播手段整合的机会？

广告的发布是产品促销活动中重要的实施环节，同时，由于购买媒介需要支付大量的费用，因此，广告媒介策略就直接影响促销的效益，从这个意义上说，媒介策略就成为促销活动的核心内容。

一、广告媒介策略的重要性

广告媒介策略的重要性主要体现在广告媒介策略是企业行销策略能否成功的关键因素之一。广告媒介策略是现代广告的主要策略之一，它与定位分析策略、创意策略、文案策略一起，构成了广告活动的主体。广告媒介的择用直接决定广告目标能否实现。根据媒介空间大小和时间的长短等不同特性来选择广告媒介，会直接影响到广告目标的实现。广告媒介决定广告是否能够有的放矢。如果在广告活动中对广告目标对象把握住了，但是媒介把握不当，那么整个广告活动也就前功尽弃。广告媒介决定广告内容与采用的形式。媒介的购买、使用和组合等牵涉企业的支出费用，需要慎重考虑。

二、广告媒体调查中常见的基本概念

1. 收视（听）率（rating）。这是指接收某一特定电视节目或广播节目的人数（或家户数）的百分数。收视（听）率是广播、电视媒体中最重要的术语之一。收视（听）中的率的计算是这样的：如果 10 户电视家户的 4 户在看节目 A，节目 A 的收视率便为（4÷10%）×100%，即 40%；如果 10 户电视家户中共有 20 人，只有 2 人在看 B 节目，则节目 B 的收视率为（2÷20）×100%，即 10%。

2. 开机率（homes using TV，简称 HUT）。这是指在一天之中某一特定时间家户开机的百分数。开机率的程度会因季节、一天之中的时段、地理区域以及市场状况而有所不同。

3.节目视听众占有率(share)。这是指收看某一特定节目开机率的百分数。它是说明某一节目或电台在总收视或收视听众中有多少百分数。节目视听众占有率并不表示拥有电视机的总家户数,而只是在某一特定时间那些"正在看电视"的家户数。节目视听众占有率=(视听节目的户数/视听开机户数)×100%。

4.毛评点(gross rating points,简称GRPs)。这是指特定个别广告媒体所送达的收视(听)率总数。毛评点提供说明送达的总视(听)众,而不关心重叠或重复暴露于个别广告媒体之下,因此,用毛额(gross)这个词。对于个人或家户,他们暴露于广告下多少次就计算多少次数。毛评点的计算方法是:毛评点=播出次数×播出时的收视(听)率。

5.视听众暴露度(impression)。这是指全部广告暴露度的总额。它以个人数目来表示,而与百分数不同。视听众暴露度的计算方法有:

①视听众暴露度=人口群体的人数×送达给某特定人口群体的毛评点。

②视听众暴露度=广告排期表中每一插播的广告所送达的视听众(人数)累计加总。

6.到达率(reach)。这是指不同的个人(或家庭)在特定期间中暴露于某一媒体广告排期表下的人数,一般均以百分数表示。

7.暴露频次(frequency)。这是指个人(或家庭)暴露于广告讯息的"平均"次数,它是以一个人(或家庭)所看节目相加之和与个人(或家庭)数做比值而产生的。

8.有效到达率(effective reach)。这是指在某一特定暴露频次,由一媒体广告排期表所达到的个人(或家庭)数目。有效到达率又通称为有效暴露频次(effective frequency)。

9.每千人成本(cost-per-thousand,简称CPT)。它是一种媒体或媒体排期表送达1000人(或家庭)的成本计算单位。

10.视听率每点成本(cost-per-rating point)与每毛评点成本(cost/GRP)。这些都是广告总费用与视听率的总点数或毛评点的总点数的比值。

三、以广告媒体的类型所进行广告媒体调查的内容

(1)印刷类媒体的调查。在进行这类媒体调查时,首先,要调查其性质。要分清楚是晚报还是早报、日报,是机关报还是行业报、专业期刊,是娱乐性还是知识性、专业性,是邮寄送达还是零售、直接送达等。其次,要调查其准确的发行量,发行量越大其覆盖面也就越广,每千人广告费用就越低。

再次,要调查清楚读者层次。对于读者的年龄、性别、职业、收入、阅读该刊所花费的时间等情况,要清楚地加以了解。最后,要调查其发行周期,即报刊发行日期的间隔数,如日报、周报、周刊、旬报、旬刊、月刊、双月刊、季刊等。

(2)电子类媒体调查。这类调查首先要调查其覆盖区域即传播区域。开机率、视听率、视听者层则是不可少的。

四、媒介选择

1. 媒介的选择要与企业的营销目标相结合。一个企业在确定了自己的目标市场以后,要以一个最佳的营销组合或以一个有效的营销计划进入和占领这个目标市场。其具体表现为如何实现一定时期内的企业营销目标。

如果把企业的营销目标简单地加以归结,不难发现,所有企业营销目标都可以分为扩大销售额、增加市场占有率、树立企业或产品形象三种。在媒介选择时,必须针对特定的营销目标。①扩大销售额时的媒介选择。企业扩大销售额的目标要求广告能够促使消费者缩短购买决策过程,尽快地做出购买决策。为了达到这一目标,在媒介上较为理想的选择顺序应该是电视、广播、售点广告(POP)、直邮(DM)、报纸、杂志等。②增加市场占有率时的媒介选择。增加市场占有率就是争取新的消费者,甚至把自己竞争对手的消费者吸引过来,以加强企业自身的竞争地位。在增加市场占有率时,选择的媒介以报纸、杂志的效果为最佳,其次是电视与广播,再次是售点广告、直邮及户外等媒介。③树立企业产品形象时的媒介选择。树立企业或产品形象是使消费者产生对企业或产品的好感,提高企业或产品的知名度与美誉度。为了达到这些目标,在媒介选择上,报纸、户外交通和赛场等媒介较为适宜,同时,在电视、杂志上进行形象广告宣传,也会产生良好的效果。

2. 媒介的选择要与目标市场相结合。①以区域划分的目标市场的媒介选择。企业的目标市场从区域上划分,可以分为全国范围目标市场和区域目标市场。如果目标市场为全国范围的话,媒体的选择应尽可能寻求一个成本尽可能低、广告信息总暴露量尽可能大的媒介组合,因此,可以选择国家一级的电视台、电台、杂志和全国范围内发行量较大的报纸。②以消费者自身因素划分的目标市场的媒介选择。所谓消费者自身因素是指消费者的年龄、性别、职业、受教育程度、收入等因素。在对市场细分时,企业比较多地使用这种社会文化标志来细分市场。在媒介选择上,经常运用撇脂媒介选择法。撇脂媒介选择法就是企业首先把广告集中投放到最有可能购买企业产品的消费群体中去，如果产品的销售没有达到预期的目标，随后再调整到另一个群体，直到在广告媒介上找出一个最能适应某一个消费群体的媒介就可以了。

3. 媒介选择要与营销环境相结合。①社会意识形态影响到媒介选择。从统计分析来看，经济发达国家或通信传播业发达的国家，各种广告媒介的运用比较平衡，各种媒介都被广泛使用。许多国家，由于社会意识形态的限制，导致在某类媒体上的偏重。如挪威、瑞典、丹麦等国家，禁止在电视、广播上播放广告；有的国家法令禁止香烟、酒类在电视和广播上做广告；在伊斯兰国家，对于电视、电影的限制比较严格，这些国家的广告选择便偏向于其他的媒介。可见，意识形态直接影响到一个国家的媒介选择。②人口密度影响到媒介选择。人口密度与广告媒介的传播范围与传播速度有一定关系。在人口密度低的地区，对于媒介传播的速度与范围要求就高。③文盲率。文盲率的高低直接制约着印刷媒介的发行范围及数量。在文盲率高的地区，宜于用电视及广播这两类媒介去说服消费者，因为电视和广播能够通过画面的直观形象和语言的通俗表达，把商品信息传递给消费者。同时，售点广告（POP）和户外两种媒介也可以在文盲率高的地区经常使用。④生活水平。一个地区的生活水平高低与通信传播业的发达成正比。生活水平高的地区，其报纸、杂志、广播、电视的普及率就高，这几种媒介的选用就比较多。

五、媒介自身分析

在进行媒介选择时，除考虑到上述因素之外，还必须注意所选用的媒介是否能够到达潜在顾客层，交流效果是否最大，成本是否较低等问题。同时要分析媒介自身的状况，具体有覆盖面广告到达率、接触者阶层、接触时间、广告出稿量、广告业务情况、广告报价、广告特点等。

可见在选择媒介时，必须从企业整体营销活动和媒介自身综合加以考虑，在既定的广告费用之内有针对性地确定媒介来传播广告信息，以产生良好的广告效果。

六、媒介排期方法

选择好适当的媒介之后，媒介策划人员就要决定每个媒介购买多少时间或单元，然后安排在消费者最有可能购买的时期发布广告。这里主要有三种方法：

1. 持续式排期：广告在整个活动期间持续发布，没有什么变动。这是建立持续性的最佳途径。这种方法的优点在于广告持续地出现在消费者面前，不断地累积广告效果，可以防止广告记忆下滑，持续刺激消费动机，行程涵盖整个购买周期。其缺点为在预算不足的情况下，采取持续性露出，可能造成冲击力不足，而竞争品牌容易挟较大露出量切入攻击。采用这种方式的产品主要有汽车、电视、房地产以及一些日常用品等，因为这些产品我们一年四季都可能用，没有什么时间性。

2. 起伏式排期：有广告期和无广告期交替出现。这种间歇性排期比较适合于一年中需求波动较大的产品和服务。这种排期的优点在于可以依竞争需要，调整最有利的露出时机，可以集中火力以获得较大的有效到达率，机动且具有弹性。其不足在于广告空档过长，可能使广告记忆跌入谷底，增加再认知难度，有竞争品牌以前置方式切入广告空挡的威胁。采用这种方式的产品和服务主要有税收服务、感冒药、衣服等，因为这些产品我们在某个时段根本不用，所以广告费用可在这个时段降低许多。

3. 脉冲式排期：是持续性排期和起伏式排期的结合体。消费者的购买周期越长，越适合采用脉冲式排期。这种排期的好处在于持续累积广告效果，可以依品牌需要，加强在重点期间露出的强度。而缺点是必须耗费较大量的预算。采用这种排期时，广告主全年都维持较低的广告水平，但在销售高峰期采用一时性脉冲增强效果。采用这种方式的产品主要有软饮料、空调等产品，虽然一年四季都有消费，但夏季消费量猛增。

七、界定媒介目标

制定目标，最大的考虑是为策略提供一个可以量化的参考指标，各策略均以它为基本发点与回归点，使得各策略能够协同作用，从而最大限度地发挥广告投资的效率。目标的方向：媒介目标必须与营销计划、目标保持一致。它主要包括两个方面：①长期目标。如品牌形象的建立（与好朋友分享的好东西——麦氏咖啡）/改变消费态度与习惯（如从喝茶到喝咖啡）和巩固消费习惯（"今天你喝了没有？"）。②短期目标。常规性的提示广告/配合营销活动的广告（铺货/SP/公关等）。不同的营销目标，将导致不同的媒介目标。比如，一种新饮料的上市，刚开始的营销目标是刺激试用，这时媒介目标就要偏重于知名度的建立，在媒介表现上则要求有较大的广度。如对高露洁而言，它在2000年的营销目标可能是鼓励消费者每天至少要刷牙两次，此时媒介目标就要偏重于建立理解度与好感度，媒介表现上则要求有较高的到达频次。但是，这样的媒介目标仍然不够明确，"较大的广度"、"较高的到达频次"，到底多大、多广？必须要有东西对策略提出明确的要求。所以目标必须明确，媒介目标的确定需要把广告的目标量化，才可以制定出可以执行的策略。目标的量化指标包括GRPs（总收视点）、到达率、有效到达率、知名度、理解度、美誉度、购买率（市场占有率）、忠诚度等。

八、媒介战略的确立——媒介组合

各种媒介的功能、特点各异，在进行广告活动的时候，常常采用媒介组合来开展广告工作。所谓媒介组合，是指以一种媒介为主，以其他媒介配合使用，或选取多种媒介，分布使用广告费的媒介使用方法。

1. 媒介组合的功能。

①媒介组合能够弥补单一媒介在接触范围上的不足。在广告媒介领域，几乎没有哪一种媒介能够100％到达每一个广告主所预定的目标对象。

②媒介组合能够弥补单一媒介在暴露频率上的不足。在媒介选择上，有的媒介能够以比较大的接触范围达到目标市场，但是由于广告费用太高，往往限制了广告主多次使用。

③媒介组合有助于广告的少投入多产出。任何一个企业的广告费用都是受到一定限制的，在特定时期，广告费用是一个常量。在企业无法以大的广告费用投入到广告媒介上进行宣传时，将广告费用合理分配在低费用的报纸、杂志、直邮、户外等媒介，再辅助以其他促销活动，常常会达到理想的目标。

2. 媒体组合的原则。组合有助于扩大广告的受众总量的原则。任何一种媒介都不可能与企业产品的目标消费群完全重合，没有包含在媒介受众的那一部分消费群需要借助其他媒介来完成。因此，媒介的组合应该最大限度互补，以满足广告发布覆盖最大的有效人群——目标消费群。

①重复原则。组合有助于对广告进行适当的重复。消费者对广告信息产生兴趣、记忆、购买欲望，需要广告有一定的频率来提醒消费者。因为受众对于一则广告在一个媒体上重复刊播的注意力会随时间而减少，因此需要多种媒体配合，延长受众对广告的注意时间。

②互补原则。组合应该有助于广告信息的互相补充。不同的媒体有着不同的传播特性，比如电视广告对于吸引消费者的注意力有所帮助，但不能传递太大的信息量，报纸、杂志就可以传递较大的信息量。一般促销活动的发布信息可以由电视或报纸发布，但促销活动的详细规则可以由店头海报传递。因此，媒体的组合，应该充分考虑信息的互补。

③周期原则。组合应考虑媒体周期性的配合。不同的媒体有不同的时间特征，比如电视、报纸可以非常及时，可以连续进行宣传，间隔较短。而杂

志一般以月为单位，不宜发布即时的新闻。在媒体组合中，应该考虑时间上的配合。

④效益最大化原则。在多种媒体上同时发布大版面、长时段的广告不一定达到最佳的效果，因此要对在各种媒介上发布的广告规格和频次进行合理的组合，以保证在达到广告效果的情况下，节省广告费用。

3.媒介组合策略。报纸与广播搭配，可以使不同文化程度的消费者都能够接收到广告信息。电视与广播搭配，可以使城市和乡村的消费者都接收到广告信息。报纸或电视与售点广告搭配，常常有利于提醒消费者购买已经有了感知信息的商品。报纸与电视的搭配运用，可以在报纸广告对商品进行了详细解释之后再以电视开展广告攻势，产生强力推销的效果。报纸与杂志的搭配，可以用报纸广告做强力推销，而用杂志广告来稳定市场，或以报纸广告固定市场，以杂志广告拓宽市场。报纸或电视与直邮广告搭配，以直邮广告为先导，做试探性宣传，然后以报纸或电视开展强力推销广告，也可能取得比较显著的成效。直邮广告和售点广告或招贴广告的配合，在对某一特定地区进行广告宣传时，能够起到巩固和发展市场的作用。当然，还有路牌广告与其他广告形式的搭配，等等。

当确定了选择哪几种媒介相互组合之后，随后的问题就是如何把握广告的时机，即何时和多时发布广告的效果最为明显。在电台和电视台确定后，要选择好一定的广告时段，尤其是广告黄金时段。时间分配主要指在限定时间内使用媒介的频率（少量、适中、大量）以及广告量在较长时期内的分布（持续式、间隔式），这应该和企业的总体营销策略相联系。比如，在推出一项新产品时，广告主必须在广告持续式和广告频率上进行选择。广告持续式指在一定时期内均匀地安排广告播发。广告频率是指广告播发的集中度。如果共有52次广告播发，可以每周安排一次，持续一年时间，也可以集中几次高频率（又称爆发式）广告快速播完。当产品在市场上已经有了较高的知名度，可以选择间隔式广告。广告此时所起的作用是"提醒"。而在开拓市场时，就必须采用高频率的方式，才能使产品品牌印象迅速建立起来。从产品生命周期来看，导入期，广告应适当集中；成长期，广告可适当减少，以充分利用已有的知名度；激烈竞争的成熟期，广告量又应适当回升。

第五节 媒介策略制订

一、媒介策划需要注意的问题

媒介策划工作是一个费用分配的过程，但是这个钱是要转化为传播力的。媒体策划需要注意的问题如下：

1. 预算的控制

根据不同广告主对资金的紧缺性而言，媒介策略分两种，一种是争取预算的媒介策略，这种策略一定要把最强势的传播方案组合起来，费用是次要考虑问题，传播效果是最重要的。一种是在预算已经明确下的媒介传播方案，这种方案一定要是一个优化的方案，钱一定要用得合理，有理有结是这种方案的核心。

2. 传播效果控制

媒介策略的实质是把创意文案发射到目标消费者，这里面有两个问题一定要明确，创意是什么，适合什么样的媒体，就像打仗一样，是子弹还是炮弹，不要等士兵把炮弹送来的时候，我们手上握着的是手枪，这样就完了。媒介策略要和创意思想一致，媒介策略是根据整体的营销策略和广告策略来的；然后要考虑发射路径是怎样的，也就是我们要选择什么样的媒体，对准什么样的人，现在媒体的细分化相当严格，细分是三级细分，媒体类型、媒体类别、媒体内容等等的细分，所以选择媒体得时候考虑得要相当细致，数据的样本选择、数据的分析方向、主观的分析把握，这些都是在这个发射路径中要考虑到的。

3. 公共关系控制

媒介策略的传播，不光是一个曝光度的到达，更应该是一个整合导向的影响，在强调曝光度的同时要保证软性的渗透率。在对发射渠道进行控制的同时，要对爆炸的"伤害度"有一个控制，传播学的魔弹论就是一种软性渗透式的解释，当然互动的传播渠道是媒介策略中应该尽量保有的方式，公关的最优化形式就是互动效应的产生。

二、媒介策划活动流程

为确保媒介策略的决策活动高效、有序地进行，充分利用各种决策资源，媒介策划人员必须通过一系列科学的决策步骤来制订媒介计划。其步骤如下：

（1）确定媒介目标，将营销及广告目标转换成具体的媒体表现目标。

（2）制定媒介策略，将媒介目标发展成可执行、可评估的具体的策略构想。

（3）媒介类型选择，明确哪些类型的媒体适合达到哪些媒体目标、产生怎样的效果及媒体之间的整合。

（4）具体媒介选择，选择及组合相应的媒介，选择相应的媒介发布的时间和空间。

（5）媒介购买决策，按预定标准确定具体的媒介时段、版面、位置、发布时间、频次、形态等。

三、媒介预算策略

广告活动最理想的效果是广告所到之处都能产生销售业绩的提高，而在企业的营销活动中，所有的广告活动都必须服从于企业的营销目标，因此广告预算区只有与企业的营销策略密切配合才能实现资金效能的最大化。在确定广告费用总额后，企业应进一步落实如何将经费分配到每一项具体的广告活动中，确保每一项活动都能顺利、有序开展，实现广告的预期效果，进而达到营销目标。在媒体预算的分配上则应落实何时、何地、在何种媒体上投放广告的问题，通常我们可以按照时间、地理区域和广告媒体本身的特质对其进行分配。

1. 按产品生命周期进行分配

每一种产品都有一个投入、成长、成熟和衰退的过程，在其生命周期的不同阶段上，它面临迥然相异的市场环境，有着不同的阶段营销任务，因此广告投入也有所不同。在投入期，产品面对的是全新的市场，消费者对产品一无所知，竞争者尚未出现，广告的目标是充分利用各种媒体投入大量广告，告知消费者产品信息，以树立品牌知名度和企业形象，因此需要大量的广告费用。当产品进入成长期，在目标市场上建立了一定的品牌知名度，消费者开始对产品有了初步的品牌认知，销售量逐步增加，市场上出现了竞争者，广告的诉求以产品个性为中心，通过艺术的表现形式引发消费者关于本产品有别于竞争者的联想，广告规模较投入期可有所缩小。进入成熟期后，销售虽趋于饱和，市场出现大量同类产品，竞争白热化，广告的目的不仅在于留住现有消费者，而且在于提高市场占有率，可以通过开发产品新用途和增加产品使用量或使用频率实现，不管哪种方法都需要增加广告费用的投人。在产品的衰退期，销售量大幅度下降，企业利润大幅度减少，多数竞争者转至其他产品，此时广告费相应大幅度下降，广告的目的仅仅在于提醒消费者本品牌的存在。

2. 按产品销售的淡旺季进行分配

对于淡季区间，目前业界有两种比较有争论的观点。一种认为应该在旺季多投入，加大投入的力度、广度和深度，以求大量走货；在淡季时做好基础的工作比如服务、回访、调研、新品研发和储备等。而另一种则认为在旺季没有必要多投入，只有保持一定的力度，表明"我也有"就行了，没有必要把过多的资源淹没在"我死我活"的"眼球"抢占中，最后的结果往往就相互的传播效果和作用被抵消了；在淡季时加大投入，因为在这种情况下，大多数对手都"沉默是金"，消费者的眼球都处于一种无人争抢的状态中，你只要适当地冒一下尖，比对手多那么一点点资源，就能够吸引旺季 3 ~ 4 倍的资源所抢不到的"眼球"。两种方法，仁者见仁，智者见智。关键是根据企业自身的资源和产品特性，做有针对性地投放。相比较竞争对手的广告投放而言，做到"人无我有，人有我新，人新我特"。

3. 根据地域性进行分配及媒体选择

要解决广告应在哪些地区出现，这些地区之间的媒介应如何分配。拟定地区策略，先需要考虑产品的销售网、销售量，品牌发展指数、品类发展指数和产品生命周期。然后，选择全国性的媒体还是地方性的媒体？选省台还是市台？各自的比重如何？如何组合？这是一个很复杂的问题，但是，明确以下依据就可以作出较为明智的选择：不要迷信全国性媒体，一般它只做提醒式的品牌形象广告。地方性媒介都是作为主要媒介来应用的，因为它的地域接近性和灵活性好。省台有省台作为强势媒体的优势，市台有区域媒体的优势。省台收视的不平衡，需要市台的补充。选择哪个省台，得比较它们的CPM。选择哪个地方台，得比较它们的 CPRP(收视点成本，即广告信息给一个收视点受众接触所要的成本)。

4. 根据受众对象特点进行时间段分配

对目标对象的深入了解能提高及改进计划与购买。比如了解上班一族较少有机会看白天的广告；老年人比较有机会看白天的广告；儿童在傍晚看电视比较集中；家庭主妇在晚饭后的黄金时段的收视率较高；白领在 22：00 以后的时间里会看电视多些。假如你的产品是一种适合 30 ~ 45 岁家庭主妇使用的，那么你必须要了解这些妇女的媒介接触习惯，把对象生活化。他们一般几点起床，上班会使用什么交通工具，晚上大约几点用晚餐，几点有空看看他们喜欢的电视剧，等等。这样才能对目标消费群体进行针对性的广告传达。

5. 确定预算费用

一般来说，广告的媒体预算可以从销售与利润的角度制定，也可以从媒介传播的角度。这两种方法各有千秋，又各有缺憾。如果单从行销的角度来定，媒体预算被控制为行销预算的一部分，优点在于不至于偏离销售现实，缺点在于忽略媒体竞争环境和传播所需；如果单从媒介传播的角度来定，它考虑到为达成品牌赋予的传播任务所需的投资额度，确保传播信息的产出，产出较多的毛评点 GRP(gross rating points，广告通过特定节目所送达的视听率总和)。

在实际操作中，比较可行的办法是：①从销售与利润的角度(在假设竞争对手是正确的前提下，参考竞争者的投入费用)得出预算 A；②以 GRP(总收视率)方式从传播角度得出预算 B。③检查 A 与 B 的差异，并作必要调整，检查可行性，最后，确定合理的预算区间。

举个例子简要说明：某地方性酒类产品去年的销售利润是 1000 万元，今年的电视广告费用控制在 10% 左右，即 100 万元。同时，考虑到竞争对手去年的投入费用比较高和通胀率的变化，于是，从第一种方法，即销售与利润的角度决定预算 A 是 110 万元。然后，看去年的情况：在三个市级电视台共获得各 900 个 GRP，花了 90 多万元。于是，就得到从媒介传播的角度，以 GRP 方式来计算的预算 B 为 90 万元。然后，检查一下预算 A(100 万元)和预算 B(90 万元)之间的差异，做出必要的调整，得到一个可行性的预算区间 C，最后可能是 95 ~ 105 万元这样一个预算区间。

四、媒介购买策略

1. 非黄金时间段购买

如果能够对某些非黄金时段的时间安排及目标受众分析研究，会发现非黄金时段有时也能达到黄金时段所能产生的效果，甚至是更好的效果，又节省了不少费用；而且对于一些几乎可以免费赠送的偏僻广告时段(午夜 12：00 至凌晨 6：00 之间)，有时也可以根据产品特性及目标受众的收视习惯考虑购买。当然大部分广告在这一时段不会出现，即使成本很低，但观众太少。

2. 集中购买

广告公司在进行媒体购买时多喜欢采用集中购买。因为当广告购买量较大时，媒体的优惠是必然的。

3．贴片购买

即对某一节目中的广告时间进行购买，使该广告与该节目成为一体，随着该节目在不同地区的播放而实现与观众的接触率与覆盖面。

4．总量购买

以1年的广告购买总量，或以某一频道、杂志或报纸，某一栏目的广告总量为对象，进行一次性购买。由于广告量大，在价格上可以得到较高的折扣。总量购买也有利于提高媒体发布安排的主动性。

5．时机购买

主要是指在一次重要节日或重大事件时期的购买，或根据产品特性来进行的时机购买。在这一段时间内购买，绝对成本可能并不会降低，但相对的千人成本一般会较低。

第六节　媒介广告价值评估

一、平面媒体广告价值评估标准

除了发行量、广告刊登量、读者构成、千人成本等必不可少的评估标准外，平面媒体广告价值的测评体系没有统一的标准，在实际的评估中，以下几点尤需注意：

1．受众

"特定受众"是需要特别强调的，指的是符合企业预期消费群体或其他需要的群体，不一定是整体数量越大越好，也不一定是收入越高越好，在这一点上要具体问题具体分析。具体审核标准应该参考发行量、传阅率、读者人口统计分析和生活形态分析等调研数据。读者的阅读行为研究（阅读时间、重复阅读比率、广告关注度等指标）以及购买行为研究（消费倾向、决策过程等），可以用量化的形式具体描述媒体的读者，可以让我们进一步地了解他们是否是目标受众，或是符合目标受众的比例是多少，从而判断它的广告价值。

2．印刷质量和创意接受度

平面媒体的传播依赖的是读者付费或免费获得印刷副本阅读的方式。对于广告主来说，就需要印刷质量较好的媒体来确保广告信息的准确传播。此外，平面媒体以版面的形式存在，决定了它的传播方式是一种"非线性传播"——读者可以跳过一些页码去看他比较关心的内容，我们无法将我们的广告直接突破读者的阅读而"强行"露出。为了在众多"平行"的广告中脱颖而出，达到比较好的效果，需要将广告放在相关版面或执行特定创意广告形式。所以说，印刷质量和创意接受度也构成了媒体广告价值的一部分。

3. 价格

在现实的广告活动中，媒体的价格也是不可忽略的因素。

4. 媒体的定位

媒体的定位是否与产品的目标消费群一致以及媒体的品牌影响力都是广告主非常关注的因素。这也和媒体的广告价值高度相关。

二、电波媒体广告价值评估标准

对于多数企业来说，电视栏目的广告价值评估并非是企业的优势所在，评估过程也显得过于复杂。但作为企业，可以通过以下几个方面对电视栏目的广告价值进行简单的评估。

1. 收视表现

这里的"收视表现"不仅是指栏目收视率的高低，而且包括频道覆盖、收视率数值和收视趋势等多个量化评价指标。

——频道覆盖。电视栏目需要依托一定的频道存在，频道的覆盖范围很大程度决定了栏目的影响力。从2003至2004年《现代广告》广告主调查结果看，在一定程度上"媒体覆盖范围"成为广告主媒体选择考虑的首要因素。

——目标观众收视率与毛评点、到达率、千人成本等一系列由收视率引发的广告评价指标。以"目标观众收视率"为例：目标观众收视率反映特定观众对栏目的收视情况。例如一个栏目的全国收视率为0.8%，并不是很高的数值，但个人月收入在3000元以上的观众收视率达到2.6%，对于面向高收入人群的企业产品、品牌来说，栏目无疑可以作为考虑的对象。

——收视趋势。广告信息要到达多少人，要让受众看到多少次广告，这是广告主进行广告投放的重要出发点，也是重要的媒介目标。然而，广告信息究竟到达多少人，受众看了几次广告，这些量化数值只能在投放周期结束后才能得知，因此投放前这些指标只能依据以往的栏目收视率、到达率进行经验预估。这就涉及栏目收视稳定性等问题。简单地说，一个栏目的观众忠诚度高，收视率就相对比较稳定，依据历史收视数据对媒介目标进行预估就更为准确，这样的栏目大多具有开播时间长、专业程度高等特点。相反，一些栏目受栏目选题的影响，收视率波动较大，比如电视剧，本月播出剧目收视率达5%，但下月剧目可能仅有2%，也可能超过8%，这为媒介效果预估提高了很大的难度，需要广告主在实际投放中不断调整其媒介选择。除栏目收视稳定性外，收视成长性成为广告主媒体投放过程经常忽略的一个因素。举例来说，2004 年 8 月期间，奥运会成为人们关注焦点，中央 5 套作为覆盖全国的体育频道，整体收视份额成倍提升；2005 年 4 月，受到连战、宋楚瑜等访问大陆事件影响，台海局势成为人们关心热点，有关两岸关系报道的栏目收视率也呈现明显上升趋势。对于广告主来说，这无疑是一个利好消息，既可以选择缩短广告投放周期，节省广告费用，又可以将广告费用转移到更多的媒体，获得超额的广告回报。

2. 栏目品质

相对于栏目收视的量化表现，栏目品质体现对栏目的质化评估。近年来，"媒介品质"对广告效果的影响力愈发得到人们重视和认可。相同的广告创意在不同品质的栏目中效果自然会有所差异。栏目品质从概念上讲，可以包括栏目权威性、独特性、内容专业性、观众认可度等多个方面。例如，央视著名栏目《艺术人生》，邀请文化艺术名人，并通过央视主持人朱军的有机串联，向观众展示了名人们更多不为人知的另一面，树立了"安静、大气、典雅"的风格，赢得了广大电视观众的认可。通过观众对栏目品质的认可，有效带动观众对栏目中广告品牌信息的信任度。

从另外一个角度看，国外众多跨国品牌在选择广告媒体时，更看重栏目品质对品牌的影响。如 IBM、Cisco 等世界 500 强企业更多选择中央电视台经济频道的《中国财经报道》《对话》等专业的品牌栏目，Nike、Adidas 等体育品牌更多选择央视体育频道、北京电视台体育频道等全国著名的体育类频道及栏目，既有效到达目标受众，更与栏目品牌实现相互促进。

三、广播媒体广告价值评估

1. 听众调查系统

通过科学的调查手段，了解广播听众收听节目的情况以及对节目的评价，获取一些反映广播节目传播效果的量化数据，包括节目收听率、听众占有率、节目满意度等一系列指标。听众调查反映节目质量，广播要争取更多的受众，就必须了解受众的心理和需求，有针对性地运用科学手段和专业知识对受众存在的状况、收听需求、收听心理、收听行为、收听期望、收听效果等进行准确的把握，从而提高广播节目的收听率和满意度。

2. 专家评议系统

邀请有关专家、资深听众定期对广播节目进行专业性的评议，从中取得一些关于广播节目的定性意见或建议，并据此进行评分。

3. 成本收益核算系统

通过核算节目的投入与产出方面的财务数据，分析节目的投入、回报情况，评价广播节目的经济效益。本系统采用投入回报率指标，计算公式为：投入回报率＝（节目总收入÷节目总投入）×100%。

4. 其他相关考评系统

相关考评包括广播节目在涉及政治、政策、理论、社会以及电台内部考核等方面的成果。

思考题

1. 列举你所知道的广告媒体。
2. 网络媒体与传统媒体有何不同？
3. 简述媒体策略在广告活动中的作用。
4. 在实际工作中，如何进行媒介选择？
5. 如何有效地利用媒介排期方法？
6. 简述广告媒介组合方式的概念和组合方式。
7. 在实际操作中，应如何确定媒体预算费用？
8. 列举新型媒体，说明其特点，并评估其广告价值。

第九章 广告文案的创意与策划

本章内容要点

广告中的文字语言表达部分称为广告文案,也称广告文稿。广告文案写作有三点基本要求:简明扼要、打动人心、通俗易懂。为了全方位、多角度、全过程和立体地表现广告主体,从而形成较大的广告影响力和广告气势,满足受众对广告信息深度了解的需求,系列广告文案在表现上要注重刊播的连续性和信息的全面性。

广告文案是由标题、副标题、广告正文、广告口号组成的。它是广告内容的文字化表现。在广告设计中,文案与图案图形同等重要,图形具有前期的冲击力,广告文案具有较深的影响力。

广告主题是广告信息传播中的主要意图。广告文案主题的创意就是确立并表现广告文案的主题。其作用体现在:突出重点、统帅全文。广告文案的主题主要由商品特征、企业特征和消费者特征等因素构成。确立广告主题的方法主要有选择、组合、综合等三种方法。

主要术语

广告文案 广告标题 广告正文 广告口号 广告主题
广告受众 修辞技巧 广告策划书

第一节　广告文案概述

广告中的文字语言表达部分称为广告文案，也称广告文稿。广告上文字的信息作用是极为重要的。一切不可能用可视形象直接表达的信息，都可用文字加以补充。广告文案的信息作用主要是显现的牌名、商标、生产厂家、使用说明等，以此反映出商品个性、传统风格、民俗色彩、时代风尚。此外，文字含意的真实性决定了广告信息的可靠性。

一、广告文案的作用

广告文案为广告作品的制作提供了蓝本。无论是在什么情况下，有了广告文案，也就有了制作广告作品的明晰的思路，就有了成品或半成品。在特定的广告运动中，要防止轻视广告文案和广告文案写作的倾向。另外，广告文案负有一项重要的使命，那就是在进行发散思维的基础上，经过择优汰劣，形成广告创意，并在文案中将它记录下来、表现出来。我们说，广告创意是整个广告文案的核心，在特定的广告运动中有着重要的地位。从某种意义上说，找到了好的创意，也就在相当程度上完成了广告文案写作。作为广告活动中的一个环节，广告文案与其他环节紧密相扣。比如，市场调查研究在一定意义上是为广告文案写作而展开的，而广告文案的成功写作使市场调研的成果得到了充分的利用。广告的媒介战略，是为发布广告作品而采用的。如果广告文案没有形成，那么广告的媒介战略也就失去了它存在的价值。

二、对文案创作人员的要求

1. 了解市场

对广告文案撰稿人来说，没有什么比了解市场更重要的了。一是要了解特定的产品和服务，发现它的独特销售主张(USP)。一般来说，特定产品或服务的无可取代的特点，也就应当是广告诉求的重点。二是要了解市场上特定产品的销售情况，对于广告人来说，了解市场有其特殊重要的意义。在市场调研的过程中，广告文案撰稿人，应当用很大的精力了解市场上特定产品的销售情况，了解消费者的构成、消费者的消费心理及消费者对特定产品的反馈意见等。三是要了解竞争对手的现状。当今市场竞争激烈，产品同质化严重，所谓"知己知彼，百战不殆"，广告文案的撰稿人不仅应当对广告主的有关情况有所了解，而且应当对广告主的竞争对手的有关情况了如指掌，了解竞争对手的广告特点、文案表现，等等。

2."商"、"文"、"智"兼具

广告文案撰稿人,对于广告的理解不能只是停留于一般的水平,而应该有自己独特的理解。在一则广告文案中,既要有"商",又要有"文",还要有"智"。所谓有"商",就是要懂得商品经济的规律,要有经济头脑,对商战有相当的洞察力;所谓有"文",是有文化底蕴和文化品位;所谓有"智",也就是说要体现出妙思和睿智。

3.多学科知识

广告是一门融合了多学科知识的学科。而广告文案写作也就与多种学科的知识有关。撰稿人要把广告文案写得实用、管用,就必须熟悉市场营销学、社会学、公共关系学、消费心理学和宏观经济学的有关知识;要把广告文案写得好看、优美,就必须熟悉美学、写作学、语言学和文学艺术创作的有关知识;要把广告文案写得便于操作,就必须熟悉广告学、传播学和法学的有关知识。

三、对广告文案的写作要求

1. 简明扼要

海外广告人曾经概括出这样一个文案创作模式,即 KISS 模式(Keep It Sweet and Simple),意为"令其甜美并简洁"。

我们先看 Simple(简洁)。和其他文体相比,广告文案对语言简洁性提出了更加严格的要求。广告文案要求摒弃任何无用的、无关的信息,即使是有用的信息也要分清主次,哪些详说,哪些略说。

"简明扼要"是在"简洁明了"的基础上"抓住重点"。许多广告人主张,要抓住重点,应"只说一件事(Just One)"。瑞夫斯认为:"消费者从一个广告里面只记得一件事——强烈的一项诉求或者强烈的一个概念。"例如,卡特牌白漆广告语:永远不会泛黄。

这种白漆还有其他优点,比方说容易刷、不易脱落等,但广告语仅仅抓住这一个特点进行表述。

又如,台湾铨屋建设广告:房子加上爱,就成一个家。

传达了 个观念,表达了潜在消费者"我想有个家"的愿望,给人留下深刻印象。天津中美史克药厂的广告以简明醒目、印象深刻著称:史克肠虫清——两片。泰胃美——感谢。当你打第一个喷嚏时——康泰克。

有人把这种风格誉为"史克风格"。我们应学习这种简单明确、干净利落的表述风格。再如,李奥·贝纳为"绿巨人公司"所写的广告文案:

月光下的收成

无论日间或夜晚,绿巨人豌豆都在转瞬间选妥,风味绝佳……从产地至装罐不超过三小时。

这篇文案非常简洁,同时又抓住"新鲜罐装"这一重点,用"转瞬间"、"不超过三小时"说明加工时间的短暂;而标题"月光下的收成",正如李奥·贝纳自己所言"兼具新闻的价值与浪漫气氛,并包含着特殊的关切"。

美国广告研究的先驱人物史考特教授曾总结出广告引人注目的六大法则,其中第一条法则就是:"干扰越少则诉求力越强"。

2. 打动人心

KISS模式的核心是甜美(Sweet),而甜美的要领则是煽情,即打动人心。好的文案让人看了以后心动,如果他看后无动于衷,那就是失败的文案。

当然,打动人心也有许多方法和途径。有切中消费的需求和欲望的,可称之为利益打动。例如,中年妇女或半老徐娘梦想青春永驻,太太口服液广告便针对这种需求,设计了富有驱动力的电视广告语言:"青春的风采,谁说不可以拥有?要拥有看你怎么选了,太太口服液。"

还可以煽动消费者强烈的情感体验,可称之为感情打动,如太太口服液报纸广告文案:

献给"太太"的年终奖

想到她

我生命中

最重要的女人

三百六十五天

任劳任怨

操持这个家

本该给她

多一份悠闲

多一份柔情

在外奔波的我

的确疏忽得太多太多

又近年终

应该有所表示

今天回家

送一个暖暖的吻

还有……

文案从丈夫的角度赞扬太太为操持家庭而任劳任怨的精神，并决定给太太一个意外的惊喜，情感细腻，感人至深，目的是打动天下的丈夫给妻子多一些关心和体贴，为妻子献上一份年终奖——太太口服液。

又如：

最温馨的灯光，一定在你回家的路上

如果人居的现代化只能换来淡漠和冰冷

那么它将一文不值

我们深信家的本质是内心的归宿

而真诚的关怀和亲近则是最好的人际原则

多年来我们努力营造充满人情味的服务气质和社会氛围

赢得有口皆碑的赞誉，正如你所见

这篇万科地产的广告文案直指消费者内心，现代化的生活使人与人之间的关系越来越疏远、冷漠，只有家才是我们心灵的庇护所，内心的归宿。而广告中描绘的真诚的、充满人情味的氛围，自然能在瞬间打动消费者的心。

上述文案算是较成功的文案。相反，如果文案语言使消费者产生距离感，甚至敌对情绪，那么这样的文案就属于失败的文案。例如，清朝末年，北京某理发店贴了这么一副对联：

提起刀人人没发　　　拉下水个个低头

显得杀气腾腾，霸气十足，顾客见了心生恐惧，无人敢入。又如巨人脑黄金广告：

今年春节不收礼，除非巨人脑黄金。

换句话说：只有巨人脑黄金才能送礼。给人感觉太绝对、太武断，会使受众产生防范心理。另外"收礼"一词有歧义，一是指亲朋好友间的礼尚往来，二是向有求于自己的人收取财礼。如果指后一种情况，该广告则更不可取。

3．通俗易懂

广告文案要通俗易懂，这是许多论述广告文案的书中反复强调的，问题是如何来理解、把握。我们认为"通俗易懂"应是针对目标消费者而言的。对于一般的消费者，一定要采用大众化的词汇、口语化的句子；而对于文化层次较高的目标消费者，可适当文雅一些，但不能"曲高和寡"，让人难懂。

如"搞定"一词（粤语用"搞掂"）在口语中有较高的使用频率，用它做广告语，可以很快流行。海尔全自动滚筒洗衣机曾在广告语用了这个词——"轻轻一碰，洗衣搞定"。南方牌黑芝麻糊广告语"好吃就再来一碗"、春都火腿肠广告语"味道好，当然吃得开"都是运用了口语化的句式。

近年来，广告文案创作有一种口语化的趋势，如书信体文案的流行就是一个明证。书信体看似书面文体，实则运用了许多口语化的词语和句子。例如，西门子公司一则有关发电和输配电设备的广告，其左侧的画面上有一盏台灯、一个旱烟袋和一封未写完的信，信上的文字为：

儿呀，快回来看看吧，咱村来电啦！全村都亮起来，往后再不用摸黑干活了……

这里从词语到句子的口语色彩都很浓，让人感到朴素实在、平易近人，这是一种"返璞归真"的本色手法。

文案创作者要善于抓住具有潜在流行性的口语，增加对语言流行性的感知能力和预测能力。如《演讲与口才》杂志曾经搞了一个抽奖活动，其广告语十分口语化，而且很快得到流行：一不小心即可中奖，奖面宽宽。稍加留意可获大奖，奖品多多。

读来轻松活泼，饶有兴味。"一不小心"这一词语在后来的新闻标题中被广泛使用。

四、系列广告文案

系列广告文案的目的是为了全方位、多角度、全过程和立体地表现广告主体，从而形成较大的广告影响力和广告气势，满足受众对广告信息深度了解的需求。为了实现这个目的，系列广告文案在表现上就比较注重刊播的连续性和信息的全面性。

1. 刊播的连续性

系列广告文案一般是连续刊播，这样可以形成宏大的广告气势。

系列广告是在广告策略的指导下，通过一定的广告策划，经过统一的安排，有计划地进行广告连续刊播活动。在这些系列的、连续刊播的广告中，广告文案用统一的主题和风格，甚至是同一种表现形式，同一个广告标题，同一篇广告正文来对受众进行连续的广告传播活动。这种连续的刊播可以形成广告宣传的排山倒海之势，对受众产生强烈的震撼，可以全面反映广告主的企业宗旨和企业实力，也可以反映产品的过人之处。

2. 信息的全面性

多则不同表现内容的广告文案，可以较为全面地、多角度地表现广告信息，满足受众对广告信息的深度了解的需求；而表现相同广告信息的多则广告文案，可以反复地体现广告信息而使广告得到有效的传播。

在系列广告作品中，广告文案所表现的信息内容之间，一般呈现以下的关系：信息并列关系、信息同一关系、信息递进关系。

（1）信息并列的系列广告文案。信息并列的系列广告文案，一般有两种表现。一种是将广告主体的各个方面分解成不同的侧面，在每一则单个广告文案中表现其中的一个侧面，或者将同一品牌的不同系列产品作并列表现。广告受众在连续的阅读或接收的过程中，通过各个侧面信息了解到一个全面的广告主体或同一品牌的不同产品特征。这是单纯处于并列关系的系列广告文案。另一种是在系列广告中的第一则广告文案里采用总括性的信息表现，而在以后的几则广告文案中，又分列出不同的侧面来表现，将后面多则广告所表现的信息总括在一定范围内。属于信息并列的系列广告文案，可以多角度地、全面地传递广告信息，让受众从各个侧面了解到广告主欲告知的方方面面的广告信息。

（2）信息递进的系列广告文案。信息递进的系列广告文案，有的是对广告信息进一步的深入发掘，可以使受众一步步地、由浅入深地了解广告信息；有的是完整地反映企业、产品和服务在各个不同时期一步步的发展状况和现实存在，使受众能跟随着广告的系列表现了解广告主体的发展状况。这样受众对广告信息能有一个全面的了解，也使广告主和受众之间能够达到一种长时间的沟通，在沟通中受众对广告主体的有关情况产生兴趣。

（3）信息同一的系列广告文案。信息同一的系列广告文案，是就广告主体的特征，进行同一信息诉求的不同表现形式的广告文案。这种表现，可以将一个广告信息进行反复的、不同角度的表现，使同一信息的诉求深入拓展，可以避免广告文案表现的空泛和乏味。如网易系列广告文案就采用了同一信息的多角度表现方式，形成一个风格独特的广告系列。

第二节 广告文案的内容

广告文案是由标题、副标题、广告正文、广告口号组成的。它是广告内容的文字化表现。在广告设计中，文案与图案图形同等重要，图形具有前期的冲击力，广告文案具有较深的影响力。

一、广告标题

广告标题是广告文案的主题，往往也是广告内容的诉求重点。它的作用在于吸引人们对广告的注目，留下印象，引起人们对广告的兴趣。只有当受众对标题产生兴趣时，才会阅读正文。

1. 标题的类型

(1)直接标题：直接以简明的文字表明广告的内容，使人们一看就知道广告的信息内涵。

(2)间接标题：不直接点明广告的主题和主旨，而是用耐人寻味的词句诱人转读正文和观看广告图片。这类标题富有情趣，以引人注目、诱发兴趣为主要目的，多采用比喻、习惯常用语或富有哲理性的文学语言。

(3)复合标题：是由引题、正题、副题等三种标题组成的标题群，其中两组标题又可以组合，如正题与副题、引题与正题复合标题。按写作技巧分，又分直接标题与间接标题。

2. 标题的表达形式

(1)宣事式标题。是如实地将广告正文的要点简要地摆明，使人一目了然，这是目前采用较多的形式。

(2)新闻式标题。是直截了当地告之消费者新近发生的某些事实。多用于介绍新上市产品或生产企业的新措施，目的在于引起大众关心而转读正文。它也是宣事式的一种。

(3)诉求式标题。是用劝勉、叮咛、希望等口气写标题，意欲催促消费者采取相应的行动。在写作这类标题时要绝对谨慎，否则，易引起反感。

(4)颂扬式标题。是用正面的方法，积极地称赞广告商品的优点。此类广告标题容易使人产生良好印象，但必须以事实为根据，切忌夸大，否则，易招人反感。

(5)号召式标题。是用带有鼓动性的词句作标题，号召人们从速作出购买决定。此类标题多用于鼓吹时尚流行的或即时性的广告，文字要有力量，能起暗示作用，且易于记忆，使消费者易于接受广告宣传的鼓动，产生购买行为。在文学修辞上，文字应力求婉转，以回避一般人都不愿受他人支配的心理特点。

(6)提问式标题。是通过提出问题来引起关注，从而促使消费者发生兴趣，启发他们的思考，产生共鸣，留下印象。

(7)悬念式广告标题。是用令人感兴趣而一时又难以作出答复的话作为标题，使读者由于惊讶、猜想而读正文。此类标题应具趣味性、启发性和制造悬念的特点，并能引发正文作答。

(8)对比式标题。是通过对同类商品的对比，突出本产品的独到之处，使消费者加深对产品的认识。但有关广告条例规定，不能直接指对方名作对比，所以，对比时采用泛比为宜。

此外，还有寓意式标题，主要是利用比喻的修辞方法，使标题增加新意，加深人们的印象。这种标题形式上处处为消费者着想，容易引起消费者好感。

3. 标题要注意的问题

广告标题要增强广告的宣传效果，就必须兼顾读者的利益，使读者产生好奇心或给读者增加知识，使广告标题更具力量。此外，在拟定广告标题时，还应注意以下要点：

(1)主题鲜明。标题是广告内容的高度概括，要使人们看到标题就能理解广告的信息内容是什么，因此，广告标题必须结合主题且要鲜明，而不能故作离奇之笔，与广告内容毫无关联。

(2)简明扼要。从记忆规律来看，广告标题以 7～12 字之间为宜，虽不能作硬性规定，但还是要坚持简洁明快的原则。

(3)内容具体。广告标题的内容应是具体实在的而不能含糊其词或过于抽象，以免被人忽视，或由于令人费解而激发不起人们的兴趣。

(4)个性独特。标题具有个性，且有独到之处，才有刺激性和吸引力，因此，广告标题要有创意。

(5)引人注目。标题的内容只有与消费者的心理需求联系起来，诱发他们的关心、好奇、喜悦等情绪，才能够充分地发挥广告的宣传效果。因此，标题在字体、字型和位置等各方面，都应考虑视觉化和艺术化，要能引起人的注意。同时，对不同的广告宣传对象，广告标题的拟写也要有针对性，不可离题。这样，可以充分发挥广告的说服力。

简而言之，标题写作要求两个重点：第一，用最少的文字，表达出商品的优点特色；第二，措辞生动，深入浅出，使人易读易记。另外，为了迅速产生好的构思，海外专家研究了七个思考方向，即给消费者以荣誉性、新闻性、优惠性、通俗性、好奇性、单纯性、忠告性。这些都是根据消费者的心理特征研究出来的。

二、广告正文

广告文案的中心部分，即除标题以外的文字说明，称为广告正文。广告的目标内容主要是通过广告正文来反映的，它起着介绍商品、树立商品和推动购买的作用。广告正文在不同的媒介中有不同的形式。在印刷广告中，正文为文字叙述，称作文稿；在广播广告中，正文以语言叙述，叫脚本；在电视广告中，正文以语言结合画面活动来叙述，称为故事版；在实物广告中，以文字结合商品实体来叙述作为说明。正文的主要作用是对广告的信息内容进行描述和报道。写作广告正文，首先要有构思。一般来说，有三个方面可供参考。第一，符合事实性，即朝着完全符合事实的方向构思。这种方法最容易，只要列明商品名称、规格、性能、价格、质量、特点及电话、地址即可。第二，说服性，即按说服的方向构思。以消费者所能得到的利益为前提，说服其购买。说服的技巧有比较法、证明法、警告法等。这种广告文亦可统称为理智性的诉求文字。第三，感情性，即向感情方向构思。富有感情的词句能够打动消费者，使之产生购买意念。这种广告文讲究用词精美，字里行间充满感人的力量，属感情性诉求。

这三个构思方向，可以交替组合使用。如果系列广告将三个方面轮流运用，将会收到多彩多姿的成效。

广告正文的写作技巧也是多样化的。在写作正文时，除要熟悉所写商品的性能、掌握消费者的心理需求、了解市场变化动向等外，还要掌握如下要点：

1. 重点突出

广告应有明确的主题，除了在标题中突出诉求主题之外，还应该在正文中集中地表现主题。主题是一则广告的重点，即中心意思。一则广告只能有一个主题。广告正文要切忌头绪纷繁，杂乱无章，什么都拼摆上去，这样不仅难以突出主题，反而有可能引起别人的反感。当然，如果要反映主题的不同方面，可以采取填写小标题的方式，分段叙述，使文章有条有理，脉络清晰。

一般广告正文是有其写作模式的，即有开头、中段和结尾之分，按顺序展开，并往往用标题叙述法来叙述。此法的好处在于，标题已点明广告的主题思想，便于围绕主题展开全文。一般而言，由于信息记忆的需要，往往在广告的开头和结尾放上最重要的信息，这是为记忆规律所要求的。

2. 简明易懂

广告正文要简明扼要，不说废话。广告文稿的长短虽然是根据内容的需要确定的，但可有可无的文字一概应该避免。对写作的要求，在原则上以足以传达广告的全部信息为限，长而不拖沓，短而不晦涩。在语言上尽量口语化，浅显易懂。此外，不同类型的商品对广告文的长短要求是不同的，生产资料类广告宜长，尽可能让消费者了解详细信息内容；高档耐用消费品，如电器等，则也可适当写长些，对一些消费者关心的问题尽可能作出解释；而日常生活用品，则由于是大众化的，其性能多为消费者所熟知，因此，宜尽量简短。此外，新上市产品，广告文介绍应详细，而已大众化产品则应简短。同时，不同媒介对广告文的要求也是不同的。印刷广告的广告正文可以写长些，对内容进行详细表述；而电信广告、路牌、交通广告和橱窗等，则要求简明扼要，让人能在短时间内看明白。

广告正文的内容要具体，应真实地反映广告商品的信息，避免用抽象空洞的词句，如"价廉物美"、"品质优良"等，这也是在拟写广告正文时应注意的。

3. 有趣、动人

广告文字不仅要有概括性，而且还要有艺术性。广告文字的艺术性，就是在广告正文的写作中，运用文学创作的手法，使广告的文字表达尽量做到生动、别致、贴切和形象，使广告富有趣味性，有人情味，这样，才能使消费者感到亲切，乐于欣赏品味，从而增强记忆和联想。

广告正文可用叙事报道、说明、论理、诗歌和散文等形式进行写作。广告报道又可分为独白式、对话式和文艺式三种。

(1)独白式报道：是直接向消费者阐明广告的内容。这种报道可以由第三者来进行，也可以由广告主、社会权威人士或社会知名人士作为企业代表来对产品进行报道。

(2)对话式报道：是广播广告的一种重要的形式，由两个人以上的人物对答，对广告内容进行报道，比独白式活泼生动，比平铺直叙的广告内容更有情趣，更富人情味。特别是对诉求重点能够反复说明、强调，加深印象。

(3)文艺式报道：是以各种文艺形式来反映广告内容，如戏剧、诗歌、散文、故事和广告歌等。这种形式能使人产生愉悦情绪，吸引消费者的注意力，并带动其思维活动。

4. 有号召力

广告的目的，是通过告之商品的信息，使商品在消费者心中树立形象，再通过说服和动员促进其购买行为。因此，广告文必须有号召力。广告文的号召力，关键在于高质量的商品、高水平的劳务服务和良好的经营作风，这是广告成功的基本保证。但是，要取得消费者的信任，还要运用各种表达方式来增强广告的效果。

为使广告令人信服，有号召力，在广告正文中往往较多地运用论证方式，直接引用权威人士、社会名流和消费者的推荐，或是利用权威部门所发证书加以证明。由于论证方式比较客观，易于引诱消费者仿效。但应该注意的是，有时利用知名人士做广告并不一定能取得消费者的信任，而普通消费者的推荐或赞扬往往显得更为亲切和可信。

此外，运用有号召力的广告，语气措辞必须礼貌，既要使人感到亲切，又要善于迎合消费者的心理。口气平和的广告往往易于被消费者接受。

广告文的写作还应注意下列几个问题：

(1)用字措辞要适当，不能让消费者阅读后引起戒心或怀疑；

(2)措辞应口语化，使人易读易懂；

(3)避免出现错别字，以免理解有误，造成损失；

(4)要有联系方法，如购买地址等，以方便消费者。

第三节　广告文案主题创意

"主题"原是音乐中的一个术语，意思是主旋律，后来引用到文学创作中含有主意、主旨、中心思想的意思。广告主题是广告信息传播中的主要意图。广告文案主题的创意就是确立并表现广告文案的主题。

一、主题创意的作用

广告文案中主题是统帅、是灵魂。确立主题，广告文案就有了重点，形式的安排就有了依据。主题的作用主要体现在以下两个方面。

1. 突出重点

大多数广告文案要传递的信息比较多，因此有必要确立一个中心。有中心就能突出重点，避免眉毛胡子一把抓。

2. 统帅全文

主题一旦确定，文案写作就要围绕它来安排材料、结构、语言。有人把主题的作用形象地比作统帅。

二、主题构成的因素

广告主题反映了设计者对广告产品及企业的理解；因此广告文案的主题主要由商品特征、企业特征和消费者特征等因素构成。

1. 商品特征

广告文案的主要内容是传播商品信息，因此，商品特征是主题构成的主要因素。分析商品特征可以从商品的品质特征和品位特征两个方面进行。

(1)品质特征。从商品品质来看，可以从商品的质量、产地、作用、性能等方面来确定广告主题。

（2）品位特征。从商品的品位来看，可以从商品的工艺水平、价格、信誉、文化情调上确立主题。

2. 企业特征

广告宣传企业，一方面是为了推销产品，另一方面是为了更好地处理公共关系，为企业树立良好形象，并把这种形象传播到公众之中。从企业特征角度分析，可以从企业实力、企业精神两方面来进行。

（1）企业实力。从企业实力来看，可以从企业历史、资本性质、企业等级、企业荣誉等方面来确定主题。

（2）企业精神。企业精神是企业在生产经营活动中，为谋求自身的生存和发展而长期形成的一种健康向上的群体意识，它是企业富有魄力、具有宣传意义的无形的价值因素。广告中可多方面地向公众显示企业的精神风貌、文化格调。可以用广告为企业树立为社会服务的形象。

3. 消费者特征

分析消费者特征也是确立广告主题的重要因素。广告只介绍产品、企业，不说明产品给消费者带来的利益、好处，就很难打动消费者的心，因此要分析消费者层次与消费者的心理需求。

（1）消费者层次。消费者层次可根据年龄、文化、地域、信仰、消费能力、性别等因素分类。有的商品对某个消费者层次有一定的适用性，商品广告内容就可以定位于这一层次之上。例如，swatch 手表 1983 年诞生，它以定量生产、定点销售、定期拍卖、博物馆珍藏、全球巡回展览、培养 swatch 感情等整合营销策略，培养出"流行"、"时尚"、"现代古董"、"时装表"等附加值，从而形成了 swatch"低价位，高品质"的品牌形象，深得各年龄层次时髦人士的喜爱，使人认为能获得一块绝版的 swatch 手表是一种幸运。

（2）消费者心理特征。不同层次的消费者群体有不同的心理特征，也有不同的心理需求。以年轻人为消费对象的商品广告往往就迎合年轻人追求时尚、浪漫的这种心理。如芝柏表广告："浪漫情浓，芝柏爱独钟。"就突出了"浪漫"的特征，迎合了"浪漫"的心理。以有一定经济实力和社会地位的消费者为目标的广告，往往体现权力、财富、地位等。如瑞士雷达表广告"雷达表雍容华贵、美丽大方"。瑞士劳力士牌手表广告："劳力士——财富、权势和地位的象征，名门望族引以为荣的标志，要登大雅之堂，就是劳力士。"钻石牌手表："出手不凡——钻石表。"在这三则手表广告中雷达手表宣传的主题是"雍容华贵"的风度；劳力士牌突出的是"财富、权势、地位"的象征；钻石手表突出"出手不凡"的气概，显示了绅士、名流、富商的地位。现在不少广告人已注意到人们追求家庭温馨的心理特征，有些生活用品广告往往设计了家庭成员聚谈的形式，体现商品的"情感"特征。这就是从消费者心理特征角度确立主题。

第四节　主题创意的方法

主题创意的方法是指确立广告文案主题的方法。从内容上看，广告文案的主题有的表意比较单一，有的表意比较丰富，含量很大，综合了多方面信息。因此，从这个角度来看，确立广告主题的方法主要有选择、组合、综合等三种方法。

1. 选择法

选择法就是对广告文案内容进行多角度分析，然后选择一个最佳角度确立主题的创意方法。不论是宣传商品，还是宣传企业的广告，其确立主题的角度可以是很多的，而且每一个角度都可以再从不同的层面分析。广告文案的作者可以对众多角度进行选择，然后确立最佳的主题。

2. 组合法

组合法就是对广告的众多信息进行选择，然后将几种主要信息组合在一起，来确定主题的创意方法。用组合法进行主题创意主要有两种方法：

（1）要点式组合。要点式组合就是指从最能反映商品或企业的特点的角度来选择若干要点，并将这些要点组合在一起来确定主题的创意方法。采用这种方法进行主题创意，广告的信息含量比单从某一角度立意的信息含量大。

（2）分类列举式。分类列举式就是指将广告所传递的信息分门别类地排列，然后选出某一类别信息并集中组合来确立主题的创意方法。

3. 综合法

综合法就是全面反映产品特点、企业特点、消费者特点，并按一定程式来确定主题的方法。这种方法较适合规范式的广告文案。

第五节　广告文案语言创意

广告文案中的语言是传递广告信息，实现广告目标的重要工具。俗话说："人看衣裳马看鞍，好文章要看好语言。"广告文案的语言对表达主题，传递广告信息起着重要作用。

一、广告文案语言的基本形式

广告文案语言是指用于传递广告信息的文字符号，一般把广告文案语言称为"广告语"或"广告语言"。

1. 陈述语

陈述语是指广告中用陈述的语句真实、客观地介绍广告信息的语言形式。这种语言形式强调淳朴真实、笔无虚设，不追求怪僻玄妙、雕饰彩绘，而是以天然显新颖，以朴素见风华。比如属于生产资料性质的商品，在进行宣传时，只需将其特点原原本本叙述出来即可。陈述语具有客观性、准确性、条理性的特点。

2. 口语

口语是指广告中使用通俗易懂的生活化的语言形式。口语比较亲切、简明、上口。若用得好，虽俗却生动，符合消费者的接受习惯和心理需求。口语具有通俗性、平易性、生活化特点。

3. 诗语

诗语是指广告中使用的精练、形象、具有诗意的语言形式。使用诗语生动形象，富有美感，让消费者在审美愉悦中不知不觉接受了广告信息。用诗语作广告有形象性、艺术性、音韵性的特点。

二、广告文案语言的创意方法

广告文案语言的创意是指在写作广告文案时对广告信息的概括，对语言形式的选择、锤炼和修饰。广告文案语言的创意方法主要包括概括、选择、锤炼等。

1. 概括

用语言来介绍商品信息，塑造企业形象，宣传劳务服务等。首先就要善于对广告对象进行独到的观察分析，然后选出主要特征加以概括，以突出重点。

使用概括的方法对广告文案语言进行创意主要分为两步：第一步就是选出有宣传价值的信息。以商品广告文案为例，商品广告主要是向消费者提供商品信息，宣传商品特点。或介绍商品性质，或介绍商品的功能、用途，或宣传商品的地位、作用，或宣传商品的商标、奖牌。第二步就是准确概括广告内容。广告的内容确立之后，就要抓住主要特点，用一定的文字恰当地概括主要内容，体现广告主和写作者的意图，以少少许胜多多许。

2．选择

选择就是选择恰当的语言形式来传播广告信息。这种选择主要是针对不同的广告内容、广告媒体、广告受众来进行的。

（1）从广告内容角度选择。有的广告内容翔实，这就要选择陈述语体来介绍产品特点、企业概况。有的广告内容简单，这就要选择口语或诗语来传递广告信息。如药品广告多用陈述语体，客观介绍药品的成分、功能、疗效、服用方法，用语准确、朴实，不加修饰；保健饮品广告则多用口语体和诗语，显得格调清新，亲切自然，有艺术感染力。

（2）从广告媒体角度选择。广告文案的语言形式选择应该适应不同媒体广告文案的特征。"到什么山上唱什么歌"，这样才会有针对性，有实效。比如报纸、杂志广告，直邮广告，主要是文字介绍，因此广告文案可以写得长一些，一般多选用陈述语，详细说明介绍。广播、电视广告主要是通过声音、画面传递广告信息，时间短，广告文案要写得短小精悍，一般多选用口语和诗语。

（3）从广告受众角度选择。不同的广告受众因其性别、年龄、职业、文化的不同，对广告语言的接受心理不一样。如以青年人为宣传对象的广告文案，就要尽量平实客观，老成持重。以儿童为广告宣传对象的广告文案，就要尽量选用简洁、明了、通俗的口语、儿歌等。以男性为宣传对象的广告文案，用语要讲究内涵、哲理、智慧的含量。而以女性为宣传对象的广告文案，用语要讲究美、情、趣。同时从广告受众的角度，要尽量选择尊重消费者，体现热情、诚恳态度的语言形式，满足消费者的心理需求。

3．锤炼

锤炼是指对广告语言中的字、词、句的推敲。对广告语言的锤炼主要从以下三方面进行。

（1）炼字。炼字就是对广告文案中关键性的"字"反复推敲，选择最恰当、传神的"字"来传递广告信息，使广告文案因一字而生辉。如台湾某品牌手提式收录机广告语：把声音提起来。其中的"提"既概括出了手提式收录机的特点，又表达了使用方便的含义。用炼"字"的方法对广告语言进行创意较适合广告口号、广告标题。广告口号、标题文字简短、精练，往往关键性的一个字就能够丰富文字的信息含量，使文案"锦上添花"，收到很好的效果。

（2）炼词。炼词就是对广告文案中的词语进行选择。现代汉语中，同一个意义有许多相近的词可以表示，要选择那些最准确、最鲜明地传递广告信息的词语。

要选择那些准确表现广告信息，体现广告特点的词。如莫耐特首饰公司的广告语："人人爱戴。"这里的"人人爱戴"一词堪称一绝，体现了广告文案撰写人的匠心，说明这种首饰消费者人人都爱佩戴，人人都受到爱戴。

（3）炼句。就是对广告文案中的句式进行选择。对句式的选择一般包括句子长短、整散、松紧的选择、搭配。

一是对长句与短句的选择。句子有长有短，一般来说，短句结构简单，词语较少；长句结构复杂，词语较多。从表达效果看，长句是由一个个语言单位层层组合形成的，可以描述细致、精确、包含较多的内容，语气连贯，条理清楚。短句表意简洁、明快、有力。广告语言一般多选用朗朗上口的短句。

二是对于整句和散句的选择。结构相同或相似的一组句子叫整句。反之，各式各样的句子交错运用的一组句子叫散句。整句和散句各有用处。整句形式整齐，声音和谐，气势贯通，意义鲜明；散句自由活泼，富有变化，易取得生动、感人的效果。一般广告多用散句，句式自由灵活。诗歌广告有些用整句，句式整齐。也有些广告整散结合，间隔搭配。

三是对松句和紧句的选择。句子的结构有松有紧。结构松的句子，一个或几个意思分几层说，或者反复地说，这样，句中并列的成分多，或并列句的成分多，停顿较多，语势和缓。结构紧的句子，几个意思集中在一起说，或句子成分结构得紧密，语势紧迫。

三、广告文案语言的修辞

修辞，从广义上讲是指运用语言的方法、技巧和规律。从狭义上讲是指对语言的艺术加工。我们所讲的修辞技巧就是指的后一种含义。广告，作为传递信息，诱导人们购买商品的艺术，对语言文字的运用有很多的要求。运用各种修辞手法去创作优美的广告词，唤起民众的审美感受，产生有效的促销效果，显得十分重要。

1. 广告文案语言的修辞技巧

（1）比喻：古人称之为"比"。它把深奥的道理说得浅显易懂，将抽象的事物进行形象的表现，把陌生的概念变成熟悉的事物，将平淡表现为生动。比喻有三大要素：本体——说明或描述的对象；喻体——用作比喻的事物；喻词——用来连接本体、喻体表示比喻关系的词语。通过这三大要素的组合，人们将比喻分为明喻、暗喻、借喻三种。明喻是将本体、喻体用喻词明显地连接起来的句式，将比喻化抽象为形象的表达功能表现得较为突出，我们运用之，能使文案达到特殊的效果。暗喻是指在本体和喻体之间，不出现喻词的比喻句式。借喻，是本体和喻词都不出现，直接用喻体代替本体的比喻方式。与明喻和暗喻相比，借喻的形式简洁，用喻最为隐秘，而喻体则更醒目，具有形式简洁、结构紧凑、文字洗练的特点。

(2)双关：是指在特定的语言环境中，借助语音或词义的联系，故意使语言关联到两种事物，使语句构成双重意义的修辞方式。在文案写作中，主要的双关运用是谐音双关、语义双关、对象双关。谐音双关是利用词语的谐音(音同或音近)所构成的双关，语义双关是利用词语的多义构成的，而对象双关是指一句话(或几句话)涉及两个对象的双关。双关的运用可以使文案含蓄、幽默、风趣、委婉、形象、生动。

(3)飞白：将词语故意写错或读错，并有意地仿效。飞白可以达到趣味性的效果，其形式有字形飞白、字音飞白、语义飞白三种。字形飞白就是故意用白字，故意曲解词语的本义，以达到表达的需要。如谐音广告、成语活用。

(4)感叹：运用一些特定的词汇发展文案的抒情性，以增加诉求效果。其特定的词汇大多为"多么"、"啊"、"真是"等和感叹号一起表达。

(5)引用：在写作时引用成语、典故、谚语、诗词等来说明问题，形成新的意境，可使文案更生动，更有说服力。

(6)夸张：是运用语言有意地对象或事物作言过其实的表现，借以强调和突出事物本质特征的修辞手段，有扩大夸张和缩小夸张两种形式。运用夸张手法，对夸张的度要有严格的分寸，否则就成了吹牛，无人信且毫无意义。

(7)拈连：把原本用于上下文中前一事物的词语就势巧妙地用于后一事物的修辞方式，也称连物。用拈连方式组合成句的基本特征是：用于拈连的词语一般为动词；构成拈连的词语在上下文中一般先后出现两次，前面一次是常规用法，后一次是变化用法，用于前面时，多是词语的原本意义，用于后面时，是临时的引申意义；构成拈连的两个事物的前一个一般为具体的事物，而后一个则一般为抽象的事物。将拈连的修辞手段用到文案写作上来，能给人以新颖、别开生面的感觉。

(8)析字：将字的形、音、义进行离合，而后产生一种新的词句和新的意义，在保留词语原意的基础上，使含义更丰富。析字的方式有化形、谐音、衍义三种。化形是在字的字形上进行离合，谐音是在音上进行离合，衍义是在字的含义上进行离合。

（9）回环：使一个词语或句子逆向重复。用到文案写作上，就是对广告信息进行有变化的重复，与此同时，使语言产生回环之美，且产生更丰富的意义。

（10）对偶：又称对仗，指把字数相等、结构相同或相近的两个词句成对比地排列在一起，以表达相同、相关或相反的含义的修辞方式。它要求在声调、词性、词义、句形等方面的巧妙组合。对偶句可以使广告文案连贯一致、句式流畅、音韵和谐，看起来醒目，读起来顺口，听起来悦耳，符合我国受众讲整齐对称、求抑扬顿挫的阅读心态，便于记忆和传播，也可以使得广告画面构图均衡优美。对偶有正对、反对、串对三种方式。正对，指对偶的两个句子意思相近或相同。反对，是指对偶的两个句子含义相反，相对立。串对，只是指两个句子之间呈现主次或递进的关系。

（11）排比：用三个或三个以上的结构相同或相似、字数大体相等的一组词语、句子或段落，来表达相似、相关意思的修辞方式。它能以情感人、以气慑人、以势推人，使受众能在不知不觉之间被感染、被震撼。

（12）反复：指为了达到强调重点、突出重点，抒发强烈的感情或增加叙述的生动性和条理性的目的，而有意地一再重复或使用同一词语或句子的修辞方法，有连续反复、间隔反复两种表现形式。它可以造就气势、表现感情，使文案形成一种回肠荡气的感觉。连续反复，是指某些句子或词语连续出现的反复。间隔反复，是指让某些句子或词语、段落间隔重复的反复形式。

（13）借代：是指借用与事物具有密切关系的名称去代替该事物的修辞方式。该事物称为本体，而借用来作代替的事物，称为借体。

（14）比拟：用他物来比此物。比拟有两种类型：将物比成人，将人比成物。将物比成人，并赋予其人格化，称之为"拟人"；将人比作物，并使之物性化，即为"拟物"。将比拟用到文案写作上，将广告信息中的物性转化成为人性、人性转化成为物性，并赋予其形象特征。

（15）对比：又称对照，是指把不同的事物或事物不同的方面放在一起作比照，以使需要说明的对象和含义更加突出。

2. 广告文案修辞运用的前提

广告文案人员在运用修辞的技法来写作文案时，要在认识到修辞的有效性的同时，认识到修辞运用中可能出现的问题，在写作中予以足够的重视。

（1）修辞的目的是为了更有效地传达和沟通。要认识到运用修辞写作文案的目的性。一切都是为了更有效的沟通。因此，修辞的运用不能违反广告文案语言的真实、生动、简洁、准确等语言要求，要避免过度修辞所导致的沟通障碍。运用夸张，达到了虚假的程度，如"某某某，五十亿人的家庭医生"；错用比拟，让人琢磨不懂，制造沟通障碍；谐音广告文案泛滥，破坏汉语言文字的规范性和严整性，且引起不必要的受众反感情绪。这些问题，都是因为广告文案人员对修辞的目的性没有一个确切理解的缘故。

(2)修辞手段要运用到位。修辞所产生的语言和句式表现要达到更具新意、更生动、更有形象感的效果，否则，就不可能使文案产生更大的效果。如果在修辞中出现比喻不恰当、双关义模糊、排比无气势、对偶不工整、比拟不形象等等现象，其修辞的运用不仅不能使文案更有效反而适得其反。

(3)注意修辞运用与广告信息、广告受众之间的关联性。广告信息中的事物与某种修辞方式之间必须有一种密切的关联，如果不可能产生关联的，即使在形式上是很有特点的修辞手段，都不能运用，以免产生与传播广告信息无关的形式而喧宾夺主，而表现无意义。如果能很快找出事物之间的关联性，并将之以象征性的各种词句表现出来，也就有多种创意的产生。"与其将广告的词句当作修辞学的一部分，不如将之看成情感诉求的象征。创意人员必须找出最适合对消费者的情感进行诉求的词句，才能发挥广告的功效。"

四、广告文案语言的创意误区

广告文案的内容最终要靠语言来表现。语言使用准确、简洁、鲜明、生动，有利于宣传企业或产品，能够引起消费者的注意，促成购买行为。但我们也发现一些明显的广告语言创意误区。

1. 机械模仿

广告语言要新颖、生动，才能打动消费者。但有的作者在广告语言的使用中，不是独辟蹊径，求异创新，而是机械模仿他人成功广告，拾人牙慧。如"中国人的×××"，"中国人吃的×××"，"中国人喝的×××"，这些语言听多了，过于耳熟，不能引起消费者的好感。

2. 词不达意

广告是一种代价昂贵的宣传活动，语言要求表意清楚、恰当，从内容到形式要仔细推敲，再三斟酌。但有的广告创作者随心所欲，或不重视语言文字的使用规范而造成用词、造句、用字、标点等方面的毛病。

3. 含糊不清

广告语言要求清楚明确，让受众易懂易记。但有些广告喜欢用笼统、模糊或不精确的词语，诸如"名列前茅"、"多次荣获第一"、"达到当今西欧先进水平"，等等，给人一种含糊其辞，似是而非的感觉。

4．渲染不当

广告语言很讲究表现技巧。有感染力的广告语言宣传效果就好，但有时也有渲染不当的。如某香波广告：不一样就是不一样噢。

其中的语气词"噢"显得嗲声嗲气，这样渲染让人浑身别扭，显得有些卖弄。

5．牵强附会

在使用语言做广告时，为了求得讲究形式、吸引消费者的效果，随意用词妨碍了内容的表达。其实，这是舍本逐末的做法。

思考题

1．广告文案写作的基本要求是什么？

2．标题写作有什么要求？

3．如何理解分析消费者特征是确立广告主题的重要因素？

4．如何运用组合法确立广告主题？

5．广告人员在运用修辞技法进行广告文案创作时，需要注意哪些问题？

第十章　广告预算策划

本章内容要点

广告预算是广告策划中的具体操作部分，它是广告策划活动的经费说明书，同时又具体控制了广告策划活动的实施。决定广告预算问题的种类是多种多样的，但这些问题共同的基本点需要予以注意。在实际操作当中，需要根据不同的广告预算类型，来决定广告预算。

主要术语

广告预算　广告目标　直接广告费用　间接广告费用　销售百分比法　目标达成法

第一节 广告预算策划的作用

企业确定营销战略目标时，通常也划拨了与之相应的广告活动资金，并规定了在广告实施阶段内从事广告活动所需要的经费总额、使用范围及使用方法。

广告预算是在一定时期内，广告业者为实现企业的战略目标，而对广告主投入广告活动所需的经费总额及其使用范围、分配方法的策划。

如何合理地科学地确定广告投资方向，控制投资数量，使广告投资能够获得如期的经济效益和社会效益，是现代广告预算的主要研究课题。

广告预算是以经费的方式说明在一定时期内广告活动的策划方案。因而，广告预算在广告战略策划中具有很大作用。

一、控制广告规模

广告预算为广告活动的规模提供控制的手段。广告活动的规模必然要受到广告费用的制约。广告的时间与空间、广告设计与制作、广告媒体的选择与使用，等等，都要受到广告预算的控制，从而保证广告目标和企业营销目标的协调一致，使广告活动按计划开展。

二、评价广告效果

广告预算为广告效果的测评提供了经济指标。广告预算的目的是为了达到相应的广告效果。较多的广告经费投入必然要求获取较好的广告效果；同时广告预算的策划又要求根据广告战略目标提供相应的广告费用。

三、规划经费使用

广告预算还可以规划广告经费的使用。广告预算的主要目的之一就是有计划地使用广告经费。广告预算要明确说明广告经费的使用范围、项目、数额及经济指标，这对合理有效地使用广告经费无疑具有指导性的作用。

四、提高广告效率

通过广告预算，增强广告人员的责任心，避免出现经费运用中的不良现象，对广告活动各个环节进行财务安排，发挥广告活动各个环节的工作效率，以促成广告活动的良好效果，提高广告效益。

广告预算标志着企业对广告的投入。常常会有企业主或广告主会对广告投入存在误解，在进行广告预算时应注意以下错误认识：

（1）有了广告投入就会有效益。如果广告活动有深入的市场调查、周密的策划、明确的广告目标与对象、新颖有效的创意、切合实际的策略，那么广告投入越多，效益就可能越好。但如果广告策划做得不好，而盲目地投入资金开展广告活动，那么广告费投入再多，也难说会取得预期的广告效果。

（2）广告投入会增加成本，削弱企业或产品的竞争力。其实，广告费控制在适度范围，并不会增加成本、削弱竞争力。一般情况下，企业会把运输费、包装费等作为成本加在产品价格上，但大多数产品广告费只占了销售成本的一小部分。比如，长城电扇的广告攻势众所周知，但摊在每台电扇上的广告费（包括其他促消费）在1999年仅有1.04元，不到电扇售价的百分之十。从绝对数来看，广告费额可能很庞大，但其加在消费者个体身上的负担并不大。因此，广告投入一般会增加成本，但并不影响售价，也不会削弱企业与产品的竞争力。

（3）投入广告费是一种浪费。在国外，不做广告的企业是没有实力的企业。不做广告的产品不是好产品的观念已成了人们的共识。但在我国，人们还不能完全意识到这一点。尤其是广告客户们，广告意识较差，对广告投资缩手缩脚，顾虑太多，怕浪费了来之不易的资金而舍不得投入广告费。其实，通过广告，既宣传了产品，塑造了企业形象，又能获得收益，何乐而不为？尤其是名牌商标，是越宣传越值钱，无形价值越高。所以，广告投入是有利的投资，而不是无意义的浪费。

第二节　广告预算的分类

决定广告预算的问题，包含着多种多样的决定。根据不同的类型，采用决定的方法也不同。

1.总的广告预算和各种企业、各种商品的广告预算

决定广告预算的问题按总计标准分类的话，作为企业就有决定总的广告预算问题，决定各种企业广告预算问题，以及决定各种产品的广告预算问题。根据决定问题的类型而采用不同的决定方法。

2.长期广告预算和短期广告预算

广告预算根据广告预算计划期限的长短，分成长期广告预算和短期广告预算。在这里长期和短期的区分一般是一年以上或两年的叫做长期预算，比

这期限短的叫短期预算。

3.商标、产品广告预算和企业广告预算

广告预算分成商标或者各种产品的广告预算和企业广告预算。企业广告预算是有计划的形成企业印象或企业的信誉而做的广告预算，因此，根据不同类型，决定广告预算的方法也会有所不同。

4.和新产品广告预算和已有产品的广告预算

决定广告预算的问题可以按广告对象产品的新旧之别，一个是新产品的广告预算问题，一个是已有产品的广告预算问题。如果再细说的话，广告预算的决定方法是把广告的时间放在该产品的寿命周期中，不同阶段而有所不同。

5.不同媒介的广告预算和总体预算

决定广告预算问题是决定各种产品、商标的总体预算问题，在决定总体预算时按不同类型的广告媒介分配预算的问题。根据不同类型采取不同的决定方法是必要的。

第三节　广告预算策划

一、广告预算的概念

广告预算是广告主根据广告计划对开展广告活动费用的匡算，是广告主进行广告宣传活动投入资金的使用计划。它规定了广告计划期内开展广告活动所需的费用总额、使用范围和使用方法。

广告预算不仅是广告计划的重要组成部分，而且是确保广告活动有计划顺利展开的基础。广告预算编制额度过大，就会造成资金的浪费，编制额度过小，又无法达到广告宣传的预期效果。广告预算是企业财务活动的主要内容之一。广告预算支撑着广告计划，它关系着广告计划能否落实和广告活动效果的大小。

广告预算不同于企业的其他财务预算。一般财务预算包括收入与支出两部分内容，而广告预算只是广告费支出的匡算，广告投入的收益由于广告目标的不同而有不同的衡量标准。它或许反映在良好社会观念倡导上，或许反映在媒体受众的心理反应上，也有可能体现在商品的销售额指标上。有许多广告主错误地认为，广告投入越大，所取得的效果也就越大。广告策划者通过对大量广告活动效果的实证分析，得出：当广告投入达到一定规模时，其边际收益呈递减趋势。美国广告学家肯尼斯·朗曼(Kenneth Longman)经过长期的潜心研究,也得出了类似的结果。他在利润分析的基础上,创立了一个广告投资模式,如图 10－1 所示。他认为任何品牌产品的广告效果都只能在临限(Threshold,即不进行广告宣传时的销售额)和最大销售额之间取值。

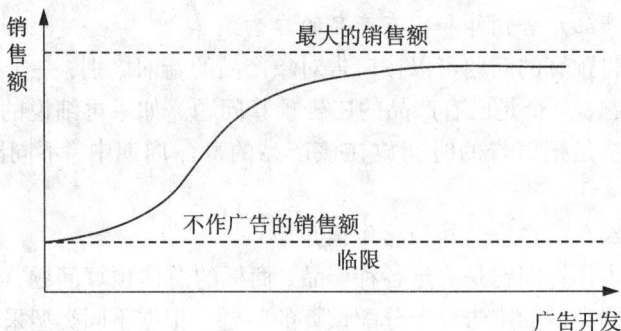

图 10－1　广告效果与广告投入之间的关系

　　肯尼斯·朗曼认为,任何品牌的产品即使不做广告也有一个最低销售额,即临限。广告的效果不会超过产品的最大销售额,产品的最大销售额是由广告主的经营规模、生产能力、销售网络以及其他因素综合决定。朗曼认为,理想的广告宣传活动应该是以最小的广告投入取得最大的广告效果。当广告效果达到一定规模时,广告再投入就是一种资源的浪费。

二、广告费的内容

　　广告费一般是指开展广告活动所需的广告调研费、广告设计费、广告制作费、广告媒体费、广告机构办公费与人员工资等等项目。有的企业把公共关系与其他促销活动费也记入广告费之内是不合理的。如馈赠销售的馈赠品开支,有奖销售的奖品或奖金开支,推销员的名片,公司内部刊物等等的开支费用,均不应列入广告费。美国 *Printer's Ink* 杂志,将广告费分为白、灰、黑三色,白色单系可支出的广告费,灰色单系考虑是否支出的广告费,黑色单系不得支出的广告费,详见表 10－1。

表 10 – 1　广告费用分类表

分类		主 要 费 用
白色单	可支出的广告费 广告媒体	报纸、杂志、电视、电台、电影、户外、POP、宣传品、DM、幻灯、招贴、展示等
	制作费	美术、印刷、制版、照相、电台与电视设计、与广告有关的制作费
	管理费	广告部门薪金、广告部门事务费、顾问费、推销员费、房租费以及广告部门人员的工作差旅费
	杂费	广告材料运费、邮费、橱窗展示安装费、其他
灰色单	考虑支出的广告费	样本费、示范费、客户访问费、宣传卡用纸费、赠品、办公室报刊费、研究调查费
黑色单	不得支出的广告费	社会慈善费、旅游费、赠品费、包装费、广告部门以外消耗品费、潜在顾客招待费、从业人员福利费等

依据广告费的用途，可以划分为直接广告费与间接广告费、自营广告费与他营广告费、固定广告费与变动广告费。直接广告费是指直接用于广告的设计制作费用、广告媒体费用；间接广告费是指企业广告部门的行政费用。应当尽量缩减间接广告费，使同样数目的广告预算能用在直接广告费用上。自营广告费是指广告主本身所用的广告费，包括本企业的直接与间接广告费；他营广告费是指广告主委托其他广告专业部门代理广告活动的一切费用。固定广告费是指自营广告的组织人员费及其他管理费，这些费用开支在一定时期内是相对固定的；变动广告费是因广告实施量的大小而起变化的费用，如受数量、距离、面积、时间等各种因素影响而变化的费用。变动广告费又因广告媒体的不同，可分为比例变动、递增变动、递减变动。比例广告费是随广告实施量大小全部呈比例变化的；递增广告费是随同广告实施量的增加而递增的；递减广告费则相反，广告费用随广告实施量的增加而递减。

三、广告预算的编制程序

广告预算由一系列预测、规划、计算、协调等工作组成。广告预算的基本程序大体如下：

1. 确定广告投资的额度

通过分析企业的整体营销计划和企业的产品市场环境，提出广告投资的计算方法的理由,以书面报告的形式上报主管人员,由主管人员进行决策。

2. 分析上一年度的销售额

广告预算一般一年进行一次。在对下一年度的广告活动进行预算时,应该先对上一年的销售额进行分析,了解上一年度的实际销售额,销售额是否符合上一年度的预测销售单位和预测销售额。由此分析,可以预测下一年度的实际销售情况,以便合理安排广告费用。

3. 分析广告产品的销售周期

大部分产品在一年的销售中,都会呈现出一定的周期变化,即在某月上升,某月下降,某月维持不变等。通过对销售周期的分析,可以为广告总预算提供依据,以确定不同生命周期的广告预算分配。

4. 广告预算的时间分配

根据前三项工作得出的结论,确定年度内广告经费的总的分配方法,按季度、月份将广告费用的固定开支予以分配。

5. 广告的分类预算

在广告总预算的指导下,根据企业的实际情况,再将由时间分配上大致确定的广告费用分配到不同的产品、不同的地区、不同的媒体上。这是广告预算的具体展开环节。

6. 制定控制与评价标准

在完成上述广告费用的分配后,应立刻确定各项广告开支所要达到的效果,以及对每个时期每一项广告开支的记录方法。通过这些标准的制定,再结合广告效果评价工作,就可以对广告费用开支进行控制和评价了。

7. 确定机动经费的投入条件、时机、效果的评价方法

广告预算中除去绝大部分的固定开支外,还需要对一定比例的机动开支做出预算,如在什么情况下方可投入机动开支,机动开支如何与固定开支协调,怎样评价机动开支带来的效果等。

四、影响广告预算的主要因素

编制广告预算时,除了确定广告费用的范围外,还必须了解有哪些主要因素影响广告预算。一般说来,影响广告预算编制的主要因素有产品的生命周期、行业市场的竞争状况、产品品牌的市场基础(或市场占有率)、广告频次等。

1. 产品的生命周期

在产品生命周期的不同阶段,企业经营者采取不同的经营策略,以取得

最佳的收益。

（1）引入期。

引入期是产品进入市场的第一个阶段。引入期的广告宣传是一种典型的"信息型广告"。它主要是针对产品的基本情况向目标市场"广而告之"，例如将产品的价格、功能、品牌、产地、售后承诺等情况告诉媒体受众。

（2）成长期。

企业在这一阶段的广告宣传，已由信息型转向"个性诉求型"。广告规模较引入期有所缩小，广告内容侧重于突出产品的特征，增加了广告的艺术含量，以求通过良好的视听形式来促使媒体受众产生固定的品牌联想。

（3）成熟期。

在这一阶段，企业进行广告宣传的目的主要有两个：一是维持市场份额，通过各种形式的促销活动诱使媒体受众购买本品牌产品。二是扩大产品的市场占有率，主要通过两种方法：①开发产品的新用途，例如，杜邦公司的尼龙的每一新用途的出现，都为公司开拓了一个新市场；②增加产品的使用量。消费者使用产品的次数增加了，产品的销售量也就扩大了。同样，每次使用产品的数量增加了，也会扩大产品的销售规模。

（4）衰退期。

在衰退期，企业如果进行广告宣传，其规模也一定非常小，属于"提醒性"广告。企业只是提醒媒体受众注意该产品的存在，某品牌产品依然是消费者忠实的朋友。提醒性广告主要突出产品的品牌，以唤起媒体受众对产品的回忆。同时也使对本品牌产品持有忠诚态度的顾客感到欣慰。

产品生命周期与广告费支出的关系可用图 10-2 表示。

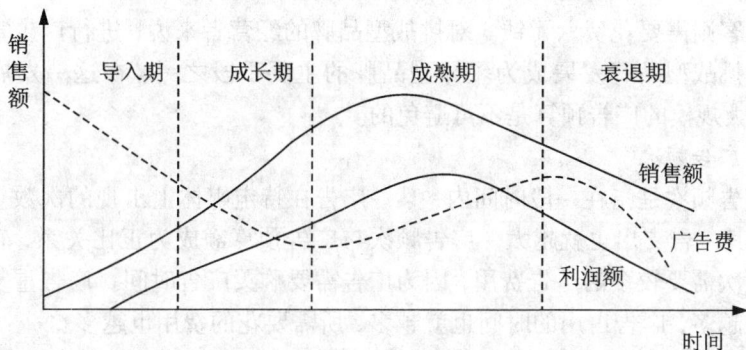

图 10-2 产品生命周期与广告费支出的关系

2.市场竞争状况

市场竞争状况也是影响广告费用开支的一个主要因素。同类产品竞争者的数量与实力也影响企业的广告预算。如果竞争对手进行大规模的广告宣传，本企业必然要扩大广告宣传的规模，广告预算也随之增加，否则本企业的广告活动就收效甚微，达不到预期的目标。

目标市场上的"广告拥挤度"的大小也影响企业的广告预算规模。广告拥挤度是指单位时间内，某一特定媒体刊播的广告数量。如果广告拥挤度非常大，较小的广告预算无法与竞争企业抗衡。只有企业的广告是众多广告中最响亮的一支的情况下，才有可能引起媒体受众的注意，诱使他们产生购买欲望。比如在一间有30多位同学的教室里，每一个人都向老师(只有一位老师)诉说，在这种吵闹的无秩序的环境里，作为学生的你如果想让老师听清你的话，你的声音只有比其他人的响亮，才会达到你的目的。而"响亮的声音"需要花费更多精力。这个道理在"广告爆炸"的年代里，同样适用。

3.品牌的市场地位

产品品牌的市场地位也影响企业的广告预算。一般而言，保持现有的市场占有率的广告费用远远低于扩大市场占有率的广告费用。如果品牌属于领导型品牌，由于它有成熟的销售网络，有较高的品牌知名度和美誉度，老顾客对产品品牌的忠诚是领导型产品独具的一份经营优势，其广告宣传活动的目的只是为了维持老顾客的重复购买，这就决定企业没有必要进行大规模的广告推广。

如果品牌处于挑战型的市场地位，不太高的知名度与不太成熟的销售网络都迫使企业进行大规模的广告宣传，以提高目标市场上媒体受众对产品品牌的认同意识。据研究，如果维持一名老顾客需要花费一元钱，那么吸引一名新顾客则需要花费六元钱。对挑战型品牌的经营者来说，进行广告宣传是企业将挑战型品牌发展成为领导型品牌的主要手段之一，在这一发展过程中，较大规模的广告预算是不可避免的。

4.广告频次

广告频次是指在一段时间内，某一广告在特定媒体上出现的次数。次数越多，其广告支出也就越大。广告频次与广告预算额成为正比关系，较大的广告频次需要较多的广告费用，因为广告需要购买广告时间。广告重复出现的次数越多，广告占用的时间也就越多，所需要花的费用也越多。

5.品牌的替代性

产品的替代品牌越多，就需要进行较多的广告宣传来突出产品的个性，树立品牌形象。

有些产品，例如化妆品，产品之间的同质性使消费者很难将它们区分开来，广告策划者必须通过艺术化的广告促销，将品牌中的文化附加值突出来，使该品牌显得与其他品牌不同，为媒体受众识别产品创造条件。这一形象塑造过程，需要大量的广告投入，否则，产品品牌的个性不足以成为媒体受众辨别不同品牌产品的标志。

第四节 广告预算的方法

编制广告预算不仅要分析影响因素，按一定步骤操作，还必须采取正确的方法，以保证广告预算编制的科学性。目前，常用的编制广告预算的方法主要有以下几种：

1.销售额百分比法

它是广告主以一定时期内产品销售额的一定比例匡算出广告费用总额的一种方法。这种方法是最常用的一种广告预算编制方法，根据形式、内容的不同，又可将它分为两种：

（1）上年销售额百分比法。根据企业上一年度产品的销售额情况来确定本年度广告费用的一种方法。这种方法的优点是确定的基础实际、客观，广告预算的总额与分配情况都有据可依，不会出现大的失误。

广告策划者在运用这种方法时，可以根据广告主近几年的销售趋势，按一定比例来调整下一年度的广告预算，以适应企业发展的需要。

（2）下年销售额百分比法。该法与上年销售额百分比法基本相同，都是根据产品销售的情况按一定比例来提取广告费用总额。它们的区别在于下年销售额百分比法有一定的预测性，经营者在预测下一年度销售额情况的基础上来确定企业的广告费用。它以上一年度产品销售情况为基础，按照发展趋势预测出下年度的销售额，再以一定比例计算出广告费用总额。

这种方法适合企业的发展要求，但也有一定的风险。在市场上，有许多因素都是未知的，这些因素对企业经营活动的影响有可能是突发性的，预测本质上是对事物发展趋势的一种合理推断，而突发性因素常常具有破坏性，它们改变事物的发展规律，使市场处于无序状态。例如，当经济不景气时，再多的广告宣传也无法阻止产品销售额下降的趋势，在这种情况下，执行预算计划就是一种"非理性"经营行为。

2. 销售单位法

销售单位法是以每单位产品的广告费用来确定计划期的广告预算的一种方法。这种方法以产品销售数量为基数来计算，操作起来非常简便，适用于那些薄利产品确定广告费用。通过这种方法也可以随时掌握企业广告活动的效果。它的计算公式为：

$$广告费用总额 = \frac{上年度广告费用}{上年度产品销售数量} \times 本年度计划产品销售量$$

或

$$= 单位产品分摊的广告费用 \times 本年度计划产品销售量$$

销售单位法对于经营产品比较单一，或者专业化程度比较高的企业来说，非常简便易行。相反，对于经营多种产品的企业，这种方法比较烦琐，不实用。并且灵活性较差，没有考虑市场上的变化因素。

3. 目标任务法

目标任务法是指根据广告主的营销目标，确定企业的广告目标，根据广告目标编制广告计划，再根据广告计划具体确定广告主的广告费用总额。它的操作过程如图10-3所示。

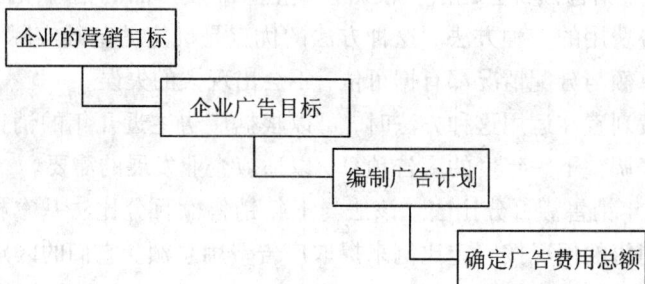

图10-3　目标任务法的操作过程

美国市场营销专家阿尔伯特·费雷(Albert Fery)将目标任务法的操作程序归纳为7个步骤，具体情况如下：

(1)确定广告主在特定时间内所要达到的营销目标。

(2)确定企业的潜在市场并勾画出市场的基本特征，包括：①值得企业去争取的消费者对广告产品的知晓程度以及他们对产品所持有的态度；②现有消费者购买产品的情况。

（3）计算潜在消费者对广告产品的知晓程度和态度变化情况，以及广告产品销售增长状况。

（4）选择恰当形式的广告媒体，以提高产品的知名度，改变消费者对产品所持有的不利于产品销售的态度。

（5）确定广告暴露频次，制定恰当的广告媒体策略。

（6）计算为达到既定广告目标所需的广告暴露频次。

（7）计算实现上述暴露频次所需的最低的广告费用，这一费用就是广告主的广告预算总额。

目标任务法是在调查研究的基础上，确定广告主的广告预算总额，它的科学性较强，但比较烦琐。在计算过程中，如果有一步计算不准确，最后得出的广告预算总额就会有较大的偏差。

4.竞争对比法

竞争对比法是指广告主根据竞争对手的广告费开支来确定自己的广告预算的一种方法。在市场经济下，企业面临的是开放的信息系统，企业必须与竞争对手开展竞争，以赢得竞争优势。企业开展广告宣传在一定意义上为了赢得一定的市场占有率，因此企业在编制广告预算时，必须要考虑竞争对手的广告规模。

运用竞争对比法的关键是要了解主要竞争对手的市场地位与广告费用额，计算出竞争对手每个市场占有率的广告投入，再依此来确定企业的广告预算。如果企业想保持与竞争对手相同的市场地位，则可以根据竞争对手的广告费率来确定自己的广告规模；如果企业想扩大市场地位，则可根据比竞争对手高的广告费率来匡算自己的广告费用总额。这种方法的计算公式为：

$$广告费用总额 = \frac{主要竞争对手的广告费用额}{主要竞争对手的市场占有率} \times 本企业的市场占有率$$

或

$$= \frac{主要竞争对手的广告费用额}{主要竞争对手的市场占有率} \times 本企业预期的市场占有率$$

这种方法最大的优点是编制的广告预算具有针对性，适合市场竞争的需要，有利于企业在竞争中赢得主动权。最大的缺点是竞争对手的广告预算的具体资料不容易取得。广告预算总额属于企业的经营秘密，大多数企业都不愿将它公布于众，这就给本企业编制广告预算造成了困难。更有甚者，有些企业会故意散布一些假情报，诱使竞争企业进行错误的决策。

5. 量力而行法

量力而行法是指企业根据自己的经济实力，即财务承受能力来确定广告费用总额。这种方法也称为"量体裁衣法"，许多中小型企业都采用这种方法。

"量力而行"是指企业将所有不可避免的投资和开支除去之后，再根据剩余来确定广告费用总额。以下例子就可以充分说明量力而行法的具体运用。某企业在 N 年的经营情况见表 10 – 2。

表 10 – 2　某企业 N 年的经营状况损益表

项　目	金　额(元)
销 售 总 额	1 000 000
销 售 成 本	600 000
销 售 毛 利	400 000
销售费用(管理费用)	200 000
广 告 费 用	100 000
纯 利 润	100 000

假如该企业(N+1)年的销售额预测为 1 250 000 元，并且企业的销售成本按比例同步增加，那么(N+1)年的销售成本为：

$$\frac{1\ 000\ 000}{600\ 000} = \frac{1\ 250\ 000}{X}$$

X = 750 000（元）

如果该企业的纯利润水平仍为 10%，则(N+1)年的纯利润额应为 250 000元。在销售总额扣除销售成本后的毛利后，企业财务部门核算得出企业正常水平的奖金和其他管理费用总额应该是 270 000 元，那么企业在(N+1)年度所要投入的广告总费用应该是 105 000 元（500 000 – 270 000 – 125 000 = 105 000）。推算过程见表 10 – 3：

表 10 – 3　某企业($N+1$)年的经营情况预测

项　目	金　额(元)
销 售 总 额	1 250 000
销 售 成 本	750 000
销 售 毛 利	500 000
销售费用(管理费用)	270 000
广 告 费 用	105 000
纯 利 润	125 000

表 10 – 3 中的 105 000 元就是该企业用量力而行法求出的广告费用总额。

6.通信订货法

通信订货法是广告主在以邮购广告形式进行广告宣传时，常用的一种编制广告预算的方法。这种方法主要根据某一邮购广告所带来的定货数量来测算广告费用。它的计算公式如下：

$$单位产品的广告费 = \frac{产品目录印刷费 + 邮购产品印刷费 + 信件邮寄费}{已消费产品的数量}$$

根据单位产品的广告费用，就可以得出销售一定数量的商品需要支付多少广告费用。这种方法的优点是广告费用与广告活动的效果直接联系起来，既有利于确保广告预算的动态平衡，同时也有利于对广告活动进行监控。缺点是，计算不够准确。邮寄广告的反馈需要一段时间，这就为计算邮寄广告的效果带来了一定的困难。

7.武断法(Arbitrary method)

武断法是指企业决策者根据经验或其他方面的知识来确定广告费用总额的一种方法。运用这种方法编制广告预算时，不考虑广告活动所要达到的目标，而是完全根据决策者的判断力来确定企业的广告规模。

武断法是一种非科学的决策方法，它常被用于一些中小型企业。在这些企业里，独断式的经营管理代替了科学的经营决策。这种方法具有较大的冒险性，广告投入与广告效果不成因果关系。

第五节　广告预算的分配

企业在确定了广告费用总额之后，就要按照广告计划的具体安排将广告费用分摊到各个广告活动项目上，使广告策划工作有序地展开，以达到扩大产品品牌的知名度、提高品牌资产、树立企业形象、增加商品销售的目的。

广告策划者在分配企业的广告费用时，可以按时间分配、按地理区域分配、按商品分配和按广告媒体分配。

1. 按时间分配

按时间分配是指广告策划者根据广告刊播的不同时段，来具体分配广告费用。根据时间来分配广告费用是为了取得理想的广告效果，因为在不同时间里，媒体受众的人数以及生活习惯是不同的。广告费用的时间分配策略包含两层含义：

(1)广告费用的季节性分配。在不同的季节里，由于市场需求情况的变化，就要求广告活动的规模有所侧重。以店面广告为例，在我国每年的12月到次年的2月是零售业的销售旺季，这时的店面广告可以营造一种节日的气氛，调动媒体受众的购买欲望，其广告效果非常好，一份广告投入可能取得数倍的广告收益，这一段时间内广告策划者应该扩大店面广告的规模，提高店面广告的艺术品位，要多投入；6—8月是销售淡季，再多的广告投入也难以改变商品销售不旺的规律，这一段时间内，广告策划者应理智地缩小广告规模，否则就是一种非理性的经营行为。

(2)广告费用在一天内的时段性安排。在一天的时间内，大多数消费者都表现出一个明显的生活规律：白天工作，晚上休息。广告策划者在选用电视媒体进行广告宣传时，应该侧重于18：00—23：00这一时段，因为大多数媒体受众在入睡以前，常常对电视依依不舍，这一时段的电视广告具有较高的注目率，因此广告主的广告费用安排也应侧重于这一时段。

2. 按地理区域分配

地理分配策略是指广告策划者根据消费者的某一特征将目标市场分割成若干个地理区域，然后再将广告费用在各个区域市场上进行分配。广告策划者可以根据不同区域市场上的销售额指标，来制定有效的视听众暴露度，最终确定所要投入的广告费用额。假如N企业在全国销售M品牌产品，根据产品销售情况可以将全国市场划分为A、B、C三个区域市场，N企业计划投入的电视广告费用为 3 500 万元，N 企业根据区域市场分配如表 10 - 4：

表 10 - 4　N 企业电视广告费用的区域分配情况

市场名称	占销售总额的比例(%)	视听众暴露度（千次）	每千人成本（元）	广告费用（万元）	费用比例（%）
A 区域	50	32 000	500.00	1 600	45.70
B 区域	30	28 000	500.00	1 400	40.00
C 区域	20	10 000	500.00	500	14.30
总计	100	70 000	500.00	3 500	100

表 10 - 4 就是 N 企业根据产品在不同区域市场上的销售比例，制定了有效的视听众暴露次数标准，再行分配不同数额的广告费用。A 市场的产品销售份额为 50%，其广告投入为 1 600 万元，占总投入为 1 600 万元的45.70%；在 B 市场上，M 品牌产品的销售份额为 30%，计划投入广告费用为 1 400 万元，占广告预算总额的 40.00%；C 市场上 M 品牌产品的销售占总销售额的比例最小，所以计划只投入 500 万元的资金进行广告宣传。

按地理区域分配看起来简便易行，但操作起来很难兼顾各个市场的实际情况，通常的做法是：广告主将几个区域市场的广告费用拨付给某个选定的广告代理商，再由广告代理商根据各个市场的特点进行重新分配，以确保广告投资的效果。

3. 按产品(品牌)分配

按产品分配与按区域市场分配在本质上是相同的，它是指广告策划者根据不同产品在企业经营中的地位，有所侧重地分配广告费用。这种分配策略使产品的广告与销售额密切联系在一起，贯彻了重点产品投入的经营方针。分配广告费用的依据可以是产品的销售比例、产品处在不同的生命周期的阶段、产品的潜在购买力等。

广告费的品牌分配法也属于产品分配法。广告策划者根据经营品牌的某些特征将广告费用进行具体分配，以美国宝洁公司为例，该公司的洗涤类产品有汰渍、快乐、Gain、Dash、Bold、象牙、Dreft、Oxydol、Exa、Solo 等品牌，其中象牙品牌是一个成熟品牌，其广告投入可以相应少一点。Exa、Solo 等品牌是新品牌，需要大量的广告推广，以提高品牌的知名度，其广告费用就需要多一些。一般说来，当产品或品牌处于上市期时，需要较多的广告投入。

当产品或品牌处于成熟期和衰退期时，其广告费用应该少一些。如果企业使用的是统一品牌策略，如日本索尼电器公司，它的所有产品都只有索尼（SONY）一个品牌，公司在编制广告预算时，就应该采取产品分配法。

4.按媒体分配

按媒体分配是指根据目标市场的媒体习惯，将广告预算有所侧重地分配在不同媒体上的一种分配方法。在运用这种方法时，首先要考虑产品品牌的特性，其次要考虑目标市场的媒体习惯，使所选用的媒体能够充分展现广告产品的个性，针对这种媒体广告策划者要进行较多的广告投入。

第六节　广告预算的管理

从某种意义上讲，广告预算实际上就是一个行动方案。而这个行动方案一旦得以制定、确定，那各个环节均应照此办理。在企业中，每一个管理层次都应在广告预算的有效期限之内严格按照广告预算的各个项目、数额负责具体实施。但是，由于各种不可预测性因素的制约，在将广告预算付诸实施进程中应允许出现一些偏差。

为什么要允许出现一些偏差呢？主要是因为在将广告预算方案付诸实施的过程中，难免会遇到各种不可预测性问题而使原定广告计划有所更改。

如目标市场出现了一些始料不及的变化，经济状况突然进入萧条期或繁荣期等等不可预测性问题都会迫使广告主调整原来所制定的广告计划，而广告计划的调整又不可避免地会对广告预算施以影响。因此，在各种不可预测性因素的影响制约下，就应允许在实施广告预算过程中出现一些偏差（这种偏差实际上也是对广告预算进行修正或调整），同时也要求在拟定广告预算时要留有一些伸缩性。

在正常情况下，各个环节应严格按照广告预算计划的内容开展工作，而且要经常性地对广告预算实施进行检查。有关部门在具体确定的时间段（无论是以周、月或其他形式出现的时间段）结束之后，都要将广告预算实施情况进行整理，并将各项实施情况与广告预算中各项具体要求加以对比。同广告预算的实施相类似，各个时间段的具体实施情况也允许出现一些差异。那么，多大的差异在允许范围之内呢？一般来说差异幅度在5%之内即属正常，但这要视具体情况而定。

广告预算的职能作用在于起草计划与管理的宏观作用。为了使广告活动能取得预定的成效，广告预算就要充分发挥其应有的计划管理职能作用，许多广告主(特别是小企业)在拟定广告预算之后便以为完事大吉、放任自流,缺乏为保证广告预算顺利实施而进行的必要跟踪调查。实际上,这样的广告预算就没有能够发挥出其管理的职能作用。如此一来,对广告活动进行科学化管理就会成为一纸空谈。广告预算的管理作用不仅仅是要在本广告预算有效期限内对广告活动的开展提供必要的资助和管理。如此循环往复的评估,广告主可以不断丰富经验并在此基础上日臻完善。但不管是什么样的广告预算,都必须充分发挥出其计划与管理职能的作用。

思考题

1. 简述广告预算在广告策划中的地位。
2. 影响广告预算的主要因素是什么?
3. 如何理解整体广告预算与具体广告预算有何不同?
4. 试分析新老产品的特点及其广告预算的差别。
5. 企业一般使用哪些方法进行广告预算?
6. 如何避免企业广告投入的盲目性?

第十一章　广告策划效果评估

本章内容要点

广告策划活动评估，是指广告策划活动实施以后，通过对广告活动过程的分析、评价及效果反馈，以检验广告活动是否取得了预期效果的行为。包括对广告调查、广告策划、广告实施发布以及广告效果的评估。

评估广告策划活动效果的客观标准是经济效益、社会效益和心理效益，以经济效益为主，同时兼顾社会效益和心理效益。具体的广告效果评估方法有：评估小组评估法、反馈评估法、观察体验法、目标管理法、民意调查法、新闻分析法、参照评估法、专家评估法、经济效益测算法等。

主要术语

广告评估　直接测定法　间接测定法　反馈评估法　观察体验法　目标管理法　民意调查法　新闻分析法　参照评估法专家评估法　经济效益测算法

第一节 广告策划效果评估的内容

广告策划活动评估，是指广告策划活动实施以后，通过对广告活动过程的分析、评价及效果反馈，以检验广告活动是否取得了预期效果的行为。因此，其评估不仅是对广告后期效果的评估，还应包括对广告调查、广告策划、广告实施发布的评估。

广告评估是指对广告活动的评估，不单纯指广告后期效果的评估，还应包括对广告调查、广告策划、广告实施发布等整个广告活动运作过程的评估。

1. 对广告调查的评估

（1）这次广告调查的可信度与允许误差的大小，其调查方法的科学性和其效度、信度的可靠性如何。

（2）评估其收集的原始信息是否充分，是否全面，对关键信息有无遗漏和误用。

（3）看调查搜集的信息内容对广告活动的适应性如何。如果信息虽多，却不能实际应用，其调查的价值就会打折扣。

（4）广告预测是否准确，与市场发展是否吻合，等等。

2. 对广告策划的评估

在策划决策的这一环节，其基本评估内容有：

（1）看广告计划是否与广告目标相一致，其内在逻辑联系紧密与否，广告成功的可能性是否最大限度地得到了利用。

（2）评估广告决策是否正确，广告策略是否运用恰当。

（3）广告主题是否正确，广告创意是否独特新颖，广告诉求是否明确，目标消费者是否认准。

（4）广告预算与实际费用如何，它们与广告效益的关系如何，是否随广告投资增加而效益也成正比例地增加，等等。

3. 对广告实施的评估

在广告的设计实施阶段，主要评估的内容有：

（1）广告文案是否科学、准确，广告用语是否简洁、准确。

（2）广告设计、制作的质量好坏，广告作品是否有吸引力和说服力。

（3）广告发布策略的运用是否恰当。

（4）广告媒介的选择与组合是否科学合理，发送的广告信息是否准确抵达目标消费者。

（5）可能接受广告目标信息的目标消费者的数量与实际获得广告信息的目标消费者的数量。

（6）广告活动是否在预定区域展开，所作的努力与广告计划是否相一致，等等。

4．对广告效果的评估

对广告效果评估的主要内容有：

（1）广告计划在取得预定的广告目标上是否有效，所获得的广告效果能否可以用计划外的其他工作来替代。

（2）广告计划在实施过程中是否有超出计划的作用。

（3）广告活动的实施是否最大效益地使用了资源（指人力、物力、财力和时间）。

（4）接受了广告内容而改变态度、意见、观念的目标消费者的数量。

（5）按照广告导向采取了行动的消费者的数量和重复采取类似行动的消费者数量。

（6）是否达到预定的目标，等等。

第二节　广告策划效果评估的标准

评估广告策划活动效果的客观标准是经济效益、社会效益和心理效益，以经济效益为主，同时兼顾社会效益和心理效益。

广告策划的直接目的是经济效益。一个广告成功与否，在很大程度上就是看它的经济效益，衡量指标有：

（1）广告是否培养了新的公众需求市场，发挥了市场扩容功能；

（2）广告是否激发了公众的需求欲望，有效地引导公众产生购买行为；

（3）广告是否提高了企业的市场占有率；

（4）广告是否突出了本企业商品在公众心目中的地位，提高了公众的指名购买率；

（5）广告是否增强了商品的营销力，扩大企业的销售量。

广告策划的最终目标是树立社会组织良好的形象和信誉，创造和谐的公众环境，赢得公众的支持。因此，评估广告策划活动的效果，还要衡量社会效益，但是广告策划活动的社会效益，最终体现为经济效益，如打开了新消费市场，提高了市场占有率，推销了某种新式产品，赢得了贷款数额，提高了产品的生产量和销售量。

第三节 广告效果评估的方法

1. 评估小组评估法

广告评估的具体方法有很多。

(1)按技术手段的复杂程度分为经验测定法和科学测定法。

(2)按获得资料来源的直接程度分为直接测定法和间接测定法。

①所谓直接测定法是通过邀请专家、学者或有代表性的顾客来评定;通过广告评价直接对广告效果作出测定。

②间接测定通常是根据原始资料做初步分析和推理,再对广告效果作出测定。

(3)有的是按广告活动的进程来分,有事前测定、事中测定和事后测定等方法,这是在实际工作中常用的方法。

①所谓事前测定是指在广告活动正式发布之前,对广告战略步骤、广告作品和广告媒介组合进行评价,预测广告活动实施以后产生怎样的效果。事前测定的具体内容涉及产品调查、市场调查、消费者调查、媒体调查及广告信息在传播过程中可能引起的消费者的反应。事前测定主要对广告策划的测定、对广告创意的测定、对广告产品的测定和对广告媒体传播时机与组合策略等的测定。

②事中测定是指广告正式发布后直到整个广告活动之前的广告效果测定,其测定内容主要是对广告成品和广告媒介组合进行测定,其目的是为事后测定和评估积累必要的资料和数据。

③事后测定是指对广告活动作出全面评估,其目的是评价广告活动的成绩,广告费用与广告收益是否合理;还可评价广告策略的成败得失,为新的广告活动提供依据。由于广告效果的滞效性,对广告效果的事后测定既不能太早也不能太迟,要注意评估的时机选择。事后测定主要有广告接触效果测定、广告销售效果测定和广告心理效果测定等。

2. 反馈评估法

策划方案付诸实施以后,对方案效果的反馈与评估,就成为广告策划部门及其人员最重要的工作了。反馈与评估工作几乎是同时进行的。通过反馈进行评估的方法有:

(1)观察体验法。这是一种信息反馈迅速的评估方法。其具体做法是:

社会组织的领导或有关部门的负责人亲自参加广告策划活动，现场了解广告策划工作的进展情况，直接观察、估计其效果，并当场提出广告策划活动的改进意见。

（2）目标管理法。这是利用广告策划目标测评广告策划活动效果的一种方法。确定广告策划目标时，把抽象的目标概念具体化，编制若干个具体的要求。当广告策划活动结束后，将测量到的结果与原定的目标和要求相对照，就能够衡量出广告策划活动的效果。

（3）民意调查法。这是一种通过调查公众态度和市场营销环境的变化来测评广告活动效果的评估方法。主要有两种具体方式。一是比较调查法，即在一次广告策划活动前后分别进行一次舆论调查，比较两次调查的结果，分析出广告策划活动的效果。二是公众态度调查法，即在广告策划活动实施后，对公众进行调查，了解公众对社会组织的评价和态度的变化，对本企业产品的知晓情况与信任状况等，分析出广告策划活动效果。

（4）新闻分析法。这种方法通过观察、分析新闻媒介对社会组织的报道情况，测量广告策划活动效果。新闻分析法的主要内容有：第一，分析报道的篇幅大小、持续时间、版面位置等。第二，分析报道的内容性质，如是正面报道还是反面报道。第三，分析新闻媒介的社会地位及其发行量、覆盖面，看它是否具有权威性和影响力。第四，分析新闻资料的使用方法，如是全面报道还是摘要报道，是重点报道还是一般报道。

（5）参照评估法。这是一种以其他社会组织的广告策划活动为参照标准，通过比较来分析广告策划活动效果的评估方法。其具体做法是：先全面收集本社会组织和其他社会组织广告策划活动方面的数量资料和质量资料，然后进行对比，在比较中进行评估。这种方法不仅方便实用，而且还能在比较中学习其他社会组织的新鲜经验，改进广告策划的工作。

（6）专家评估法。这是一种邀请广告专家测评广告活动效果的方法。由于这些专家广告策划工作经验丰富，他们的测评结果都比较公正、准确。

（7）经济效益测算法。

广告效益的测算方法分两大类。一类是从广告客户销售额的变化直接反映广告效益，即直接效益。

另一类是通过消费者的反应估算广告效益，即间接效益。在实际工作中，直接效益的测算方法与间接效益的测算方法要结合使用，提高广告效益测算的准确性。

思考题

1. 简述广告策划活动效果评估的意义。
2. 广告策划活动效果评估应该坚持什么标准？
3. 如何对广告效果进行评估？
4. 如何提高评估小组评估的准确性
5. 试对某一广告策划活动进行整体评估。

第十二章　广告策划书

本章内容要点

广告提案是一个过程，而不只是局限于提案会的一个短短的时段，它有其自身的模式。其基本流程包括：提案设计、提案准备、预提案、提案会、提案结论。提案必须精心准备，没有认真准备的提案只有浪费每个人的时间，结果也必然不会理想。

广告策划实施需要专业广告公司在理清各种内外关系，摆脱旧有观念束缚的基础上，还需要抓好策划书的论证与沟通、提高策划书的应变能力等等。由于策划实施是按既定方案一步步实行的过程，因而必须定期对实施过程进行考核监督。

广告是一种社会化的活动。如果从涉及这项活动的人群分析，共有三类：广告主、广告人和广告受众。由于立场不同、知识经验不同，他们对广告效果的评价也不同。因此一个真正好的广告，应该是广告主满意的、广告人得意的、广告受众普遍首肯的广告。

主要术语

广告提案　提案准备　广告策划书　广告主　广告人
广告受众

第一节 广告提案

一、广告提案的概念与类型

提案(presentation),即广告公司向广告客户作有关广告活动企划、创意构想、调查结果等的发表。也就是把创意策划准确生动地向客户提交与说明,以求赢得客户的赞赏与支持。

在广告公司的工作中,提案起着举足轻重的作用。对于广告公司而言,提案就是向客户销售产品的过程,其成败与广告公司的生存发展息息相关。在广告策划的各种阶段,广告公司随时需要通过提案与客户达成共识,以实现智力产品的销售。

提案是广告公司向客户提交工作成果的过程,根据工作成果的不同,提案一般可分以下几种类型。

1. 策略提案

策略提案的着眼点在于整个广告运动的目标及原则等纲领,为创意明确方向,并给整个广告运动定下基调。

2. 创意、表现提案

创意、表现提案向客户展示了广告策划中激动人心的一面,它不仅要获得客户的信心,还要激起客户的热情。

3. 广告实施计划提案

广告实施计划提案在时间、空间上对客户的资源分配进行安排,而这些资源的投入必须为客户带来收益。如何在提案中让客户感觉到投入与收益的关系是广告实施计划提案成败的关键。

二、广告提案的运行程序

广告提案是一个过程,而不只是局限于提案会的一个短短的时段,它有其自身的模式,其运行程序如图 12-1 所示:

提案设计 → 提案准备 → 预提案 → 提案会 → 提案结论

图 12-1 运行程序

1. 提案设计

广告公司必须投入相当的心力来设计提案，为整个提案的进程做好规划、设计兴奋点，赋予其适当的形式。

2. 提案准备

制定策略、提出创意的人未必是最具有说服力的人，由于客户是在提案会短短的一段时间中为判断找依据，所以广告公司必须用最好的沟通者作为提案人，并组建提案小组为其提供支援。提案小组的责任在于为完美的提案做好一切准备工作。

提案的准备工作从以下几方面展开：

（1）与客户的前期沟通。在其余准备工作全面展开之前，须与客户方进行沟通，确认提案会的时间、地点、议题、双方参与人员等等。此阶段的最主要工作是经由沟通（电话、传真、信函乃至人员互访）对客户参与提案会各人员的背景情况进行了解，以确定提案会的基调。尤为重要的是，客户方的决策人必须被准确地辨识，因为这位决策人的决定会主宰提案会的成败。对客户方决策的判定须经两个以上可靠来源加以证实，因为基于一个人的判断而专门设计整个提案会有很大风险，在不太了解这位决策人的时候更是如此。

（2）执行排期。明确提案的时间、地点等之后，需编制具体的执行排期表以监督工作的推进。

（3）提案会演示。在提案中要想时刻抓住客户的注意力，使之集中精神于提案，必须借助演示工具。但演示只能是辅助工具，语言刺激仍有其存在的必要。因为只有语言能触动情感，激发客户在身心上的投入。所以提案会演示必须配合提案文本来设计，而不应成为主导。若整个提案变成了看图说话，那将是一场灾难。

（4）提案文本资料。提案文本资料整理的关键在于提案中交给客户的文本只能是提案内容的纲要，否则客户将会在提案中时不时注意手中的文本而非专注于提案者。纲要需尽可能简洁明了，能引起客户的兴致，进而仔细倾听提案者的说明。当然，提案文本详细内容在提案后必须提交给客户，让客户能在了解提案大纲之后对细节有深入的了解。

（5）提案设备及提案。现场布置、提案现场的气氛、周围的环境等对提案的结果也有影响。令客户舒适的气氛甚至可以使之感觉不到时间的流逝。

（6）提案会服务。考虑细节永远会带来好处。提案时客户若受到良好的服务，会愉快并感觉轻松。同时对细节的周密安排能让客户感受专业气氛并尊重广告公司缜密的作风。

3. 预提案

预提案是通过预先的演练，来感受提案的节奏与现场的反应，真正找到控制提案的感觉。

4. 提案会

要保持客户的兴致，一般不要人为地将提案延长至 30 分钟以上（当然，客户被提案所吸引并乐此不疲是一个例外）。提案会在开头与结尾要有虎头豹尾的力量。

5. 提案结论

提案会的结束并不意味着提案的结束，有许多成果需要确定下来，整理一份备忘录由双方签认，可以使提案的效果更加充分；介入提案的广告公司高级管理层人员（通常为总经理）应在会后与客户决策人作非正式交流，既强化提案效果，也争取聆听其个人（也许不愿公开）的意见。提案会上的专业表现，加上提案会后的热情袒露定能使一次提案圆满成功。

第二节　广告策划书实施

策划要最终成为现实，首先策划书必须具有实施的现实可能性，其次实施策划的组织和人员必须了解和掌握策划组织实施的科学方法、技巧和程序。作为专业广告公司来说，应理顺各种内、外部关系，摆脱旧有观念的束缚，并要抓好以下几个关键问题。

一、抓好策划书的论证与沟通

广告策划的宗旨是为了达成企业的目标。坚持广告策划中的可行性论证，是对企业负责的一种表现。这种可行性论证不是一般的评论可行或不可行，而是对事物进行定量、定性的精确分析，其分析的内容可以归纳成以下几点：

（1）决策目标的可行性分析；

（2）实现目标的内外条件的可行性分析；

（3）对整体和局部，以及各个环节的实施方案之间的相互配合和协调的可行性分析；

（4）对经济效益和社会效益的可行性分析；

（5）核对整体策划流程的科学性，并对某些重要提法的准确性进行修订。策划人员在论证过程中，可以把各方的意见和建议纳入策划案中，使策划书得到各方的理解与支持。

　　由于广告策划常由专业广告公司负责,而具体实施有时由企业进行,使得策划与实施日趋分离。因此,策划实施之前,应确保实施者准确理解策划的重点与意图,使之在实施中不偏离预定方向,这就需要在实施前进行充分的沟通。

二、提高策划书的应变能力

　　为了降低策划风险,提高应变能力,可以采取以下措施:

　　第一,虚心听取各方意见,集中众人智慧,才能防止或减少策划失误。

　　第二,提高策划者的策划水平和预见能力。任何科学的预见只能来源于对实际情况的调查研究。策划者要在掌握大量详细和准确资料的基础上,制订切实可行的广告策划方案。

　　第三,以变应变,动态策划。由于客观情况的变化或主观认识的偏差,在实施中就要及时调整方案,变换对策,才能在竞争中取得主动权,取得策划的成功。

三、加强对实施过程的考核

　　策划实施是按既定方案一步步实行的过程,必须定期对实施过程进行考核监督。

第三节　广告策划方案评价

　　运用科学的评价方法和技术手段,可以对广告策划方案进行客观的评价。

　　广告是一种社会化的活动。如果从涉及这项活动的人群分析,共有三类:广告主、广告人和广告受众。他们对广告活动效果的认识是不一样的。

一、从广告主的角度来看

　　广告主是广告活动的发起者,正是由于他们想把商品、服务等方面的经济信息向大众进行传播,才有了现实的广告活动。广告主需要广告,他们心中充塞的大量问题是营销,于是他们对广告成功与否的分析,带有极强的功利性,销售额比做广告之前提高了,那么这个广告就有效果;反之,就说明这个广告不成功,不是一个好的广告策划案。

1. 以广告主的观念进行判断

广告主不一定是广告内行，但他们是生活在现代社会中的人，他们每天都受到各种令人眩目的广告造成的强烈视觉、听觉的冲击。因此，在广告主个人的文化观念中，存在着完全属于他们自己的广告观念。虽然他们不一定能很清楚地说出"好广告"的标准，但对广告评判却有自己的一套观念。比如，广告内容的展示要贴近大众生活，广告表现的手法要符合日常生活逻辑，产品或服务应该占据醒目位置等等，常常是广告主对好广告的基本要求。

2. 以同类产品的广告为参照系进行衡量

在市场经济中，某个产品独此一家别无分店的情况是十分罕见的。有同类众多的产品就会有广告竞争。因此，以同类产品的广告为参照系来评判自己的广告，几乎成了每个广告主都遵循的一条规则。于是，广告创意必须与同类产品的广告不同，表现气势一定要比同类产品的广告要大，广告画面应该比同类产品的广告更鲜明，广告词要比同类产品的广告更有震撼力等等，就成了广告主评判广告的重要标准。

3. 以假想的消费者的喜好来分析

广告主由于受经济利益的驱使，他们更关注的是其产品的直接消费者，这部分人接收广告之后可能发生什么反应，会导致怎样的行为，是广告主最想知道的问题。但是，消费者实际的反应和行为，是在广告播发之后才发生的。所以广告主是以假想的消费者反应和行为来分析问题的。这种假想的依据主要来自于广告主以往的营销经验。如果广告与广告主的经验是吻合的，他就认为是个好广告。假如不吻合，他就对广告持否定态度。

二、从广告受众的角度来看

1. 广告受众以其社会文化观来评判广告

经济功能是广告的最基本功能，除此之外，广告还有多种社会文化功能。因此，广告受众对广告好与不好的评判，采取的是对一种社会文化现象评判的视角。他们个人具有的社会文化观，在这种活动过程中起主要作用。这样，那种与广告受众的社会文化观相协调的广告，对他们来说就是一个好广告。而与广告受众的社会文化观相冲突的广告，在受众的眼中，就是一个不好的广告了。

2. 广告受众常常是从感性认识来评价广告的

从心理科学来分析，所谓感性认识就是通过感知形成的对事物表面特征的认识。目前中国的广告受众主要是通过广告对他们产生的视、听反映效果来评价广告的，广告引发的想像、思维等反映效果不能说没有，但它们产生的作用处于次要地位。

能使一个人产生评价的广告，至少应该使他成为广告受众的广告。也就是说，能引起人们注意的广告，才是人们可能进行评价的广告。"引起注意"本身就具有一定的评价意义，广告对大众能产生吸引力，是广告能被受众称为好广告的必要条件。

因此可以说，在众多广告之中的那些能吸引广告受众产生知觉选择的，而这种吸引力又起正向积极作用的广告，就是广告受众认为的好广告。

三、从广告人的角度来看

广告人是广告的经营者，广告主是他的服务对象。因此他一方面尽可能地遵照广告主的观点行事，同时又常常需要说服广告主听从自己的意见。这使广告人在行为上有了与广告主和广告受众不同的角色特征。

对广告受众来说，不论广告业发展到什么水平，他都可以对广告不进行理性思考。而广告主因为要付出金钱的代价，所以他不得不有点理性分析。但是广告人要把广告当作产业来经营，因此他必须要很理性地对待广告。在广告的每个环节的运作中，广告人不可有丝毫的懈怠，甚至不允许把纯感性的、直觉的东西掺杂进来。他要做的每一步，都应该是有理由的，他完成的每项工作，都必须作出能够让自己和广告主信服的解释。因此，广告人不论是对自己制作的广告，还是同行完成的广告，都有一种用理性来审视和评析的职业习惯。

广告人所说的好广告，应该具备这样几个主要特征：定位要准、创意要新、思想要深。

总之，对广告的评价是比较复杂的，处于不同地位的人，都要以自己的视角和自己的知识经验来分析这个问题。因此，一个真正好的广告，应该是广告主满意的、广告人得意的、广告受众普遍首肯的广告。

思考题

1. 如何看待广告提案的重要性？
2. 简述广告提案的运行程序。
3. 如何对广告策划书实施过程进行监督？
4. 从广告主、广告人和广告受众的角度评价广告策划案有何不同？
5. 如何使广告策划书更具说服力？

参考文献

一、参考教材

[1] 张翔,罗洪程.广告策划[M].长沙:中南大学出版社,2003.

[2] 张金海,姚曦.广告学教程[M].上海:上海人民出版社,2003.

[3] 张金海.20世纪广告传播理论研究[M].武汉:武汉大学出版社,2002.

[4] 饶德江.广告策划[M].武汉:武汉大学出版社,2002.

[5] 托马斯·C.奥吉恩(Thomas C. O'Guinn),克里斯·T.艾伦(ChrisT. Allen),理查德·塞梅尼克(Richard J. Semenik).广告学(原书第2版).程坪,张树庭译[M].北京:机械工业出版社,2002..

[6] 李宝元.广告学教程[M].北京:人民邮电出版社,2002.

[7] 倪宁编.广告学教程[M].北京:中国人民大学出版社,2001.

[8] 黄升民,丁俊杰.营销传播广告新论[M].北京:北京广播学院出版社,2001.

[9] 饶德江.广告创意与表现[M].北京:中央广播电视大学出版社,2001.

[10] 饶德江编著.广告策划[M].武汉:武汉大学出版社,1996.

[11] 卢泰宏,李世丁.广告创意——个案与理论[M].广州:广东旅游出版社,2000.

[12] 余明阳,陈先红.广告策划创意学[M].上海:复旦大学出版社,1999.

[13] 王玉成,韩天雷.广告心理战[M].北京:中华工商联合出版社,1996.

[14] 何家讯.现代广告案例——理论与评析[M].上海:复旦大学出版社,1998.

[15] 樊志育.广告制作[M].上海:上海人民出版社,1996.

[16] 何修猛.现代广告学[M].上海:复旦大学出版社,1998.

[17] 张金海.世界经典广告案例评析[M].武汉:武汉大学出版社,2000.

[18] 张金海.20世纪广告传播理论研究[M].武汉:武汉大学出版社,2002.

[19] 威廉.阿伦斯.当代广告学.丁俊杰,程坪,苑菲,等译[M].北京:华夏出版社,2001.

[20] 里斯,屈特,王恩冕,于少蔚译.定位:头脑争夺战[M].北京:中国财政经济出版社,2002.

[21] 直条则夫,俞纯鳞,俞振伟译.广告文稿策略——策划、创意与表现[M].上海:复旦大学出版社,1999.

[22] 肯罗曼.珍曼斯,庄淑芬译.贩卖创意[M].内蒙古:内蒙古人民出版社,1998.

[23] 奥美公司,庄淑芬译.奥美的观点[M].内蒙古:内蒙古人民出版社,1998.

[24] 吉.苏尔马尼克,刘毅志译.广告媒体研究[M].北京:中国友谊出版社,1991.

[25] 汤·狄龙,刘毅志译.怎样创做广告[M].北京:中国友谊出版社,1991.

[26] 大卫·爱格，夏慧言，马洪，张键青译.品牌经营法则[M].内蒙古：内蒙古人民出版社，1998.

[27] 张勇.广告创意训练教程[M]. 北京：高等教育出版社，2003.

[28] 徐智明，高志宏.广告策划[M]. 北京：中国物价出版社，1997.

[29] 徐智明，高志宏.广告文案写作[M]. 北京：中国物价出版社，1997.

[30] 王春泉.实用广告写作[M].西安：西北大学出版社，1996.

[31] 程爱学，等.广告写作[M].珠海：珠海出版社，2000.

[32] 方蔚林.现代广告写作[M]. 北京：中国人民大学出版社，1998.

[33] 崔银河.广告创意研究[M]. 内蒙古：远方出版社，1999.

[34] 倪宁，陈绚.广告精点[M]. 北京：中国建材工业出版社，1996.

[35] 马中红.广告策划与广告文案创作[M]. 苏州：苏州建材出版社，1998.

[36] 植条则夫.广告文稿策略——策划、创意与表现[M]. 上海：复旦大学出版社，1999.

[37] 李世丁，周运辉.广告文案写作[M]. 长沙：中南大学出版社，2003.

[38] 严硕勤.广告策划[M]. 北京：中央广播电视大学出版社，2004.

[39] 徐智明，高志红.广告策划[M]. 北京：中国物价出版社，1997.

[40] 路华等.广告策划与撰写[M]. 厦门：厦门大学出版社.

[41] 罗维.广告策划[M]. 北京：中国经济出版社，1995.

[42] 余明阳，陈光红.广告策划与创意学[M]. 上海：复旦大学出版社，2009.

[43] 约翰·菲利普·琼斯.广告与品牌策划[M]. 北京：机械工业出版社，1999.

[44] 杨艳红.广告大师说广告[M]. 郑州：河南人民出版社，1994.

二、参考论文

[1] 杨静. 对"奥康"与"红蜻蜓"集团鞋履广告策划的比较研究[M].消费导刊，2008(7)：74－75.

[2] 郭燕. 公益广告的策划艺术———一则公益广告的语篇分析[G]. 中国石油大学胜利学院学报，2007，21(1)：21－23.

[3] 张卓. 浅谈广告策划的定位策略[N].科技咨询导报，2007(11).

[4] 张卓. 浅谈广告策划的定位策略[J].广告大观(综合版)，2007(5)：145－148.

[5] 王琛. 论公关广告策划的思维原则[J].新闻爱好者月刊，2007(7)：37－38.

[6] 潘中华. 新形势下的报纸广告策划[J].新闻爱好者(理论版)，2007(1)：31－32.

[7] 吴志芳. 广告策划：报业经济增长的动力新闻战线[J].新闻战线，2007(7)：37－39.

[8] 王业卓. 广告策划实务与文案撰写：如何成为杰出的广告人[J].大市场(广告导报)，2007(7)：64－64.

[9] 地产广告策划.大众科学(科学研究与实践)，2007－17

[10] 羊惠民. 媒介参与企业广告策划创意势在必行[J].当代传播，1993(1)：23－24.

[11] 李赢，张辉."王老吉"电视广告策划的品牌定位[J].中国市场，2007(39)：59－60.

[12] 杨玉新. 浅谈奥格威理论对我国广告策划活动的启示[J].科技信息(科学教研)，

2007(32)：180 - 180.

[13] 张小乐. 谈广告策划书的写作[J]. 时代经贸(下旬刊), 2007, 5(12)：235 - 235.

[14] 李振武, 卢霞. 广告策划的战略决策与策略运用研究[J]. 太原大学学报, 2007, 8(4)：126 - 128.

[15] 陈翔. 从受众心理看广告策划的新思维[J]. 福建艺术, 2007(6)：39 - 40.

[16] 易中华. 营销观念的演变对广告策划的影响[J]. 艺术教育, 2006(3)：118 - 119.

[17] 崔红伟. 基于图书生命周期理论的图书广告策划分析[J]. 中国出版, 2006(3)：24 - 25.

[18] 范林芳. 售点广告的策划与应用[J]. 商场现代化, 2006(42)：92 - 93.

[19] 黄廓. 试论"北药"广告策划[J]. 中外企业家, 2006(4)：36 - 38.

[20] 爱成, 范亚琴. 富亚健康漆, 有两把"刷子"——富亚健康漆广告策划纪实[J]. 中国广告, 2006(6)：68 - 70.

[21] 卜军. "广告策划出奇制胜 一切目标水到渠成"[J]. 中国广告, 2006(4)：117.

[22] 张桂平. 广告策划与品牌个性塑造[J]. 北方经济, 2005(2)：45 - 46.

[23] 朱蕾. 论文化策略在广告策划中的应用[J]. 宝鸡文理学院学报(社会科学版), 2005, 25(1)：78 - 80.

[24] 刘志杰. 从《女友》看期刊的广告策划[J]. 出版发行研究, 2005(5)：68 - 70.

[25] 张爱萍. 市场细分与广告策划[J]. 国际商务研究, 1992(6)：28 - 32.

[26] 沈韦华. 成功广告策划案分析[J]. 安徽工业大学学报(社会科学版), 2005, 22(4)：29 - 30.

[27] 贾昌荣. 浅谈汽车广告策划[J]. 汽车工业研究, 2004(10)：37 - 39.

[28] 华民刚. 论广告策划中的创意[J]. 统计与决策, 2003(6)：45 - 46.

[29] 马骁勇. 文化对市场营销和广告策划的影响[J]. 信阳师范学院学报(哲学社会科学版), 2003, 23(2)：53 - 55.

[30] 陈凌樱. "敬老"公益广告策划[J]. 语文教学与研究, 2003(24).

[31] 戴士富, 姜炜. 广告策划与新闻事件[J]. 公关世界, 2003(3)：17 - 18.

[32] 章海欧. 企业的名牌战略与广告策划[J]. 中国牧业通信, 2002(1)：68 - 69.

[33] 袁莹. 保健品市场的流行制造——丰韵丹、白领减肥冲剂广告策划案例[J]. 中国广告, 2002(2)：46 - 47.

[34] 文晓, 云启. 没有口碑效应, 再新潮的广告策划最终都是零[J]. 现代营销, 2002(3)：4 - 6.

[35] 黄丽琼. 房地产营销广告策划与实施[J]. 中外房地产导报, 2002(14)：38 - 40.

[36] 毛文正. 论广告策划[J]. 重庆工学院学报, 2001, 15(3)：68 - 69.

[37] 曾晓剑. 商业广告策划应注意的几个问题[J]. 湖南社会科学, 2001(4)：115 - 116.

[38] 林梓波. 广告策划的公共意识[J]. 三明高等专科学校学报, 2001, 18(4)：122 - 124.

[39] 马向晖, 韩松. 网络广告策划的实践研究[J]. 郑州航空工业管理学院学报, 2001, 19(3)：47 - 51.

[40] 田红星. 用文化提升房地产的附加值——武汉枫叶广告策划有限公司总经理刘爱祥

谈房地产开发之道[J]. 企业导报, 2001(10): 49 - 50.

[41] 星河. 广告策划中的"决胜点"[J]. 中国广告, 2001(11): 71.

[42] 曾锦程. 海景、交通、用料和俱乐部——愉景新城广告策划案[J]. 中国广告, 2001(12): 14 - 18.

[43] 宁平. 扬广电报纸优势　开广告策划新局[J]. 新闻天地(论文版), 2001(1): 46 - 47.

[44] 易沼华. 卖马商的智慧——一次成功的"名人广告"策划[J]. 公关世界, 2001(2): 30 - 31.

[45] 刘征鹏. 住宅销售中的广告策划[J]. 中国房地产, 2000(4): 38 - 40.

[46] 步建国. 广告策划与市场营销[J]. 经营与管理, 2000(4): 44 - 45.

[47] 赵振宇. 加强公益广告的策划[J]. 新闻战线, 2000(7): 25 - 27.

[48] 别立平. 如何谋求高回报——图书广告策划中应注意的几个问题[J]. 中国出版, 2000(7): 30 - 31.

[49] 张秀娴. 头脑风暴法在广告策划专题实习中的应用[J]. 教育导刊, 2000(11): 34 - 35.

[50] 魏华平. 展交会广告策划的得与失[J]. 粮食问题研究, 2000(6): 22.

[51] 中国禽业导刊杂志荣获"全国畜牧兽医优秀期刊一等奖"中国畜牧兽医学会期刊编辑学分会二届三次理事会暨广告策划研讨会在长春闭幕中国禽业导刊, 2000(12).

[52] 张生文. 深耕市场　步步推进——大连毛纺制衣厂广告策划案[J]. 企业研究, 2000(1): 8 - 9.

[53] 张述任. "宝迪"广告策划案[J]. 企业研究, 2000(5): 42 - 43.

[54] 何远红. "生命"的产生看公益广告策划[J]. 广告大观(综合版), 2000(2): 35 - 36.

[55] 刘湘萍. 从"巩俐阿姨"广告策划看公益与效益问题[J]. 广告大观(综合版), 2000(9): 14 - 15.

[56] 宋淑运. 劳力士手表广告策划独具匠心[J]. 广告大观(综合版), 2000(9): 28.

[57] 本世纪最佳广告策划[J]. 中外企业家, 2000(4): 71.

[58] 赵忠林. 不花高价做广告 策划巧打知名度[J]. 现代营销, 2000(9): 40 - 41.

[59] 柳海鹰. 如何让你的网络广告更有效——网络广告策划策略探索[J]. 中国广告, 2000(3): 16 - 19.

[60] 何佳讯. 当代广告策划的六大关键——以六个品牌的广告策划内幕作剖析[J]. 公关世界, 2000(11): 22 - 24.

[61] 罗瑞雪. 产品生命周期各阶段广告策划新探[J]. 湖南包装, 1999(3): 10 - 12.

[62] 刘林清. 广告策划浅析[J]. 北京经济瞭望, 1999(3): 56 - 60.

[63] 刘吉成. 网上营销广告的策划[J]. 经营管理者, 1999(1): 56.

三、主要网站

[1] 中国传媒大学广告学院网站

[2] 百度网站

[3] 其他一些网站

后　记

谈起编教材一事，总感到心里不安，因为我本人只是读过大量的教材，并没有亲自主编过教材，编起教材来总有一点力不从心的感觉。但是，深圳大学传播学院的领导要求老师在教学之余要把使用各种教材的体会写出来，最好是能结合教学，编写一本适合各种层次学生学习需要的教材，说得明白一点就是通用。因此，我组织了《广告策划》一书的编写班子。顺理成章，我也就成为了本书的主编。承担编写任务后，深感责任重大，我邀请了一些业界的资深人士加盟编写，他们非常愉快地接受了我的邀请。他们是本书的副主编，深圳大学李新立副教授和深圳大学陈振旺讲师。其他编写人员是深圳大学传播学院毕业的学生，现在是业界精英的周定收硕士、江亦双硕士、龚国志硕士、曾在多个策划机构从事大量策划事务的欧阳逸硕士和具有哲学硕士学位和律师资格证书的三亚市委党校马四毛先生。

丛书总主编吴予敏教授对本书的编写提出了很多建设性的意见。我的同事黄玉波副教授、张杨博士经常和我讨论，虽然所讨论的问题并非广告策划方面的专业问题，但是，每次讨论总对我有很深的启发。传播学院党委副书记范方彬同志为本书的编写提供了大量的参考文献，其他一些同仁为我的工作付出了很多，在此向我的同仁提供的各种帮助表示感谢。

本书能在中南大学出版社出版，是刘辉主任和本书的责任编辑彭亚非女士付出了巨大的努力，没有他们的努力，我想本书不会如期出版，在此对他们表示谢意。

深圳大学传播学院的学生是一个优秀的团体，从他们这些年轻的学子身上我学到了不少东西，特别是他们思想敏锐，富有创意，启发了我如何编写一本适合学生的教材。他们是张万红、胡鸿飞、罗宏明、熊昕、李莎梦娜、曲艺、杨桂铭、罗国光、谢玉媚、茆林、李膺博、周彦汝、滕菲、陈诗雅、沈建华、孙强等同学，在本书出版之际，对他们表示感谢。在就业形势非常严峻的情况下，我只有祝愿他们明天更美好！"长风破浪会有时，直挂云帆济沧海"，我坚信，凭借他们的聪明才智和坚忍不拔的毅力，明天一定会更美好！

　　本书参考了大量的文献，对文献的作者表示感谢，是你们的无私奉献推动了中国广告策划的进步！

　　本书的错误一定不少，所有的错误都由本书的主编马春辉承担。欢迎各位学者、业界的朋友批评指正。我的电子邮箱是 chunhuima@ tom. com。

马春辉

深圳大学传播学院